Hauke Friederichs
Flammenzeichen

HAUKE FRIEDERICHS

Flammen zeichen

Stalingrad, der Kampf der Weißen Rose und eine zerrissene Liebe

dtv

Satz: Fotosatz Amann, Memmingen
Gesetzt aus der Dante MT Pro
Druck und Bindung: CPI books GmbH, Leck
Printed in Germany · ISBN 978-3-423-29038-8

Für Monika, die unentwegte Helferin,
deren Vater mit einer Ju 52 aus einem Kessel
ausgeflogen wurde

Für Martina, ohne die alles nichts wäre

Für Jonathan, der Bücher liebt

Sophie Scholl und Fritz Hartnagel verabschieden sich im Mai 1942 in München. Er muss an die Ostfront, sie beginnt ihr Studium und gehört bald zur »Weißen Rose«, der berühmten Widerstandsgruppe. Sie sorgt sich um den Freund, der in Stalingrad mit Abertausenden Kameraden eingeschlossen wird, und organisiert gleichzeitig den Kampf gegen das Hitler-Regime.

INHALT

1. KAPITEL

Nähe und Ferne

Mai 1942

Sie fahren aufeinander zu, sitzen in ihren Zügen und sehnen den Moment des Wiedersehens herbei. Er, der Oberleutnant der Luftwaffe, sie, die angehende Studentin, deren erstes Semester bald beginnt. Am Bahnhof in Tübingen wollen sie sich treffen, am 2. Mai 1942, einem Samstag. Vor sechs Wochen hat sich das Paar zuletzt gesehen. Für beide eine lange Zeit in diesen Tagen der Ungewissheit, seit 32 Monaten läuft der Zweite Weltkrieg. Er überschattet die Beziehung von Sophie Scholl, 20 Jahre alt, und dem 25-jährigen Friedrich Hartnagel, den alle Fritz nennen. An diesem gemeinsamen Wochenende im deutschen Südwesten wollen sie ihre Sorgen vergessen.

Hartnagel, der eine Nachrichtenkompanie im französischen Le Mans kommandiert, hat für das Treffen eine anstrengende Reise auf sich genommen. Gut 900 Kilometer fährt er durch das besetzte Frankreich, an Paris vorbei, durch die Vogesen. Nach vielen Stunden überquert er endlich den Rhein. Dann geht es am Schwarzwald vorbei Richtung Neckar.

Seine Freundin kommt aus München nach Tübingen, das sich über dem Neckar erhebt, mit mittelalterlichen Fachwerkhäusern und dem Schloss. Hans Scholl, ihr älterer Bruder, war hier einige Monate als Soldat in einem Lazarett stationiert. Wie fast alle jungen Männer, die Sophie Scholl kennt, müssen auch ihre beiden Brüder und ihr Freund zur Wehrmacht. Wenigstens ihr Vater ist zu alt, um eingezogen zu werden. Robert Scholl wollte 1914 nicht an der Front kämpfen. Er lehnte den Ersten Weltkrieg ab, widerstand der Euphorie und meldete sich nicht freiwillig. Stattdessen diente er im Sanitätsdienst. Der Mut ihres Vaters, die Kraft, sich gegen den Geist der Zeit zu stellen, hat die jüngste Tochter geprägt. Auch sie verachtet den Krieg, sehnt ein Ende der Kämpfe, ein Ende der Diktatur herbei.

Längst denkt Sophie Scholl über Widerstand nach, hat mit ihrem Bruder Hans bereits darüber gesprochen, was ein Einzelner oder eine kleine Gruppe von Freunden gegen das nationalsozialistische Unrechtsregime unternehmen kann. Anders als so viele, die still leiden, die sich wegducken oder auch mitmachen, will sie nicht länger schweigend zusehen, sondern etwas tun. Ihr Freund Fritz Hartnagel bewundert ihre Entschiedenheit. Er kämpft in einem Konflikt, den er ablehnt, dient einem System, das er verachtet. In hunderten Briefen bestärken sie sich dabei, in einer zunehmend unmenschlichen Umgebung Mensch zu bleiben.

Die Geschichte von Sophie Scholl und Fritz Hartnagel zeigt, wie es in einem System des Staatsterrors gelingen konnte, die geistige Freiheit zu bewahren – und welche Radikalität es erforderte, dem Nationalsozialismus entgegenzutreten. Sie spielt in einer Zeit, in der in Russland auf beiden Seiten der Front viele Soldaten starben, in der Einsatzgruppen Hunderttausende Juden, Sinti und Roma ermordeten, die Geheime Staatspolizei alle jagte, die sich gegen den Krieg auflehnten, und die Diktatur den Menschen kaum noch Freiheit ließ. Und sie handelt von großer Sehnsucht, einer komplizierten Liebe, von Freunden, die füreinander alles gaben, und von unerschrockenem Mut.

Auf ihrem Weg von München nach Tübingen kommt Sophie Scholl an vertrauten Orten vorbei. Aus dem Abteilfenster sieht sie das Haspelmoor vor Augsburg, dann rollt der Zug durch den »Schwäbischen Barockwinkel« mit seinen vielen beeindruckenden Kirchen, wie etwa »Mariä Himmelfahrt« in Jettingen. Weiter geht es durch die Auwälder des Donaurieds und an der Donau selbst entlang. In Ulm, ihrer Heimatstadt, bleibt ihr keine Zeit für einen Zwischenstopp bei ihren Eltern und der ältesten Schwester Inge, die am Münsterplatz wohnen. Erst vor wenigen Tagen hat sie sich von der Familie verabschiedet, um in München ihr Studium zu beginnen. Dort hat sie die überraschende Botschaft ihres Freundes erreicht, dass sie sich am Wochenende sehen können. Fritz Hartnagel bekommt Anfang Mai spontan einige Tage frei. Was für eine fantastische Nachricht. Obwohl Sophie Scholl gerade erst angekommen ist, packt sie ein paar Sachen zusammen und bricht wieder auf, um zu ihrem Fritz zu fahren.

Fast jeden seiner Heimaturlaube hat Hartnagel in den vergangenen Jahren mit Sophie Scholl verbracht. Sich jetzt mit ihr zu treffen, dürfte ihm besonders wichtig sein, denn er macht sich Sorgen wegen seines bevorstehenden Einsatzes im Osten. In der Sowjetunion sind in den zehn Monaten des Krieges bereits mehr als 15 000 deutsche Offiziere gefallen.

Laut dem Marschbefehl, den Oberleutnant Fritz Hartnagel für seine Kompanie erhalten hat, soll er mit seinen Männern zunächst in die Ukraine aufbrechen. Seine Fernmeldeeinheit wird der 6. Armee zugeteilt, die eine zentrale Rolle bei der geplanten Sommeroffensive in Russland spielen soll. Auch das Ziel des gewaltigen Heerverbandes steht bereits fest – ist allerdings noch geheim.

Am 5. April 1942 hat Adolf Hitler in seiner »Weisung für die Kriegsführung Nr. 41« vorgegeben: »Auf jeden Fall muss versucht werden, Stalingrad selbst zu erreichen oder es zumindest so unter die Wirkung unserer schweren Waffen zu bringen, daß es als weiteres Rüstungs- und Verkehrszentrum ausfällt.« Fast drei Wochen später taucht die Stadt erstmals in einem Wehrmachtsbericht auf. Kampffliegerverbände, so heißt es darin, hätten ein großes Rüstungswerk der Sowjets angegriffen und dabei »zahlreiche Bombentreffer mit nachfolgenden Bränden und Explosionen« erzielt. Der Kampf um Stalingrad hat begonnen, ohne dass dem in Deutschland größere Bedeutung beigemessen wird. Mit diesem Auftrag für die 6. Armee steht fest, dass Hartnagel seine Sophie monatelang nicht mehr sehen wird. Als Kompaniechef an der Ostfront dürfte es lange dauern, bis er wieder einmal Urlaub bekommt.

In Tübingen halten sie auf dem Bahnsteig sicherlich Ausschau nacheinander. Endlich können sich die beiden in die Arme nehmen, bevor es bald schon gemeinsam weiter nach Freiburg im Breisgau geht. Sie geben sich Halt in diesen zerrissenen Jahren. Jederzeit kann Hartnagel an eine der vielen Fronten entsandt werden, sein Leben war schon mehrfach in Gefahr: bei britischen Luftangriffen in Frankreich oder als in Belgien eine Mine unmittelbar neben seinem Wagen explodierte. Und auch Sophie Scholl hat schon manchen Luftalarm erlebt.

Trotz aller Freude, ihren Fritz wieder bei sich zu haben und zusammen mit ihm einige Tage verbringen zu können, muss sie etwas Ernstes mit ihm besprechen. Während dieser Bahnfahrt bittet sie ihn wohl um einen großen Gefallen: Sie fragt ihn, ob er den Bezugsschein für einen Vervielfältigungsapparat mit Stempeln seiner Kompanie versehen kann. Mit einem Stempel der Wehrmacht wäre das Gerät viel leichter zu beschaffen.

Der Oberleutnant zögert. Wann immer möglich macht er seiner Freundin gern eine Freude, besorgt im besetzten Frankreich Dinge, die es in Deutschland ohne Bezugsmarken nicht mehr gibt, wie Strümpfe, Seife, Schokolade und Kakao. Für Hans Scholl, ihren älteren Bruder, hat er einmal einen Bezugsschein für eine Leica-Kamera organisiert, da auch Fotoapparate kaum erhältlich sind. Aber was will sie mit einer Vervielfältigungsmaschine?

Außerdem fragt Sophie Scholl nach 1 000 Mark. Wofür sie das Geld brauche, will er wissen. Sie erwidert nur: »Für einen guten Zweck.« Hartnagel ahnt, was sie vorhat, aber Details erfährt er nicht – und er hakt auch nicht nach. »Bist du dir im Klaren, dass dich das den Kopf kosten kann?«, warnt er sie. »Ja, darüber bin ich mir im Klaren«, antwortet sie entschieden. Wenn sie einmal von etwas überzeugt ist, ändert sie selten ihre Meinung. Sie macht vieles mit sich selbst aus – und im Gebet mit Gott. Seit Monaten kreisen ihre Gedanken um die Zeit, in der sie lebt, um den Weltkrieg und seine Opfer, um die Freiheit, die ihr von den Nationalsozialisten genommen wird.

Seit Kriegsbeginn im September 1939 geht das Regime immer schärfer gegen seine Gegner vor. Die SS errichtet neue Konzentrationslager und erweitert bestehende. Die NS-Justiz verfolgt alle, die Zweifel am »Endsieg« zeigen. Wer sich abfällig über die Feldherrenkunst des »Führers« oder kritisch über die militärische Lage äußert, muss mit Festnahme, Haft oder einem Todesurteil wegen Wehrkraftzersetzung rechnen. Angesichts solch drakonischer Strafen soll jeder Gedanke an Widerstand erstickt werden. Ein falsches Wort zur falschen Person reicht aus, um von der Geheimen Staatspolizei abgeholt zu werden, das weiß Sophie Scholl. Und sie leidet darunter, sich ständig verstellen zu müssen.

Doch die junge Frau lässt sich nicht entmutigen. Immer wieder hinterfragt sie im Kreis der Familie und unter Freunden das System. Mit ihrem Zweifel hat sie Fritz Hartnagel längst angesteckt. Er weiß, wie kritisch seine Freundin dem NS-Regime gegenübersteht. Und er weiß auch, dass es ihm unmöglich ist, sie aufzuhalten, wenn sie sich zu etwas entschlossen hat. So lässt er die Frage nach dem Bezugsschein zunächst auf sich beruhen. Die 1 000 Reichsmark aber verspricht er ihr. Jetzt geht es darum, schöne Momente zu sammeln, an die er sich im Osten erinnern kann. Der Kurzurlaub in Freiburg soll dazugehören.

Viel Zeit bleibt ihnen nicht. Sophie Scholl und Fritz Hartnagel übernachten wie bereits an einigen Wochenenden in den zurückliegenden Monaten im »Freiburger Hof«. In diesem Hotel treten sie als Ehepaar auf. Zur Tarnung haben sie sich sogar Ringe zugelegt, schließlich bekommen Unverheiratete nicht so einfach ein Doppelzimmer. Das Hotel, ein fünfgeschossiger Bau von 1890, liegt mitten in der Altstadt an der früheren Kaiserstraße, die nun Adolf-Hitler-Straße heißt. Es gibt viele Geschäfte in der Nähe, große Kaufhäuser in Jugendstilgebäuden, Lokale, verzierte Brunnen und einen Kanal, auf den die Gäste des Hotels von den hinteren Zimmern blicken können. In Freiburg fühlen sich beide wohl, oft haben sie schon das Münster »Unserer Lieben Frau« besucht, ein Meisterwerk der Gotik, dessen markanter und schöner Turm die Dächer der Altstadt überragt.

Mit 140 Betten ist der »Freiburger Hof« groß genug, um als Gästepaar nicht allzu viel Aufmerksamkeit des Personals zu erregen. Draußen ist es düster. In Freiburg herrscht abends wie in allen deutschen Städten strikte Verdunkelung, keine Laterne, kein Licht aus den Fenstern erhellt die Straße. Selbst die Scheinwerfer der Autos sind bis auf schmale Schlitze abgeklebt. Zudem gilt ab Mitternacht ohnehin die Polizeistunde, dann darf niemand mehr ohne triftigen Grund auf der Straße unterwegs sein.

Den Luftschutz nehmen die Menschen durchaus ernst. Sie wissen, welche Folgen es haben kann, wenn Bomber die Stadt anfliegen. Vor zwei Jahren, am 10. Mai 1940, waren bei einem Luftangriff auf Freiburg 57 Einwohner ums Leben gekommen, darunter 22 Kinder, eine Bombe traf einen Spielplatz. Vor dem Angriff hatte es keinen Alarm gegeben, denn die Flugzeuge, die Freiburg attackierten, waren keine »Feindmaschinen«. Sie gehörten zur Luftwaffe, in den Cockpits saßen deutsche Piloten, die deutsche Bomben auf die deutsche Stadt warfen. Ein schreckliches Missverständnis hatte zu dem Luftschlag geführt.

Drei Kampfflugzeuge hatten sich verflogen, Freiburg mit einem Ziel in Frankreich verwechselt. Um diesen Vorfall zu vertuschen, behauptet die Propaganda des NS-Staates, die Alliierten seien für die Attacke verantwortlich. Viele Deutsche glauben diese Lüge.

Am Montagabend, 4. Mai 1942, nehmen Sophie Scholl und Fritz Hartnagel Abschied voneinander. Noch weiß der Oberleutnant nicht genau, wann er mit seinen Männern in die Ukraine aufbrechen wird. Aber die Abfahrt dürfte unmittelbar bevorstehen. Ein weiteres Treffen mit seiner Freundin ist in nächster Zeit unwahrscheinlich.

Sophie Scholl steigt in den Zug, der sie zurück nach München bringen wird. Hartnagel begleitet sie wohl zum Gleis. Dann will er ebenfalls die Stadt verlassen, aber seine Bahnverbindung fällt aus. An diesem Montag fährt kein Zug mehr nach Paris oder Straßburg, er kann erst am nächsten Tag nach Frankreich reisen. Hartnagel übernachtet abermals im »Freiburger Hof«, bekommt ein Doppelzimmer zugewiesen, muss es aber mit einem fremden Leutnant teilen. Das Personal übergibt ihm noch ein Nachthemd, das Sophie Scholl vergessen hat.

Fritz Hartnagel tritt am 5. Mai die Rückfahrt nach Le Mans an. Seine Einheit, eine Nachrichtenkompanie der Luftwaffe, bereitet den nächsten Einsatz vor. Bestimmt ist in Frankreich eine Menge Arbeit für ihn angefallen, denn für die Abreise in Richtung Front muss noch einiges organisiert werden. Die Luftwaffe stellt nicht nur Piloten und Besatzungen. Die Männer in den blauen Uniformen oder beigefarbenen Overalls betreiben auch die Flugplätze, von denen Transportmaschinen, Bomber und Abfangjäger aufsteigen, sie bedienen Flugabwehrkanonen, kümmern sich um den Nachschub, transportieren Treibstoff und Munition. Einige Einheiten sind auch Heeresdivisionen zugeteilt. Bereits im Vorjahr war Hartnagels Kompanie der Panzertruppe unterstellt gewesen.

Nach stundenlanger Fahrt erreicht er um Mitternacht Le Mans. Am Bahnhof warten schon zwei Leutnants auf ihn. Sie holen ihren Vorgesetzten mit dem Wagen zu einer Feier ab, einer seiner Oberfeldwebel wurde zum Offizier befördert. Auch wenn er lieber für sich wäre, einen Brief an seine Freundin verfassen, an die schöne Zeit in Freiburg denken würde, diesem Fest kann er sich nicht entziehen. Und auch am Tag darauf kommt Hartnagel nicht dazu, an Sophie Scholl zu schreiben. Als Kompaniechef muss er auf einem Unteroffiziersabend erscheinen, bis nachts um zwei Uhr bleibt er bei seinen Männern. Nach der Auszeit mit seiner Freundin fühlt er sich fremd unter seinen Kameraden, irgendwie erscheint ihm alles verlogen: der Dienst, die Gelage, der Krieg.

In wenigen Tagen jährt sich der deutsche Überfall auf die Sowjetunion: Am 22. Juni 1941 überschritt die Wehrmacht die Grenzen. Zunächst rückten ihre Einheiten rasch voran. Sie besetzten große Teile des Landes, gut zwei Fünftel der Bevölkerung leben nun unter deutscher Herrschaft. Die Rote Armee hat bereits mehrere Millionen Soldaten verloren.

Viele Deutsche erwarteten danach einen weiteren schnellen Erfolg ihrer Truppen. Schließlich versprachen auch der »Führer« und seine Propagandisten einen raschen Triumph über die Bolschewiken. Anfang Oktober 1941 verfolgten im ganzen »Großdeutschen Reich« Menschen mit ihren Volksempfängern und anderen Radiogeräten eine Rede Adolf Hitlers, die live aus dem Berliner Sportpalast übertragen wurde. Den Krieg gegen Russland bezeichnete er als den gewaltigsten Kampf in der Weltgeschichte, den Gegner als grausam, bestialisch und tierisch. Die Schuld an dem Konflikt gibt er den Juden. Und zur Sowjetunion sagte Hitler zur Erleichterung vieler seiner Anhänger, »daß dieser Gegner bereits gebrochen ist und sich nie wieder erheben wird«.

Reichspressechef Otto Dietrich griff die Parole auf und verkündete vor Journalisten den nahen Sieg über Russland. Die gleichgeschaltete deutsche Presse vermeldete am nächsten Tag den bevorstehenden Erfolg. Offiziere im Oberkommando der Wehrmacht und Militärs aus dem engen Zirkel um Hitler wussten jedoch bereits zu diesem Zeitpunkt, dass alle Pläne, die Sowjets vor Einbruch des Winters zu schlagen, von der Realität eingeholt worden waren. Es fehlte den deutschen Einheiten an Winterbekleidung, an Treibstoff, an Munition, an Nachschub von Waffen und Fahrzeugen, um die enormen Verluste auszugleichen.

Im Oktober 1941 endete der Vormarsch vor Moskau, die deutschen Panzer blieben im Matsch stecken. Und auf die »Rasputiza«, die Schlammperiode, folgte der Winter, schon im Oktober fiel der erste Schnee. Zwar schuf der gefrierende Boden einen festen Untergrund für die Panzer, die noch einmal vorrücken konnten. Anfang Dezember kamen Einheiten der Wehrmacht nah an die westlichen Vororte Moskaus heran, aber die Kälte machte den Deutschen immer stärker zu schaffen. Mehr als 133 000 Fälle von Erfrierungen mussten die Truppenärzte behandeln. Die Temperatur sank am 4. Dezember 1941 auf minus 40 Grad. Nun versagten die deutschen Maschinengewehre, Fahrzeuge sprangen nicht an, Flugzeuge vereisten und die Rohrleitungen, Armaturen und Pumpen von Lokomotiven platzten, so dass der Nachschub oft spärlich ausfiel. Für die Wehrmacht war die Zeit der leichten Siege endgültig vorbei.

Am Nikolaustag begann die Rote Armee dann mit frischen Truppen aus Sibirien eine großangelegte Gegenoffensive. Ab dem 6. Dezember drängte sie die Invasoren vor Moskau zurück. Erst 150 Kilometer von der russischen Hauptstadt entfernt gelang es den Deutschen, die Frontlinie zu halten. Dann beendete der eisige Winter die großen Gefechte. Die Front erstarrte weitgehend. Gegenseitiger Artilleriebeschuss und Angriffe durch kleine Kommandos und Spähtrupps ersetzten die großen Schlachten.

So mancher deutsche Soldat dachte Ende 1941 an das Schicksal der Grande Armée, die Napoleon 129 Jahre zuvor nach Russland geführt hatte und die dort schließlich von den Truppen des Zaren aufgerieben worden war. Viele Offiziere lasen an der Ostfront ›Mit Napoleon in Russland‹. Der Verfasser, Armand de Caulaincourt, begleitete den französischen Kaiser auf dessen Flucht aus dem Zarenreich und schrieb später über das Desaster im Osten. Auch Friedrich Paulus, der im Generalstab den Überfall auf die UdSSR geplant hatte, kannte das Werk, seine Frau hatte es ihm geschenkt. Vor der Lektüre sagte der General zu ihr, Russland sei vielleicht in vier bis sechs Wochen zu schlagen. Diese kühne Prognose erwies sich bald als schwerer Irrtum. Napoleon hatte immerhin im September 1812 Moskau eingenommen. Das gelang den Deutschen nicht.

Wenn die deutschen Soldaten an der Ostfront im Frühjahr 1942 ihre Situation mit der ihrer Vorgänger beim Russlandfeldzug vergleichen, drängt sich eine besorgniserregende historische Analogie auf. Napoleons Offensive blutete damals aus, seine Kämpfer verhungerten oder erfroren. Nun wirken die aktuellen deutschen Verluste fatal. Ein Bericht des Oberkommandos des Heeres zeigt am 30. März 1942, welche Lücken die Kämpfe seit Juni 1941 gerissen haben. Von den ursprünglich 162 Kampfdivisionen an der Ostfront stehen noch genau acht für künftige Angriffe bereit, ein Verlust von 1 167 835 Mann – gefallen, verwundet, in Gefangenschaft geraten, vermisst. Die 16 deutschen Panzerdivisionen in der Sowjetunion haben zusammen nur noch 140 funktionstüchtige Kampfwagen – über so viele Fahrzeuge verfügt sonst eine einzige Division.

Als einfacher Oberleutnant kennt Fritz Hartnagel nicht die genauen Verlustzahlen, aber er hat doch gehört, dass die Kämpfe im Osten mörderischer sind als die Feldzüge davor.

Während er noch in Frankreich seine Kompanie auf die baldige Abreise vorbereitet, beginnt am 8. Mai 1942 die Rückeroberung der Halbinsel Kertsch auf der Krim. Die Wehrmachtsführung will so die Basis für die Sommeroffensive im Süden der Ostfront schaffen. Deutsche und rumänische Truppen rücken vor, unterstützt werden sie von der Luftwaffe, die pausenlos Angriffe fliegt.

Hartnagels Soldaten wissen, dass sie ihr bequemes Quartier im friedlichen Nordwesten Frankreichs in Kürze gegen einfache Lager im russischen Kriegsgebiet tauschen müssen. In Le Mans wohnt Hartnagel allein in einem Haus mit drei Zimmern. Abends kann er hier in Ruhe Briefe schreiben, lesen und den ganzen Dienstalltag vergessen. So richtig kalt wird es in dem Ort selten, selbst der Januar hat durchschnittlich gut fünf Grad. Im nächsten Operationsgebiet wird das anders werden. Der Offizier hat bereits im Vorjahr erlebt, wie hart der Einsatz in Russland sein kann, wie es ist, auf schlammigen Wegen stecken zu bleiben, dauerhaft im Zelt oder im Lastwagen zu schlafen, sowjetische Luftangriffe zu fürchten. Im Vorjahr hat er das Land streckenweise als unheimlich wahrgenommen, vor allem die ausgedehnten Sümpfe und düsteren Wälder, die Russen als zähe Kämpfer. Und natürlich weiß er, dass der Feldzug in Russland nach den deutschen Plänen längst hätte siegreich zu Ende sein sollen.

Am 9. Mai schlendert Fritz Hartnagel durch die Gassen von Le Mans. Die Altstadt ist ein Schmuckstück und wurde im Krieg bislang kaum beschädigt. Bekannt ist Le Mans vor allem wegen des 24-Stunden-Rennens, doch seit 1939 pausiert das Spektakel.

Hartnagel möchte noch einige Geschenke für seine Sophie finden. Schon aus seinem letzten Aufenthalt in Frankreich, im Sommer 1940, hat er ihr Präsente mitgebracht: eine Jacke, dazu Pralinen und Kaffee, Köstlichkeiten, die im Krieg in Deutschland schwer zu beschaffen waren. Sophie Scholl teilte die kulinarischen Schätze stets mit ihrer Familie, und so profitierten auch ihre Eltern und Geschwister von Hartnagels Großzügigkeit. Für die Mutter, Magdalena Scholl, besorgte er breite und bequeme Schuhe. Monatelang hatte sie vergeblich versucht, dafür in Ulm einen Bezugsschein zu erhalten. Im zuständigen Amt hatten die Beamten sie weggeschickt und erklärt, dass es neue Exemplare nur alle zwei bis drei Jahre gebe. Wer ein neues Paar wolle, müsse die alten Schuhe bei der Antragsstelle für Bezugsscheine vorführen, wo sie gründlich begutachtet würden. Meist verlangten die Beamten aber, dass die vorgezeigten Exemplare zunächst ein weiteres Mal besohlt und geflickt wurden, bevor es Marken für neue gab.

Hartnagel sucht in verschiedenen Geschäften nach Dingen, mit denen er Sophie Scholl eine Freude machen kann, schließlich feiert sie an diesem Tag Geburtstag. Sie hat ihm einige Wünsche mitgegeben. Doch fündig wird er nicht. Lederschuhe, die seine Freundin begehrt, gibt es nur in kleinen Größen. Und die angebotenen Stoffe empfindet er als minderwertig. In Paris hofft er bessere Qualität zu finden, sollte er noch in die französische Hauptstadt kommen.

Aus Frankreich schicken deutsche Soldaten Abertausende Pakete nach Deutschland, denn in den besetzten Gebieten gibt es noch alle möglichen Waren frei zu kaufen, während in der Heimat fast alle Nahrungsmittel, Konsumgüter und Textilien rationiert sind. So mancher Soldat nimmt sich auch einfach die Sachen, die er brauchen kann, ohne dafür zu bezahlen. »Organisieren« nennen das die Männer. Seit Anfang 1942 fehlen in vielen Haushalten bereits so wichtige Dinge wie Kohlen. Am 6. April hat das Regime die wöchentliche Brot- und Fleischmenge für jeden Bürger reduziert, und auch die Butter- und Margarinezuteilung pro Kopf wurde gesenkt. Wer in Geschäften einkauft oder Restaurants besucht, muss Lebensmittelkarten abgeben, Berechtigungsscheine und Ausweise vorlegen. Und der Eintopf am Sonntag wird für alle Deutschen zur Pflicht erklärt. Die Soldaten in den besetzten Gebieten in Westeuropa essen meist besser als ihre Angehörigen zu Hause.

Am 9. Mai 1942 hat Sophie Scholl einige Freunde in das Zimmer ihres Bruders Hans eingeladen. Sie stoßen auf ihren 21. Geburtstag an, genießen Kuchen und Wein von der Familie aus Ulm. Von Fritz Hartnagel bekommt das Geburtstagskind einen Brief: »Ach könnte ich nur etwas dazu beitragen Dir ein friedliches und volles Herz zu schenken.« Sie solle doch einfach einmal wegfahren und die Einsamkeit suchen. Ihr Fritz ist derjenige, der sie am besten versteht. Er hat aus ihren Zeilen herausgelesen, dass sie sich bei all dem Trubel in München nach Ruhe sehnt, und sorgt sich um sie. Zeit nur für sich bleibt Sophie Scholl tatsächlich wenig. Es sei wichtiger, dass sie festen Grund finde, als irgendein Wissen in sich einzupfropfen. »Ich würde es ja so gern noch einmal versuchen 2 oder 3 Tage zu Dir zu kommen«, schreibt Fritz Hartnagel. Aber der Oberleutnant glaubt selbst nicht, dass er noch einmal frei bekommt: »Du darfst also meine Pläne leider nicht allzu ernst nehmen.«

In Russland beginnt die Rote Armee am 12. Mai ihre erste große Offensive in diesem Jahr. Zuvor hat das feuchte Frühlingswetter, das die Straßen in Rutschpisten verwandelte, einen umfangreichen Angriff mit Bodentruppen verhindert. Der Schlamm bremste beide Seiten. Nun hat der Regen aufgehört, die Panzer und Sturmgeschütze rollen wieder. Stalin hat angeordnet, dass seine Truppen die deutsche 6. Armee, die im Raum Charkow operiert, einkesseln. Damit rechnen allerdings die deutschen Generäle, die von ihrem Nachrichtendienst vor dem sowjetischen Plan, den Gegner in eine Falle zu locken, gewarnt wurden. Adolf Hitler hatte der Heeresgruppe befohlen, Charkow einzunehmen. Die Stadt liegt im Mittelabschnitt der Front und ist ein wichtiger Verkehrsknotenpunkt. Wer Charkow kontrolliert, der beherrscht die Straßen und Schienen in der Region.

Hartnagels größter Wunsch ist es, vor der Fahrt gen Osten ein weiteres Mal seine Freundin zu besuchen. Mitte Mai erhält er tatsächlich die ersehnte Erlaubnis. Während er nach München eilt, bricht seine Kompanie von Le Mans per Eisenbahn in Richtung Russland auf.

Sophie Scholl hat genügend Zeit für ein Treffen. In diesem Monat will sie mit ihrem Studium anfangen, aber die Seminare und Vorlesungen beginnen erst später. Sie lebt in einem beschaulichen Vorort, weit vom Univiertel entfernt. Für die Anfangszeit hat die Ulmerin eine Unterkunft bei Carl Muth gefunden, einem reformkatholischen Intellektuellen und Gegner des NS-Regimes. Die von ihm herausgegebene Zeitschrift ›Hochland‹ haben die Nationalsozialisten im Vorjahr verboten. Muth war es gelungen, Adolf Hitler in seiner Publikation kein einziges Mal zu erwähnen. Doch seine kritische Haltung zum NS-Regime war nicht zu übersehen.

Zu dem Gelehrten hält Hans Scholl engen Kontakt, er ordnete dessen Bibliothek und sieht in Muth einen Mentor. Die Scholls schicken dem betagten Herrn regelmäßig Obst und Gemüse aus Ulm, mal erhält er eine Kiste Äpfel, mal einige Pflaumen. Gern nimmt er Sophie Scholl in sein Haus in Solln auf.

In München verhalten sich Sophie Scholl und Fritz Hartnagel wie andere Verliebte in diesen Frühlingstagen auch. Sie genießen die Nähe, reden, gehen lange spazieren. Der große, hagere Offizier mit den dunklen Augen und dem ernsten Gesichtsausdruck und die eher kleine zukünftige Studentin mit den ebenfalls dunkelbraunen Augen und dunklen Haaren, die ihr bis zum Kinn reichen, schlendern gemeinsam durch die Natur, vielleicht gehen sie durch den Englischen Garten, den Sophie Scholl so mag. Außerdem begleitet Hartnagel seine

Freundin bei einem wichtigen Schritt. Sie schreibt sich an der Ludwig-Maximilians-Universität ein.

Während Hartnagel sich in München aufhält, fordert in Berlin eine Widerstandsgruppe das NS-Regime heraus. Am 18. Mai verüben Kommunisten um den 30-jährigen Herbert Baum einen Brandanschlag auf eine Propagandaschau gegen die Sowjetunion. Sie zünden in der »Zeltstadt« im Berliner Lustgarten, in der eine Kolchose, Beutewaffen und eine Todeszelle des Geheimdienstes gezeigt werden, einige Behälter mit brennbaren Flüssigkeiten und beschädigen die Ausstellung »Das Sowjet-Paradies«, in der die UdSSR verunglimpft wird und Slawen als »Untermenschen« dargestellt werden. Gleichzeitig verteilen mehrere Widerstandsgruppen in der Hauptstadt Flugblätter gegen den Krieg. Obwohl die Nationalsozialisten versuchen, den Anschlag geheim zu halten, kursieren Gerüchte, und auch die Presse im Ausland berichtet darüber. Schließlich kommt es nach Jahren der Diktatur selten zu solchen Aktionen in Deutschland.

Vermutlich erfahren Scholl und Hartnagel in München nichts von dem Vorfall in Berlin. Aber andere Taten mutiger Regimegegner haben sie mitbekommen. Unbekannte hatten mehrfach kritische Schriften in Umschlägen ohne Absender bei den Scholls eingeworfen. Im Frühjahr 1942 gelangten so gedruckte Predigten des Münsteraner Bischofs Clemens August Graf von Galen in den Briefkasten der Familie. Darin prangerte der katholische Geistliche die Ermordung von Patienten in Heil- und Pflegeanstalten an und kritisierte unverhohlen das NS-Regime. Dass die Anklage Galens stimmt, wusste Familie Scholl. Denn bereits 1941 hatte eine frühere Kollegin der Mutter, mit der sie im Samariterstift Grafeneck zusammengearbeitet hatte, berichtet, dass immer wieder behinderte Bewohner abgeholt würden und verschwänden. Auch das Vorgehen der Geheimen Staatspolizei gegen die Kirche rügte von Galen. Die

Gestapo war einer der wichtigsten Verfolgungsapparate der Nationalsozialisten. Deren Beamte konnten »Schutzhaft« verhängen, also Verdächtige ohne richterlichen Beschluss in Konzentrationslager oder Gefängnisse sperren.

Hans Scholl ist vom Mut des Bischofs begeistert. Er ruft im Kreis der Familie aus, man müsste einen Vervielfältigungsapparat haben. Sophie Scholl hat auf der Zugfahrt von Tübingen nach Freiburg einen solchen Apparat erwähnt, und Fritz Hartnagel ist beunruhigt, denn was sie vorhat, klingt nach Widerstand und Lebensgefahr. Doch bei ihrem Treffen in München sprechen sie wohl nicht mehr über den Bezugsschein und seinen Verwendungszweck. Ihre letzten gemeinsamen Stunden vor Hartnagels Abmarsch wollen sie nicht mit Sorgen trüben. Sophie Scholl weiht ihren Freund nicht in ihre Pläne ein. Sie will ihn nicht belasten – und möchte ihn wohl auch nicht in Gefahr bringen, sollte einmal die Gestapo gegen sie ermitteln.

In München nehmen sich die beiden viel Zeit füreinander. Während Hans Scholl und sein Freund Alexander Schmorell sich mit einigen Kommilitonen im Englischen Garten treffen und nachts im Gras liegend Wein trinken, bleibt das Paar wohl meist für sich. Fritz Hartnagel lernt die neuen Bekannten seiner Freundin zumindest nicht kennen. Zum Abschied am 20. Mai schenkt Sophie Scholl ihrem Freund zwei Bände mit Predigten von John Henry Newman, einem Priester der anglikanischen Kirche, der 1845 zum Katholizismus konvertierte und Kardinal wurde. »Erst das Gewissen und dann der Papst«, lautet sein Leitspruch. Newman hielt die Freiheit des Einzelnen hoch, seine Gedanken beeindrucken Sophie Scholl.

An diesem Tag sind die Zeitungen voller Jubelmeldungen. »Drei sowjetische Armeen vernichtet«, posaunt der ›Briesetal Bote‹ aus Brandenburg auf seiner Titelseite. Die ›Königsberger Allgemeine Zeitung‹ aus Ostpreußen meldet: »Meerenge von Kertsch in ganzer Breite erreicht«. Im ›Teltower Kreisblatt‹

heißt es in dicken Lettern: »150 000 Gefangene auf Kertsch«. 447 sowjetische Panzer seien zerstört und 45 »bolschewistische Flugzeuge« abgeschossen worden, steht in den Meldespalten. Doch diese Erfolge der deutschen Streitkräfte dürften Sophie Scholl und Fritz Hartnagel kaum interessieren. Sie beschäftigt vielmehr die essenzielle Frage: Werden sie sich jemals wiedersehen?

2. KAPITEL

Glaube und Zweifel

1917 bis 1939

Sophie Scholl und Fritz Hartnagel stammen beide aus Ulm. Dort lernen sie sich kennen, dort leben ihre Familien. Malerisch liegt der Ort an der Donau, auf der die »Ulmer Schachteln« fahren, Holzschiffe mit niedrigen, begehbaren Aufbauten, oder Zillen, flache Boote, mit denen Schiffer einst Waren über viele Hunderte Kilometer bis Wien, Budapest und Belgrad transportiert haben.

Fritz Hartnagel kommt in Ulm am 4. Februar 1917 als viertes Kind von Barbara und Friedrich Hartnagel zur Welt. Er hat zwei Schwestern, Emilie und Frida, sowie einen Bruder, Wilhelm. Seine Eltern sind in einfachen Verhältnissen aufgewachsen und haben sich hochgearbeitet. Nun ermöglichen sie Fritz eine deutlich bessere Ausbildung, als sie selbst bekommen haben: Er besucht die Kepler-Oberschule und soll Abitur machen. Politisch interessiert sind weder Vater noch Mutter, dem Nationalsozialismus stimmen sie kritiklos zu, sie sind Mitläufer.

Mehr als von den Eltern wird Fritz Hartnagel von der bündischen Jugendbewegung beeinflusst. Als Jugendlicher schließt er sich der »Deutschen Freischar, Bund der Wandervögel und Pfadfinder« an. Ihn reizen vor allem die abenteuerlichen Fahrten der Bündischen Jugend, zu der seine Gruppe gehört. So fährt er als 13-Jähriger mit seiner »Freischar« auf einer Zille die Donau hinauf bis nach Ungarn.

Ulm gehört zu den bedeutendsten Städten in Württemberg. Als Fritz Hartnagel und Sophie Scholl dort aufwachsen, stehen im Zentrum immer noch viele Gebäude aus dem Mittelalter wie das Schiefe Haus, der Metzgerturm und das Gänstor aus dem 14. Jahrhundert. Am bekanntesten ist das gotische Münster. Das Gotteshaus und eine gewaltige Festungsanlage prägen das Aussehen der »Garnisonsstadt«. Seit Langem unterhält das Militär Stützpunkte in dem strategisch wichtigen Ort an der Donau. 1842 begannen die Arbeiten an einem steinernen Festungswall, der die Stadt umgab, 1867 war die Bundesfestung Ulm vollendet. Der Bau der gigantischen Anlage hatte für einen Aufschwung gesorgt, die Stadt wuchs. Industrie siedelte sich an. Ulm beherbergte bald Rüstungsfabriken und Zulieferer der Armee wie Kässbohrer, Magirus und Wieland. Bedeutende Festungen sicherten die Donauübergänge. Zu ihnen gehörte das Fort »Oberer Kuhberg«. Die Niederlage im Ersten Weltkrieg traf Ulm hart. Der Versailler Vertrag legte die Zahl der Soldaten beim Heer auf 100 000 Mann fest, dazu 19 000 Mann bei der Reichsmarine. Für die Garnisonsstadt bedeutete die erzwungene Abrüstung den Abzug zahlreicher Armeeangehöriger, die ihren Sold in den Geschäften und Kneipen ausgegeben hatten. Ulm schrumpfte und viele Einwohner fremdelten mit der demokratischen Weimarer Republik. So wurde die Stadt eine Hochburg der NSDAP, hier erzielte die Partei stets bessere Ergebnisse als im übrigen Württemberg.

1932, in einer politisch aufgeheizten Zeit mit viel Gewalt auf den Straßen, zieht Sophie Scholl mit ihrer Familie im März nach Ulm. Ihre Eltern hatten sich während des Ersten Weltkriegs in einem Lazarett in Ludwigsburg kennengelernt, wo Robert Scholl als Soldat und die Diakonisse Magdalena Müller Dienst taten. Der Sanitäter und die Schwester kamen sich bald näher, sie heirateten 1916. Im Jahr darauf, am 11. August, freuten sie sich über ihr erstes gemeinsames Kind, Ingeborg, genannt Inge. Nur dreizehn Monate später wuchs die Familie weiter. Hans Scholl kam am 22. September 1918 in der württembergischen Kleinstadt Ingersheim an der Jagst zur Welt, wo sein Vater inzwischen Ortsvorsteher war. Dann zog die Familie nach Forchtenberg, hier war Robert Scholl Bürgermeister. Am 27. Februar 1920 wurde Elisabeth dort geboren, keine 15 Monate später folgte am 9. Mai 1921 dann eine weitere Tochter. Sophia Magdalena, wie ihr Geburtsname lautete, war das vierte Kind von Robert und Magdalena Scholl. Sophie oder Sofferl nannten sie die Eltern. Werner vergrößerte die Kinderschar am 13. November 1922, eine Nachzüglerin, Thilde, folgte am 22. März 1925. Die Kleine, mit der ihre Schwestern, allen voran Sophie, gern spielten, erkrankte Ende des Jahres an Masern und starb in der Nacht auf den 5. Januar 1926. Thilde Scholl wurde nicht einmal ein Jahr alt. Für die Familie war das ein heftiger Schock. Eltern und Geschwister trauerten sehr um die Jüngste.

Forchtenberg erleben die Scholl-Kinder als Paradies. Weinberge und Mischwälder umgeben die Kleinstadt. In ihnen tobt Sophie Scholl mit ihren Geschwistern, sie bauen Häuser aus Steinen, klettern auf Bäume, gehen im Kocher schwimmen. Die Familie wohnt im Rathaus. Bei ihr lebt Ernst Gruele, Robert Scholls unehelicher Sohn, dessen Mutter kurz nach seiner Geburt 1914 starb. Er hängt am Vater, scheint zur Familie aber nie so richtig dazuzugehören, taucht in Briefen und Berichten kaum auf.

Scholl hat als Schultheiß, wie der Bürgermeister dort genannt wird, viel zu tun. Als er 1919 sein Amt antritt, bringt noch eine Postkutsche die Einwohner zur nächsten Bahnstation. Scholl, der viele Neuerungen anstößt, setzt gegen den Willen so manches Bauern durch, dass der Ort an die Eisenbahnstrecke angeschlossen wird. Außerdem lässt er ein Lagerhaus und eine Turnhalle errichten. Zehn Jahre bleibt er im Amt, dann wird er nicht wieder gewählt. Mit seinen fortschrittlichen Ideen und seiner Kompromisslosigkeit hat er sich zu viele Gegner gemacht. Zudem gilt er nicht gerade als volksnah. Die Familie verlässt 1930 Forchtenberg und zieht nach Ludwigsburg. Zunächst ist Robert Scholl als Syndikus einer Genossenschaft der Maler und Lackierer in Stuttgart tätig, danach als Buchhalter, Steuerberater und Wirtschaftsprüfer. 1932 steht ein weiterer Umzug an: nach Ulm, wo er sich in ein Treuhandbüro einkauft. Eine Zeitlang leben sie in einer Wohnung in Michelsberg, einem Viertel am Stadtrand, in dem viele Villen stehen, später im Zentrum in der Olgastraße, die die Nationalsozialisten dann in Adolf-Hitler-Ring umbenennen. Über den Scholls wohnt die jüdische Familie Einstein, die sehr entfernt mit dem berühmten Physiker verwandt ist, Albert Einstein ist in Ulm zur Welt gekommen. Zu ihnen entwickeln die Scholls ein gutes Verhältnis.

1933 zahlt Robert Scholl einen Kompagnon aus und führt das Geschäft nun allein. Er treibt ausstehende Forderungen seiner Mandanten ein, vollzieht Zwangsvollstreckungen, ist als Konkursverwalter tätig, berät beim Verfassen von Testamenten, beim Verwalten von Nachlässen und bei Steuerfragen. Sein Einkommen steigt beträchtlich.

Seine Frau Magdalena unterstützt Robert Scholl stets, umsorgt die Kinder, führt den Haushalt. Sie ist zehn Jahre älter als ihr Mann. Die Eltern legen Wert auf eine christlich-humanistische, von Nächstenliebe, Achtsamkeit und Ethik geprägte Erziehung der Kinder: »Ich möchte, daß ihr grad und frei durchs Leben geht«, gibt Robert Scholl ihnen mit. Er warnt seine Familie immer wieder vor Adolf Hitler und seinen Anhängern.

Wie recht er mit seiner Haltung hat, zeigt sich schon bald. Nachdem der »Führer der NSDAP« von Reichspräsident Paul von Hindenburg im Januar 1933 zum Reichskanzler ernannt worden ist, beschränken die neuen Machthaber die freie Meinungsäußerung, die Pressefreiheit, das Versammlungsrecht, Brief-, Post- und Fernmeldegeheimnis drastisch. In Ulm richten die Nationalsozialisten das KZ »Oberer Kuhberg« im alten Fort ein. Dort sind seit November 1933 Sozialdemokraten, darunter der bekannte Politiker Kurt Schumacher, Gewerkschafter, Kommunisten, Geistliche und andere Gegner des Regimes inhaftiert.

Geschickt instrumentalisiert das NS-Regime die Militärtradition in Ulm für seine Zwecke. Neue Kasernenbauten sorgen für Arbeit, die Stadt profitiert von der Aufrüstung, die Hitler angeordnet hat. Ulm entwickelt sich zu einem der größten Standorte der Armee in ganz Deutschland. Seit dem Beginn seiner Kanzlerschaft werden die Streitkräfte massiv verstärkt. Betrugen die deutschen Militärausgaben 1933 noch 984 Millionen Reichsmark, sind es 1934 bereits fast vier Milliarden.

Robert Scholl erkennt früh, dass Hitler auf einen Krieg zusteuert, und verschweigt der Familie seine Sorgen nicht. Dennoch begeistern sich Inge, Hans und Sophie Scholl für den Nationalsozialismus. Sie hören, dass die Bewegung für Kameradschaft, Volksgemeinschaft und Heimatliebe stehe. Ihnen imponiert auch die Hitlerjugend, die HJ, mit ihren geschlossen marschierenden Kolonnen, den wehenden Fahnen, den Uniformen. Hans Scholl ist 14 Jahre alt, als Hitler zum Reichskanzler ernannt wird. Er will zu dessen Organisation gehören. Noch im selben Jahr treten er und Inge Scholl in die HJ ein, ihnen folgt ihre Schwester Elisabeth.

Im Deutschen Jungvolk sind Jungen von zehn bis 14 Jahren organisiert. Ältere wechseln in die HJ. Durch Mitgliedschaft in dieser Organisation, durch Arbeitsdienst und Militär sollen Heranwachsende kontrolliert und für die Schlachten der Zukunft gedrillt werden. So gehört zum Dienst auch die vormilitärische Ertüchtigung: Marschübungen mit Gepäck über zehn Kilometer, Kleinkaliberschießen auf Ringscheiben sowie Geländekunde mit dem »Heranarbeiten an einen Gegner«.

Für Mädchen gibt es zunächst den Jungmädelbund und danach den BDM. Im Januar 1934, mit zwölf Jahren, tritt Sophie Scholl in die nationalsozialistische Jugend ein. Drei Monate später, am 20. April 1934, an Hitlers 45. Geburtstag, legt sie ihr Gelöbnis ab. Ihr Schwur lautet: »Jungmädel wollen wir sein. Klare Augen wollen wir haben und tätige Hände. Stark und stolz wollen wir werden: zu gerade, um Streber und Duckmäuser zu sein, zu aufrichtig, um etwas scheinen zu wollen, zu gläubig, um zu zagen und zu zweifeln, zu ehrlich, um zu schmeicheln, zu trotzig, um feige zu sein.«

Gegen den Willen Robert Scholls engagieren sich seine Kinder in der NS-Bewegung. »Glaubt ihnen nicht, sie sind Wölfe und Bärentreiber, und sie mißbrauchen das deutsche Volk schrecklich«, warnt sie der Vater. Immer wieder versucht er ihnen die Gefahren des Nationalsozialismus aufzuzeigen, aber seine Appelle bleiben wirkungslos. Mit seinem Sohn Hans liefert Robert Scholl sich einen täglichen Kampf: Das Hitler-Porträt, das der in seinem Zimmer aufgehängt hat, nimmt der Vater jeden Abend wieder ab und steckt es in eine Schublade. Am anderen Morgen hängt es wieder an der Wand. Irgendwann gibt Robert Scholl auf. Der »Führer« sorgt für eine Entfremdung zwischen Eltern und Kindern.

Die Geschwister schätzen das Gemeinschaftsgefühl in der HJ, die Kameradschaft über gesellschaftliche Klassen hinweg, die abenteuerlichen Zeltlager, den sportlichen Wettkampf. Sie bringen sich mit Leidenschaft ein, begeistern sich für Fahrten und Märsche. Bald erhalten Inge, Hans, Elisabeth und Sophie Scholl Leitungsposten in der NS-Jugendbewegung.

Werner Scholl hingegen bleibt der HJ zunächst fern, geht weiterhin zu einer anderen Formation, der »Deutschen Freischar«. Sein Gruppenleiter ist Fritz Hartnagel. Als die Nationalsozialisten im Juni 1933 die Bündische Jugend verbieten, weil es neben der HJ keine weitere Jugendorganisation geben darf, trifft das auch die »Freischar«. Sehr widerwillig schließen sich die meisten ihrer Mitglieder der Hitlerjugend an, auch Fritz Hartnagel und Werner Scholl.

Das Vorgehen gegen die Bündische Jugend empört Hartnagel. Heimlich trifft er sich nach wie vor mit Gleichgesinnten im Gartenhaus seiner Eltern. Weihnachten 1933 nimmt er an einem Skilager des Jugendbundes »Trucht« aus dem Saarland teil. Die Region gehört noch nicht zum Reich und so existieren dort noch freie Jugendgruppen. Über die Zeitschrift ›U-Boot‹, in der häufig offen Kritik an der NSDAP, dem »spießigen Kriegsveteranenverein«, geübt wird, halten Sympathisanten der Bündischen Jugend untereinander Kontakt. Hartnagel selbst nennt die Partei in einem Artikel ein »jämmerliches Gebilde«. Die Gestapo, der nicht verborgen bleibt, dass die verbotene »Freischar« fortbesteht, geht in Ulm gegen Jugendliche vor, es kommt zu Hausdurchsuchungen und Verhören. Hartnagel bleibt davon unbehelligt, legt aber aus Protest gegen das Vorgehen der Gestapo seinen Posten als HJ-Führer nieder.

Hans Scholl dagegen steigt in der HJ bis zum Fähnleinführer auf und hat in dieser Funktion 160 Jungen unter sich. Er baut eine A-Mannschaft auf, deren Mitglieder für spätere Führungsaufgaben gedrillt werden. Scholl versucht, den Dienst für seine Jungs möglichst spannend zu gestalten, wobei er sich auch an den Aktivitäten der verbotenen Bündischen Jugend orientiert.

Sophie Scholl ist seit dem Frühjahr 1935 als Schaftführerin für 15 Jungmädchen verantwortlich. Sie muss acht Kilometer mit dem Rad fahren, um ihre Gruppe zu erreichen, hin und zurück, bei jedem Wetter. Für sie ist das kein Problem. Selbst bei schneidender Kälte trägt sie kurze Hosen – für ein Mädchen ein ungehöriges Kleidungsstück. Sophie Scholl hat zudem einen Jungenhaarschnitt und tritt burschikos auf, »Buabamädel« nennen die Nachbarn sie oder auch weniger freundlich »Mannsweib«. Sie gilt bei Gleichaltrigen als ziemlich fanatisch. Einmal lässt sie sogar ein Mädchen aus ihrer Gruppe von Polizisten zu Hause abholen, weil es nicht zum Dienst erschienen ist. Die Schülerin musste in der Metzgerei der Eltern aushelfen, doch für Sophie Scholl gibt es damals anscheinend keinen akzeptablen Grund, dem BDM fernzubleiben.

Allerdings führt sie für ihre Gruppe auch Regeln ein, die nicht zu der Organisation passen wollen. So besteht sie darauf, dass bei Ausfahrten sämtliches Essen und alles Taschengeld zusammengelegt und rigoros geteilt werden. Diese sozialistisch anmutende »Vergemeinschaftung« empört viele Eltern und gefällt auch einigen der Mädchen nicht. Aber Sophie Scholl lässt sich nicht beirren.

Gern liest sie ihrer Gruppe am Lagerfeuer aus ›Die Weise von Liebe und Tod des Cornets Christoph Rilke‹ vor: »Er läuft um die Wette mit brennenden Gängen, durch Türen, die ihn glühend umdrängen, über Treppen, die ihn versengen, bricht er aus aus dem rasenden Bau, auf seinen Armen trägt er die Fahne wie eine weiße, bewußtlose Frau.« Rainer Maria Rilke beschreibt in der Erzählung, wie sein Held, der Cornet, ein Fahnenträger der Kavallerie, im Gefecht gegen die Türken heldenhaft kämpfend untergeht. Sein Tod wird als heroische Tat verklärt.

Opferbereitschaft und Fanatismus verlangt auch der »Führer« von seiner Jugend. In einer Rede auf dem Reichsparteitag 1935 erklärt Adolf Hitler, was er von den Heranwachsenden erwartet: Härte, Gehorsam, »einem Willen und einem Befehl untertan«. Später wird er in einer Rede vor Kreisleitern noch deutlicher: »Dann kommt eine neue deutsche Jugend, und die dressieren wir schon von ganz kleinem an für diesen neuen Staat.« Und weiter: »Diese Jugend, die lernt ja nichts anderes, als deutsch denken, deutsch handeln, und wenn nun diese Knaben mit zehn Jahren in unsere Organisation hineinkommen und dort oft zum ersten Male überhaupt eine frische Luft bekommen und fühlen, dann kommen sie vier Jahre später vom

Jungvolk in die Hitlerjugend, und dort behalten wir sie wieder vier Jahre, und dann geben wir sie erst recht nicht zurück in die Hände unserer alten Klassen- und Standeserzeuger, sondern dann nehmen wir sie in die Partei, in die Arbeitsfront, in die SA oder in die SS, in das NSSK usw.« Wenn dann, nach dem Arbeitsdienst, immer noch Klassenbewusstsein oder Standesdünkel vorhanden sein sollten, dann übernehme sie die Wehrmacht zur weiteren Behandlung.

Die Wiedereinführung der Wehrpflicht bedeutet, dass Fritz Hartnagel, aber auch Hans und Werner Scholl nach dem Abitur zum Militär müssen. In Ulm marschieren bereits wieder uniformierte Kolonnen durch die Straßen, die Wehrmacht stellt die 5. Infanterie-Division auf. Am 7. November 1935 werden im Hof der Wilhelmsburg, einer Festung von 1848, die als Kaserne diente, die ersten Wehrpflichtigen auf den »Führer« vereidigt. Dabei hält der Kommandeur des Infanterieregiments 56 eine Rede vor den neuen Rekruten: »Zwei Leben werden mit eurem Eid aneinandergekettet: das Leben des Soldaten und das Leben des Führers«, heißt es darin. Die Männer müssen Adolf Hitler unbedingten Gehorsam schwören.

Auch Fritz Hartnagel leistet bald diesen Eid, 1935 meldet er sich freiwillig zur Luftwaffe. Die Wehrmacht hält er für die einzige Organisation, die nicht gleichgeschaltet ist und sich dem Nationalsozialismus noch widersetzen könnte. Durch seine Entscheidung für die Offizierslaufbahn kann er zudem ein halbes Jahr früher das Abitur ablegen.

Bei Hans Scholl beginnt ein Umdenken, nachdem er 1935 den Reichsparteitag der NSDAP in Nürnberg besucht hat. Dort erkannte er wohl, dass die HJ nicht nur für harmlosen Spaß wie Zeltlager und Ausflüge steht, sondern der Gleichschaltung dient. Sein »Führer« fordert schließlich die Unterwerfung der Jugend. Scholl war als Fahnenträger dabei, eine Auszeichnung für den engagierten Jugendfunktionär. Auf dieser Großveranstaltung, die zynischerweise unter dem Motto »Reichsparteitag der Freiheit« stand, wurden die von der NS-Spitze beschlossenen antisemitischen »Nürnberger Gesetze« verkündet. Sie drängten Deutsche mit jüdischen Wurzeln an den gesellschaftlichen Rand, grenzten sie aus und machten sie zu Bürgern zweiter Klasse. Der Massenauflauf von Abertausenden Jungen und Mädchen, der Gleichklang und Gleichschritt scheinen Hans Scholl nicht berauscht, sondern eher abgeschreckt zu haben. Als er nach Hause kommt, bemerkt seine ältere Schwester Inge, dass in ihm etwas vorgeht.

Hans Scholl interessiert sich immer stärker für die Gedankenwelt der Bündischen Jugend, die er ausgerechnet in der HJ kennenlernt. In der nationalsozialistischen Organisation gibt es in Ulm zahlreiche Anhänger der Deutschen Jungenschaft vom 1. November 1929, die »dj. 1.11« abgekürzt wird. Sie wurde von Eberhard Koebel, genannt »Tusk«, gegründet und versammelt Jungen mit starkem Autonomiestreben. Die Mitglieder brechen gemeinsam zu Auslandsfahrten auf, singen Lieder aus der ganzen Welt, gehen zusammen skilaufen, schlafen selbst im Winter in Zelten, schätzen moderne Kunst, tauschen Drucke und Postkarten verfemter Maler, lesen sich Hermann Hesse, Stefan George, Rainer Maria Rilke sowie verbotene Schriftsteller vor und diskutieren über Denker wie Lao-tse und Augustinus.

Vom Nationalsozialismus wendet sich Hans Scholl nicht abrupt ab, aber er distanziert sich mehr und mehr und sucht nach einem eigenen Weg innerhalb der Bewegung. Leicht fällt ihm das nicht. Immer wieder stößt er an Grenzen, die in der HJ bestehen. Einer seiner Anführer nimmt ihm einmal ein Buch aus der Hand, das er gerade liest: ›Sternstunden der Menschheit‹ von Stefan Zweig. Der Titel sei verboten, sagt der Vorgesetzte. »Warum?«, fragt Hans Scholl irritiert. Zweig ist sein Lieblingsschriftsteller. Aber eine Erklärung bekommt er nicht. Auch die

Bücher eines weiteren Autors, den er sehr schätzt, soll er nicht mehr lesen: Fritz von Unruh, Kriegsgegner und Republikaner. Scholl erfährt, dass Unruh aus Deutschland hatte fliehen müssen, weil er pazifistische Gedanken geäußert habe. Seine Zweifel wachsen. Noch enger als zuvor fühlt er sich der »dj. 1.11« verbunden.

Zunehmend geht die Reichsführung der HJ gegen bündische Umtriebe in den eigenen Reihen vor. Ohne auf die Verbote zu achten, hält Hans Scholl weiterhin in seiner Gruppe die Ideale der Deutschen Jungenschaft hoch, gerät aber mit seiner Begeisterung für deren Rituale mehr und mehr in Konflikt mit der HJ. Seine Gruppe führt eine selbstgenähte Fahne, die mit einem Fabeltier bestickt ist. Als Scholls Vorgesetzter Max von Neubeck bei einem Appell die Übergabe der Flagge fordert, verpasst Scholl dem Stammführer eine Ohrfeige. Nach diesem Vorfall wird er degradiert und verliert seinen Posten als Fähnleinführer, wird aber nicht aus der HJ ausgeschlossen. Nach einer Beurlaubung darf Scholl wieder einen Zug führen. Viele dieser Jungen gehörten bereits zu seiner ehemaligen A-Mannschaft. Sie gehen weiterhin gemeinsam auf Fahrt, brechen sogar im Sommer 1936 trotz eines Verbotes nach Lappland auf und begehen dabei auch noch ein »Devisenvergehen«, weil sie Reichsmark gegen ausländische Währungen tauschen. Die Mitglieder nennen sich untereinander die »Trabanten«. Inspiriert haben sie bei der Namenswahl einige Zeilen von Stefan George: »Wer je die flamme umschritt / Bleibe der flamme trabant! / Wie er auch wandert und kreist: / Wo noch ihr schein ihn erreicht / Irrt er zu weit nie vom ziel.«

Sophie Scholl durchläuft beim BDM eine ähnliche Karriere wie ihr älterer Bruder in der HJ. Sie erhält weitere Posten und wird 1936 zur Scharführerin ernannt. Ihr unterstehen nun 50 Mädchen. Und sie ist ähnlich widerständig wie Hans Scholl. So hinterfragt sie etwa, warum eine jüdische Mitschülerin nicht Mitglied im BDM werden darf, obwohl sie blond und blauäugig ist. Oder stößt bei ihren Vorgesetzten auf Kritik, wenn sie als Anführerin ihrer Gruppe am Lagerfeuer Geschichten und Gedichte von geächteten Autoren vorliest. Sie schätzt Heinrich Heine sehr, der als Jude bei den Nationalsozialisten verpönt ist. In seiner Tragödie ›Almansor‹ hat der Dichter prophetisch festgehalten: »Dort, wo man Bücher verbrennt, verbrennt man auch am Ende Menschen.« Auch eine Bildhauerin, die Scholl bewundert, zählt zu den verfemten Künstlern: Renée Sintenis hat jüdische Vorfahren, ebenso Paula Modersohn-Becker, deren Werke Scholl in Form von Kunstpostkarten sammelt.

Die drakonische Disziplin und das Auflösen aller Individualität irritieren Sophie Scholl zunehmend, je älter sie wird. Nach einer Fahrt in den Böhmerwald wachsen ihre Zweifel am uniformierten Dienst. Am 31. August 1937 notiert die 16-Jährige in ihrem Tagebuch: »Von der HJ habe ich mich ohne mein Wollen ganz gelöst. Ich habe nichts mehr zu geben, nichts mehr zu nehmen.«

Gründe, sich vom BDM zu entfernen, mag es für sie mehrere gegeben haben. So hatte Sophie Scholl wie ihr älterer Bruder einige Konflikte mit Vorgesetzten. Zudem teilt sie das Frauenbild nicht, das die Nationalsozialisten propagieren und das auch in der Jugendorganisation hochgehalten wird. Sie, die der Freiheit eine solche Bedeutung zumisst, muss es ablehnen, dass Frauen vor allem oder ausschließlich für die Familie da sein sollen. Gefeiert werden sie im »Dritten Reich« nicht für Leistungen im Beruf oder in der Wissenschaft, sondern für das Gebären vieler Kinder. »Mütter, Eure Wiegen sind wie ein schlafendes Heer«, tönt die NS-Propaganda, »stets bereit zu siegen werden sie nimmermehr leer.« Dem Regime geht es vor allem um den Soldatennachwuchs.

Fritz Hartnagel ist nach Preußen gekommen. Er begeistert

sich für Technik und für die Fliegerei und würde gern Pilot werden. Stattdessen landet er bei der Nachrichtentruppe. Im Herbst 1937 schließt er seine Ausbildung an der Kriegsschule in Potsdam ab, einer seiner Lehrer ist Erwin Rommel, ein Kriegsheld des Ersten Weltkriegs, der es in der Wehrmacht noch weit bringen wird. Danach wird Hartnagel zum Fähnrich befördert. In Augsburg stationiert, verbindet er den Beruf des Soldaten mit Tugenden wie Ritterlichkeit, Tapferkeit und Mut. Ihn reizen aber auch die Abenteuer, die er in Uniform erleben will.

Eine Militäruniform trägt nun auch Hans Scholl. Nach einem halben Jahr beim Reichsarbeitsdienst, RAD, in einem Lager bei Göppingen kommt er zum Militär. Sein Wehrdienst beginnt am 1. November 1937 beim Kavallerieregiment 18 in Bad Cannstatt. Dort holt ihn seine Begeisterung für die »dj. 1.11« ein. Gleich zu Beginn seines Dienstes als Soldat gerät er ins Visier der Geheimen Staatspolizei. Angehörige seiner früheren HJ-Gruppe werden in der Schule mitten im Unterricht festgenommen. Auch Inge und Werner Scholl, die ältere Schwester und den jüngeren Bruder, nehmen Geheimpolizisten am 11. November fest. Im offenen Lastwagen bringen Beamte die Kinder und Jugendlichen auf der gerade fertiggestellten Autobahn über die Schwäbische Alb nach Stuttgart. Die Fahrt empfinden die Verdächtigten im Alter von zwölf bis neunzehn Jahren als schrecklich. Sie haben Angst vor dem, was auf sie zukommt, außerdem tragen alle nur leichte Kleidung und frieren im Schneegestöber.

Acht Tage lang bleiben sie in Untersuchungshaft, überwiegend in Isolationshaft. Mehrfach verhören Polizisten die meist minderjährigen Gefangenen, weder Eltern noch Rechtsanwälte haben Zugang zu ihnen. Dann kommen Inge und Werner Scholl sowie die anderen wieder frei. Für die Jugendlichen eine traumatische Erfahrung.

Während die Gestapo gegen ihre Geschwister vorgeht, macht Sophie Scholl eine interessante Bekanntschaft: Beim »Tanzkränzle« in der Wohnung einer gemeinsamen Freundin kommt sie Fritz Hartnagel näher. Die Gastgeberin besitzt ein Grammophon und einige Schellackplatten, zudem hat sie großzügige Eltern. Bei ihr treffen sich nachmittags regelmäßig einige Freunde, im November 1937 ist auch Hartnagel dabei, der 20-jährige Offiziersanwärter. Sophie Scholl ist damals 16 und Schülerin der Oberrealschule für Mädchen in Ulm. Aus dem Lautsprecher erklingen Foxtrott, Slowfox, Walzer und Englisch-Waltz, die beiden tanzen zusammen zu Liedern, die von den Nationalsozialisten als »entartet« oder als »Negermusik« abgewertet werden. Sophie gilt als wilde Tänzerin. Vom Sehen kennt sie ihren Tanzpartner bereits, als Leiter der bündischen Jugendgruppe ihres jüngeren Bruders war er bei den Scholls schon zu Gast. Außerdem hat Hartnagel dieselbe Schule besucht wie Hans und Werner Scholl. Bald tauschen der angehende Offizier und die Schülerin Briefe aus. In einem ihrer Schreiben, das sie nach Augsburg schickt, berichtet Sophie Scholl dem zum Leutnant beförderten Hartnagel, dass sie einmal nach einem Treffen mit Freunden abends viel zu spät nach Hause gekommen sei. Die Glastür am Eingang sei abgeschlossen gewesen, so dass sie nicht hineinkam und läuten musste. Sie habe damit gerechnet, grässlichen Ärger zu bekommen, aber ihr Vater, der befürchtet hatte, zur frühen Morgenstunde der Gestapo gegenüberzustehen, sei so erleichtert gewesen, stattdessen seine Tochter vor sich zu haben, dass er gar nicht geschimpft habe. So erfährt Fritz Hartnagel ganz nebenbei, wie groß die Angst der Familie Scholl vor der Geheimen Staatspolizei ist.

Dazu gibt es allen Grund. Am 22. November befragen Ermittler Hans Scholl erstmals zu seiner »Bündischen Betätigung«. Drei Tage später erhält er zudem eine Strafanzeige wegen »Verbrechen i. S. d. § 175a Ziff. 2 des StGB«. Dieser Paragraf verbietet gleichgeschlechtliche Liebe unter Männern und den Missbrauch von Schutzbefohlenen. »Widernatürliche Unzucht« nennen das die NS-Juristen. Bereits in der Weimarer Republik war Homosexualität strafbar. 1935 verschärften die Nationalsozialisten die Bestimmung. Nun konnte schon eine simple Körperberührung Anlass für die Strafverfolgung sein, eine sexuelle Handlung musste von der Staatsanwaltschaft nicht nachgewiesen werden.

Überall in Deutschland schüchtert die Gestapo die Mitglieder verbotener Jugendbünde ein und sperrt Hunderte Jugendliche und Heranwachsende weg. Einige von ihnen bleiben einige Tage, andere Wochen oder gar Monate in Untersuchungshaft. Auch gegen Hans Scholl ergeht ein Haftbefehl. Ihn holen Polizisten am 13. Dezember 1937 aus der Kaserne ab. Hans schreibt in eines seiner Lieblingsbücher einen wütenden Satz: »Reißt uns das Herz aus dem Leibe und ihr werdet euch tödlich daran verbrennen.«

Sophie Scholl macht sich wie alle in der Familie Sorgen um den älteren Bruder, ist in Gedanken aber auch woanders, denn erstmals ist sie richtig verliebt und schickt Fritz Hartnagel per Post viele Briefe in die Kaserne nach Augsburg. Er beantwortet zunächst nicht jedes ihrer Schreiben. Aus Ulm erreichen ihn oft kecke, lustige, manchmal auch alberne Zeilen: »Die Anneliese scheniert sich, deshalb schreibt die Sofie. (In der Schule). Hiermit schickt Dir die Anneliese eine Einladungskarte, Du kommst doch? Jetzt fehlt aber der Lisl u. mir noch ein Mann. (kein Ehemann). Wenn Du jemand Nettes kennst, kannst Du ihn von der Anneliese aus gern einladen. Andernfalls würden wir auch ohne Männer auskommen.«

Mal flirtet Sophie Scholl, mal provoziert sie, mal wirkt sie kühl, fast schroff, mal sehr herzlich. Sie will dem jungen Soldaten nah sein, fürchtet aber gleichzeitig, dass zu große Nähe ihre

Freiheit schmälern könnte. Anfang Dezember 1937 notiert sie in ihrem Tagebuch: »Fritz Hartnagel kann ich direkt prima leiden. Er mich auch.« Und: »Die selbstverständliche Wärme und Liebe, die er braucht, ich werde sie ihm geben.«

Dabei ist der Oberfähnrich noch liiert, mit Charlotte Thurau, genannt »Charlo«, Sophie Scholls ehemaliger Jungmädelführerin. Für die Schülerin ist »Charlo« ein Vorbild – und eine Konkurrentin. Als Thurau Ulm verlässt, um in einer anderen Stadt zu studieren, entscheidet sich Hartnagel endgültig für Sophie Scholl. Sie sind ein ungleiches Paar, in vielerlei Hinsicht. Der Soldat ist vier Jahre älter als die Schülerin und steht für vieles, das sie abschreckt: den Drill des Militärs, das brutale Kriegshandwerk, die die Freiheit raubende Gleichschaltung. Außerdem kommt Hartnagel aus einer eher bildungsfernen Familie, in der im Gegensatz zu den Scholls weder über Politik diskutiert noch das Regime in Frage gestellt wird. Robert und Magdalena Scholl hingegen lehnen das sogenannte Dritte Reich ab. Nach dem Vorgehen der Gestapo gegen ihre Kinder hat ihre Wut auf den »Führerstaat« noch zugenommen.

Hans Scholl bleibt fünf Wochen lang in Untersuchungshaft. Seine Familie erlebt hautnah, dass die Polizei kein »Nachtwächter für die privaten Interessen der Einzelmenschen« mehr ist, wie Reinhard Heydrich, Chef des Sicherheitsdienstes (SD) der SS, in der Zeitschrift ›Kriminalistik‹ warnend feststellte. Die Polizei habe vielmehr die Aufgabe, »1. den Willen der Führung zu vollziehen und die von dieser Führung gegebene Ordnung aufrechtzuerhalten und 2. das deutsche Volk als Gesamtwesen, seine Lebenskraft, seine Einrichtungen gegen jede Art von Zerstörung und Zersetzung zu sichern«.

Sophie Scholl reagiert empört auf das Vorgehen der Gestapo. Die Hatz auf junge Menschen empfindet sie als unverhältnismäßig und willkürlich. Sie versteht nun mehr und mehr, dass sie in einem Unrechtsstaat lebt, begreift, dass Hitler und seine Gefolgsleute sie mit dem Ideal der Volksgemeinschaft getäuscht haben, und macht erstmals direkt Erfahrung mit der Diktatur. Sophie weiß nicht, dass die Nationalsozialisten gegen ihren Bruder Hans nicht nur wegen bündischer Umtriebe vorgehen, sondern auch wegen Verstößen gegen § 175.

»Die homosexuellen Männer sind Staatsfeinde und als solche zu behandeln«, hat Heinrich Himmler, Reichsführer SS und Chef der deutschen Polizei, im Frühjahr 1937 festgelegt. »Es geht um die Gesundung des deutschen Volkskörpers, um die Erhaltung und Stärkung der deutschen Volkskraft.« Ziel sei es, künftig die Zahl der Homosexuellen zu verringern – eine Umschreibung für gnadenlose Verfolgung und Vernichtung in Konzentrationslagern.

In einem Brief beteuert Hans Scholl gegenüber seiner Mutter und dem Vater, wie leid es ihm tue, dass »ich dieses Unglück über die Familie gebracht habe, und in den ersten Tagen meiner Haft war ich oft der Verzweiflung nahe. Aber ich verspreche Euch: Ich will alles wieder gut machen; wenn ich wieder frei bin, will ich arbeiten und nur arbeiten, damit Ihr wieder mit Stolz auf Euren Sohn sehen könnt.« Er bittet die Eltern, nur seine Schwester Inge einzuweihen, dass gegen ihn auch wegen homosexueller Taten ermittelt wird. Sein Bruder Werner weiß das bereits, da er als Zeuge gegen Ernst Reden, einen Freund aus der Bündischen Jugend, benannt wurde, der wegen desselben »Vergehens« von der Gestapo beschuldigt wird.

Gegnern des NS-Regimes und Amtsträgern, die bloßgestellt werden sollen, werden immer wieder sexuelle Verfehlungen vorgehalten. So werden etwa Kriegsminister Werner von Blomberg und der Oberbefehlshaber des Heeres, Werner von Fritsch, im Februar 1938 ihrer Ämter enthoben. Ersterem wird vorgehalten, eine nicht standesgemäße Ehe mit einem Aktmodell geschlossen zu haben, Letzterem, homosexuell zu sein. Über Blombergs Frau gibt es eine alte Akte bei der Sittenpolizei, sie hat für Erotikfotos posiert und wohl auch als Prostituierte gearbeitet. Der Minister weigert sich, seine Ehe zu beenden, und tritt auf Druck Hitlers zurück. Daraufhin löst der »Führer und Reichskanzler« das Kriegsministerium auf. Gegen Fritsch führt die Gestapo einen Kleinkriminellen als Zeugen vor, der höchstwahrscheinlich zu der Aussage, er habe Sex mit dem General gehabt, gezwungen oder dafür bezahlt wurde. Von einem Militärgericht wird der General rehabilitiert, er ist Opfer einer Intrige geworden. Seinen Posten erhält er dennoch nicht zurück, da Hitler sich selbst zum Oberbefehlshaber der Wehrmacht ernannt hat. Allein der Vorwurf, homosexuell zu sein, reichte aus, um einen hochrangigen und verdienten Militär auszuschalten. Hitler wollte Blomberg und Fritsch loswerden, weil sie sich nicht hinter seine Kriegspläne stellten. Das neu eingerichtete Oberkommando der Wehrmacht leitet nun der devote Wilhelm Keitel, der seinem »Führer« nicht widerspricht.

Hans Scholl wird wegen dreier Straftaten angeklagt: bündische Aktivitäten, das Devisenvergehen bei der Lapplandreise und homosexuelle Übergriffe auf ein jüngeres Mitglied seiner HJ-Gruppe. Die Gestapo hat einige Beweise gegen ihn gesammelt. So legen die Beamten die Aussagen mehrerer Jugendlicher vor, die ihren ehemaligen Anführer belasten. Und der Angeklagte bestreitet die Vorwürfe gegen ihn nicht. Als es zum Verfahren kommt, widerruft ein Zeuge jedoch einen Teil seiner Angaben. Er sagt, dass er sich von den verhörenden Beamten bedrängt gefühlt und deswegen übertrieben habe.

Der Prozess findet am 2. Juni 1938 vor einem Sondergericht unter Vorsitz des Senatspräsidenten Hermann Cuhorst statt. Diese Gerichte sind von der ordentlichen Justiz abgekoppelt. Sie sprechen ein Recht, das dem »gesunden Volksempfinden« folgen soll. Während des Verfahrens sagt Hans Scholl: »Ich habe es schon lange bereut, es ist mir leid, was ich mit Rolf Englerts gemacht habe«, so berichtet es Magdalena Scholl in einem Brief an ihre Tochter Inge. Hans Scholl habe ferner gesagt, er habe sich immer bemüht, ein reiner Mensch zu sein.

Sowohl während der Untersuchungshaft als auch während des Prozesses stehen die Eltern zu ihrem Sohn. Sein Vater besucht ihn in der Haftanstalt, die Mutter schreibt viele aufmunternde Briefe. Und auch ein Offizier, sein Vorgesetzter aus seinem Kavallerieregiment, hält zu ihm und schützt ihn.

Obwohl der Staatsanwalt eine Haftstrafe von einem Jahr fordert, verurteilen die Richter den Angeklagten nur zu einem Monat Gefängnis. Der Verwurf »Unzucht mit einem Abhängigen« wird fallengelassen, weil beide Jungen ähnlich alt sind. Hans Scholl profitiert von dem »Straffreiheitsgesetz«, das Adolf Hitler nach dem Einmarsch der Wehrmacht in sein Geburtsland im März 1938 erlassen hat und das bei niedrigen Haftstrafen greift. Scholl verlässt das Gerichtsgebäude ohne einen Eintrag im Vorstrafenregister. Damit darf er weiterhin an einer deutschen Hochschule studieren. Doch zunächst geht für ihn der Wehrdienst weiter. Er gilt als vorbildlicher Rekrut, aber seine Distanz zum Regime wächst. Viele seiner Kameraden hält er für naiv oder für einfältig: »Warum überhaupt Krieg? Die allermeisten würden blind und dumm mit einer gewissen Neugierde oder Abenteuerlust losmarschieren«, stellt er in einem Brief an die Eltern fest. Mit der Hitlerjugend hat Hans Scholl nun abgeschlossen, auch tritt er nicht in eine andere der zahlreichen Organisationen der NSDAP ein. Der NS-Staat widert ihn an. So schreibt er: »Masse, der Begriff wird mir immer verhaßter.«

Auch die Begeisterung seiner Geschwister für den Nationalsozialismus ist stark zurückgegangen. Sophie Scholl hat den Spaß am BDM verloren – unter manchem anderen wegen ständiger Konflikte mit Vorgesetzten. Ihre Mädchen haben einen Wimpel für ihre Gruppe genäht, der anstelle des obligatorischen Hakenkreuzes Runen zeigt. Scholl will das nicht ändern und widersetzt sich allen Anweisungen. Als der Streit eskaliert, kommt im Frühjahr 1938 aus Stuttgart die Gauführerin des BDM angereist. Sie setzt Sophie Scholl als Scharführerin ab. Ihre Freundin Susanne Hirzel und ihre Schwester Elisabeth werden ebenfalls degradiert, weil ihre Gruppen ähnliche Wimpel gebastelt haben.

Für Sophie Scholl ergeben sich daraus keine Konsequenzen. Sie verlässt den BDM nicht. Die junge Frau macht weiter, wohl um die NS-Behörde nicht zu provozieren und weitere Repressalien für ihre Familie, die seit den Festnahmen ihrer Geschwister die Gestapo fürchtet, zu vermeiden. Ein Austritt oder ein Rauswurf hätte für sie gravierende Folgen haben können. Ohne HJ-Mitgliedschaft werden Jugendliche meist nicht zum Abitur und später auch nicht zum Studium zugelassen. Sophie Scholl besucht also weiterhin die Dienstabende, die sie fad und öde findet. Gelegentlich nimmt sie ein Buch mit, um sich abzulenken. Da sie sich weniger für den BDM engagiert, hat sie nun mehr Zeit für ihren neuen Freund. Ulm und Augsburg sind allerdings so weit voneinander entfernt, dass sich die beiden nur am Wochenende treffen können. Fritz Hartnagel kommt meist freitagabends nach Ulm. Häufig besucht er seine Sophie zu Hause, die Wohnung der Scholls wird für ihn zu einem zweiten Zuhause. Sie machen aber auch viele Ausflüge mit dem Wagen von Hartnagels Vater, wandern durch die Schwäbische Alb, radeln an der Donau und treffen sich mit Freunden zum Tanzen.

Allzu lange können sie ihre Freizeit jedoch nicht so unbeschwert gestalten, denn Adolf Hitler beginnt die Wehrmacht immer stärker einzusetzen. Am 12. März 1938 lässt er seine Truppen in Österreich einrücken, drei Tage später jubelt in Wien eine euphorische Menge dem »Führer« zu, gleichzeitig jagen die Geheime Staatspolizei und der Sicherheitsdienst der SS politische Gegner.

Kurz darauf, am 9. Mai 1938, feiert Sophie Scholl ihren 17. Geburtstag – ohne Fritz. Am nächsten Tag schreibt sie nach Augsburg, ob er denn nun am Wochenende käme, sonst müsse sie etwas anderes planen. Sie fordert Kontakt und geht doch schon bald wieder auf Distanz. Mitte August lässt sie ihren Freund in einem langen und ernsten Brief wissen: »In dem Verhältnis, in dem ich zu Dir stehe, kann ich nicht weiter bleiben. Ich habe es von einer Stunde auf die andre eingesehen. Der Grund? Ich bin einfach noch zu jung, lach bitte nicht, es ist so, es drückt mich zusammen.« Und weiter: »Ich bin noch nicht erwachsen, bitte nimm es mir nicht übel, aber ich kann es noch nicht.«

Eine Antwort erhält sie zunächst nicht. Fritz Hartnagel liegt an Typhus erkrankt im Lazarett. Er kann nicht schreiben – und will es vielleicht auch nicht. Sophie Scholl lässt das Thema erst einmal ruhen. Zwei Wochen später schickt sie ihm einen heiteren Rückblick auf eine längere Norddeutschlandreise mit zwei Freundinnen und ihrem Bruder Werner. Sie haben Inge Scholl getroffen, die bei Bremen ihren Arbeitsdienst absolviert, und dann die Künstlerkolonie Worpswede am Teufelsmoor besucht.

Hartnagel antwortet ebenfalls munter, berichtet, dass er einen Vollbart trage, der ihn »martialisch« aussehen lasse. Auf ihren ernsten Brief geht er nicht ein. Anfang Oktober bekommt er eine Woche Urlaub und fährt nach Ulm. Nun kann er sich endlich um Sophie kümmern. Trotzdem sind nicht alle ihre Probleme gelöst, denn einer Aussprache gehen beide aus dem Weg. Fast schon verzweifelt gesteht er ihr schließlich, er könne »das alles nicht verstehen, dann belasten mich so viele Vorwürfe, so viel Schuld, dann nenn mich einen Lumpen und Verbrecher, verachte mich – hasse mich. Bitte! Du würdest mir viel helfen.«

Aber ein Ende der Beziehung will Sophie Scholl dann doch nicht. »Wenn Du mich nicht mehr sehen noch hören kannst, wenn Du von mir loskommen willst, so verstehe ich das. Ich werde das tun, was Du möchtest. Aber Gefühle kannst Du von mir nicht verlangen, die man nicht selbst in sich wecken kann. Wir wollen einen Punkt machen hinter alles, was gewesen war. Alles Weitere liegt an Dir.«

Sie kommen sich wieder näher. »Ich habe Dich so sehr nötig«, schreibt sie ihm. Und er antwortet ihr: »Du weißt gar nicht, was Du mir gibst, ganz unbewußt vielleicht, aber das ist gerade das Schöne dabei.«

Im Monat darauf, am 9. November 1938, erschüttert eine deutschlandweite gegen jüdische Bürger gerichtete Aktion die Städte und Gemeinden. Im ganzen Land brennen die Synagogen, in Ulm die Synagoge am Weinhof. Dorthin treiben Männer der SA und SS ihre Opfer, ein gewalttätiger Mob zwingt die verängstigten Menschen, in den Brunnentrog zu steigen. Der Rabbiner Julius Cohn wird so misshandelt, dass er für mehrere Tage ins Krankenhaus muss.

Robert Scholl macht sich Sorgen um die Einsteins, Bekannte aus der Olgastraße, und sucht sie auf. »Frau Einstein, ein Mensch kommt zu ihnen«, antwortet er, als Irene Einstein an der Tür ängstlich nachfragt, wer da sei. Scholl gilt bei den Verfolgten als vertrauenswürdig. Er half jüdischen Bekannten, ein Schuhgeschäft zu verkaufen, andere unterstützte er bei der Flucht ins Ausland. Es ist bekannt, dass er den Nationalsozialismus ablehnt. »An Todesfällen wurden 36, an Schwerverletzten ebenfalls 36 gemeldet«, berichtet Reinhard Heydrich am 11. November an Hermann Göring. »Die Getöteten bzw. Verletzten sind Juden.« Diese Zahlen sind allerdings viel zu niedrig. Tatsächlich sterben mehr als 1 300 Juden an den Folgen der Pogrome. Bis zu 30 000 Opfer verschleppen Gestapo, SA und SS in Konzentrationslager. Sophie Scholl empört der Exzess in Ulm. Sie kritisiert gegenüber Mitschülerinnen am nächsten Tag die Gewalt gegen die Nachbarn mit jüdischen Wurzeln.

Sophie Scholl vermisst ihren älteren Bruder Hans, den sie

nur noch selten sieht. Er schließt noch 1938 seine Ausbildung als Reserveoffiziersanwärter ab, danach besucht er sechs Monate lang in Tübingen die Sanitätsschule. Gleichzeitig lernt er im Lazarett den Umgang mit Kranken. Im April 1939 immatrikuliert er sich an der Ludwig-Maximilians-Universität in München für die Humanmedizin. Scholl macht seine Eltern stolz. Er ist der Erste aus der Familie, der es an eine Hochschule geschafft hat. Mit dem Studium steht ihm eine Karriere offen, die ihnen verwehrt geblieben ist.

In den NS-Studentenbund tritt der junge Mann aus Ulm nicht ein, obwohl das an der Hochschule und natürlich vom Regime erwartet wird. Er hofft, dass seine Schwester Sophie nach dem Abitur im kommenden Jahr gemeinsam mit ihm in München studieren kann. Aber 1939 wird der Reichsarbeitsdienst auch für Frauen zur Pflicht. Sophie Scholl muss erst zum RAD, bevor sie die Universität besuchen darf.

3. KAPITEL

Vormarsch und Verbrechen

August 1939 bis Mai 1942

Den Sommer 1939 überschattet der Streit zwischen den Regierungen in Berlin und Warschau um Danzig. Die Stadt steht unter Kontrolle des Völkerbundes, ist aber von polnischem Gebiet umschlossen. Hitler fordert ihren Anschluss ans »Großdeutsche Reich« und droht dem Nachbarstaat unverhohlen mit Gewalt. Tatsächlich ist Danzig für ihn jedoch nur ein Mittel zum Zweck, der »Führer« will einen Anlass schaffen, um Polen angreifen zu können.

Ende August 1939 ordnet Hitler an, die längst geplante Offensive gegen Polen zu beginnen, obwohl England und Frankreich für dessen Sicherheit eintreten. Für Berufssoldaten wie Fritz Hartnagel bedeutet die wachsende Kriegsgefahr eine Anwesenheitspflicht bei ihrer Truppe. Gerade von den jungen Offizieren wird erwartet, dass sie sich für den Einsatz bereithalten.

Den Krieg gegen Polen sichert Hitler mit einem diplomatischen Coup ab: Am 23. August 1939 landet Reichsaußenminister Joachim von Ribbentrop in Moskau. Er unterzeichnet mit seinem sowjetischen Kollegen Wjatscheslaw Michailowitsch Molotow im Kreml einen Nichtangriffspakt. Das ist weltweit eine sensationelle und schockierende Nachricht, gelten Nationalsozialisten und Bolschewiken bislang doch als unversöhnliche Gegner. Geheim bleibt dabei ein Zusatzabkommen, mit dem die Diktaturen Osteuropa unter sich aufteilen.

Selbst alte Parteigenossen verunsichert Hitler mit seiner spektakulären Wende in der Außenpolitik. Schließlich hat er bereits seit Jahren über den Krieg gegen den »jüdischen Bolschewismus« schwadroniert. Während seiner Festungshaft in Landsberg begann er 1924 ›Mein Kampf‹ zu diktieren. Darin behauptet Hitler, »der internationale Jude« beherrsche Russland restlos. »Nur der bürgerliche Einfaltspinsel ist fähig sich einzubilden, daß der Bolschewismus gebannt ist. Er hat in seinem oberflächlichen Denken keine Ahnung davon, daß es sich hier um einen triebhaften Vorgang, d. h. den des Strebens nach der Weltherrschaft des jüdischen Volkes, handelt.« Im Februar 1933, einen Monat nach der Machtübernahme, präsentierte Hitler dann einigen Generälen der Reichswehr seine außenpolitischen Ziele. Er sprach von der »Ausrottung des Marxismus« und der »Eroberung von Lebensraum im Osten«.

Auch für Stalin bedeutet das Abkommen eine fundamentale außenpolitische Neuausrichtung, denn der Machthaber der Sowjetunion hat noch bis vor Kurzem für eine internationale »Einheitsfront gegen den Faschismus« geworben. Und im Spanischen Bürgerkrieg standen sich ab 1936 »Freiwillige« aus der Sowjetunion und nationalsozialistische Soldaten gegenüber. Die deutsche »Legion Condor« hatte mit unzähligen Luftangriffen Tausende Gegner und Zivilisten getötet, Guernica zerstört. Stalin lieferte Kriegsmaterial an die Republikaner, Militärberater, Geheimdienstler, Piloten und Techniker, 2 000 Mann sollen es bis zum Ende des sowjetischen Engagements 1938 gewesen sein. Nun ist im Sommer 1939 schlagartig alles anders. Am 31. August ratifiziert der Oberste Sowjet den Hitler-Stalin-Pakt.

Nur wenige Stunden später, am frühen Vormittag des 1. September, beginnt der »Reichskanzler und Führer« den Zweiten Weltkrieg: Hitler lässt die Wehrmacht in Polen einmarschieren. Zwar spiegelt die SS zuvor polnische Übergriffe auf deutsches

Territorium vor, indem verkleidete Provokateure den Sender Gleiwitz überfallen. Doch Polens Verbündete lassen sich nicht täuschen. England und Frankreich erklären kurz darauf dem Deutschen Reich den Krieg.

Nach dem Angriff auf Polen schreibt Hans Scholl an die Eltern: »Vielleicht dauert dieses Massenmorden lange Zeit. Vielleicht müssen die Menschen Europas sehr umgepflügt werden. Werden wir dann eine Stufe höher steigen?«

Ein anderer Ulmer hingegen freut sich auf seinen ersten Einsatz im Krieg. Fritz Hartnagel will, wie so viele andere junge Männer, dabei sein und sich beweisen. Sophie Scholl kann seine Begeisterung für den Kampf nicht teilen. Zu Beginn des Zweiten Weltkrieges schreibt sie ihm: »Nun werdet ihr ja genug zu tun haben. Ich kann es nicht begreifen, daß nun dauernd Menschen in Lebensgefahr gebracht werden von anderen Menschen. Ich kann es nie begreifen und ich finde es entsetzlich. Sag' nicht, es ist für's Vaterland.«

Hartnagel gehört als Adjutant zu einer Nachrichteneinheit, die im württembergischen Calw stationiert ist, als der Krieg beginnt. Und er sieht es tatsächlich zunächst als seine Pflicht an, für das Vaterland zu kämpfen. Doch schießen muss er an der Oberrheinfront nicht. Er und seine Kameraden warten im Schwarzwald darauf, dass etwas passiert. Ganz in der Nähe der Grenze stehen sich zwar Deutsche und Franzosen gegenüber, aber im Westen bleibt es weitestgehend ruhig. Die Franzosen und ihre Verbündeten aus England verhalten sich passiv. Hartnagel kann das nicht verstehen. »Wir warten nun stündlich, daß es auch hier bei uns zum Knallen kommt«, schreibt er seiner Sophie. »Wenn wir's auch nicht hoffen wollen, so freuen wir uns natürlich insgeheim darauf.«

Im Osten marschiert die Wehrmacht rasch vor. Die polnischen Verteidiger werden regelrecht überrannt. Bereits zwei Wochen nach Kriegsbeginn erreichen die Angreifer die Stadtgrenzen von Warschau. Deutsche Bomber richten in der Innenstadt schwere Verwüstungen an und töten Tausende Bewohner. Am 17. September 1939 fällt den Polen dann noch ein weiterer Gegner in den Rücken: Die Sowjets marschieren von Osten her in das Nachbarland ein. Hitler und Stalin teilen Polen als ihre Beute unter sich auf.

Sophie Scholl befürchtet, dass Hartnagel doch noch ein Kampfeinsatz bevorsteht, vor allem aber sorgt sie sich um ihren Bruder Hans, der seinen Arbeitsdienst bei einem Bauern im polnischen Grenzgebiet ableistet, und um ihre Freundin Lisa Remppis. Die Jugendliche ist mit Hans Scholl liiert und bei ihm auf dem Hof in Masuren zu Besuch, als der Krieg beginnt. Ihren Eltern hat sie erzählt, sie sei zu Gast bei Sophie Scholl in Ulm.

Was in Polen passiert, verfolgen die Scholls am Radio. Auch Otl Aicher, ein guter Freund von Werner Scholl, macht fast nichts anderes. Er hängt tagelang vor dem Lautsprecher, hört BBC und andere Sender, um zu erfahren, was vor sich geht, auch wenn er damit ein »Rundfunkverbrechen« verübt. Der German Service der BBC sendet auf Langwelle nach Deutschland hinein, der »Deutsche Dienst« ist der am meisten gehörte »Feindsender« im »Dritten Reich«. Das Programm besteht aus Nachrichten, Kommentaren und Satire. Hier erfährt Aicher vieles, was die gleichgeschalteten Medien in Deutschland verschweigen. Über die »Volksempfänger« erreichen die nationalsozialistischen Propagandisten Millionen Hörer. In mehr als jedem zweiten Haushalt steht zu Kriegsbeginn ein solches Gerät.

Hans Scholls Einsatz als Erntehelfer im Grenzgebiet zu Polen endet im Oktober 1939. Nun kann er sein Studium fortsetzen. In München hat sich vieles verändert. Die Universität hat den Lehrbetrieb auf Trimester umgestellt, damit die Studenten im Bedarfsfall schneller für die Wehrmacht bereitstehen. »Doch es hat den Anschein, daß wir nicht das Glück haben werden, im neuen Jahr wieder zu studieren«, hält Scholl in einem Brief an die Eltern pessimistisch fest. »Denn zur Zeit werden hier neue Divisionen aufgestellt, und ein Student nach dem anderen wird eingezogen.« Und tatsächlich erhält er bereits im November 1939 die Order, sich in einer Kaserne im hessischen Bad Soden einzufinden.

Fritz Hartnagel bleibt vorerst im Südwesten Deutschlands. Seit Kriegsbeginn hat er kaum noch Zeit, seine Freundin zu treffen. Die beiden schicken sich Zeilen voller Sehnsucht, Zuneigung, aber auch dunkler Vorahnung. »Mein lieber Fritz«, überschreibt Sophie Scholl die meisten ihrer zahlreichen Briefe, die sie in der Regel mit »Deine Sofie« schließt. Auch Hartnagel gebraucht – im Gegensatz zu anderen – diese Schreibweise, ihren Geburtsnamen Sophia verwendet niemand.

Oft macht ihr der Papiermangel während des Kriegs zu schaffen. Sophie Scholl schreibt auf karierter Kladde, dünnem Transparenzpapier, gutem Bütten oder auch dünner Pappe, Postkarten nutzt sie selten. Zwar berichtet sie gern banale Dinge aus ihrem Alltag, was sie bei Ausflügen erlebte oder wie langweilig es in der Schule zuging, aber immer wieder sinniert sie auch über ihre Fernbeziehung und darüber, was Fritz Hartnagel für sie bedeutet. »Es ist schön, wenn zwei miteinander gehen, ohne sich zu versprechen, wir treffen uns da und da wieder«, schreibt sie ihm im November 1939, »oder wir wollen immer beieinander bleiben.«

Im Februar und März 1940 fahren die beiden zwei Mal zusammen in die Berge, jeweils eine Woche zum Skilaufen. Zwischendurch besteht die Schülerin ihr Abitur, ohne sich stark anstrengen zu müssen. »Es war bisher meine schönste Fahrt«, schreibt sie ihrer Schwester Elisabeth über die Zeit im Schnee mit Fritz Hartnagel. Und in einem Brief an ihren Freund schildert sie, dass ihre Mitschülerinnen beim Abiturfest gesagt hätten, sie sehe so aus, als sei sie gerade vom Himmel heruntergekommen. »So kam ich mir auch vor«, bekräftigt sie. »Im Himmel war's arg schön gewesen oder nicht?«

Am 8. März 1940 versieht Sophie Scholl den Briefumschlag an »Lt. Hartnagel«, Feldpost Nr. 33 414, noch mit einem Zusatz unter der Absenderadresse: Am 11. März sei die Schulzeit endlich überstanden. Was für eine Erleichterung für die 18-Jährige. Das Lernen fiel ihr eigentlich leicht, aber der Unterricht in der gleichgeschalteten Schule machte ihr immer weniger Spaß. Offene Diskussionen, das Hinterfragen der Propaganda, das Lesen kritischer Autoren sind nicht erwünscht.

Zum Studieren kommt Hans Scholl zunächst nicht. Im März 1940 wird er zu einer Sanitätseinheit versetzt, die in München auf ihren Einsatz wartet. Das zerrt an seinen Nerven. Den Eltern schreibt er am 19. März 1940: »Soll der Krieg noch später beginnen? Manche geben schon der Hoffnung Ausdruck, daß er allmählich ganz versande. Jedoch bin ich ganz anderer Ansicht.« Und weiter: »Wenn jetzt plötzlich Frieden geschlossen würde, hätte der Krieg seinen Sinn verloren, und alle Opfer wären umsonst gewesen.« Er drängt ins Gefecht, um Läuterung zu erfahren. Die Anspannung soll sich endlich entladen, die Schatten, wie er es ausdrückt, von ihm weichen.

Über den sich anbahnenden Krieg diskutieren auch Sophie Scholl und Fritz Hartnagel. Sie streiten über die Soldatenehre, über Volk und Vaterland und haben zu seinem Dienst als Berufsoffizier ganz unterschiedliche Meinungen. So manche Zeile, die sie sich schreiben, sollte besser kein Zensor zu Gesicht bekommen. Im April 1940 gesteht sie ihm: »Manchmal graut mir vor dem Krieg und alle Hoffnung will mir vergehen. Ich mag gar nicht dran denken, aber es gibt ja bald nichts anderes mehr als Politik, und solange sie so verworren ist und böse, ist es feige, sich von ihr abzuwenden.«

Solche Debatten belasten Hartnagel. Schließlich befindet er sich in einem Umfeld, das Ein- und Unterordnung verlangt.

Sein Alltag besteht aus gehorchen, mitmachen, Befehle ausführen und auch selber Kommandos erteilen. Seitdem er in die Wehrmacht eingetreten ist, unterliegt er einer Erziehung, die ihn zum funktionierenden Soldaten formen soll, die seine innere und äußere Uniformierung anstrebt.

Hartnagel verteidigt seinen Beruf, den er von den Machthabern missbraucht sieht. »Auch dass Staat und Partei das Soldatentum zu einem ihrer Schlagworte erhoben haben und dabei aber jedem soldatischen Denken zuwiderhandeln ist kein Grund das Soldatische an sich zu verurteilen«, argumentiert er. Seine Freundin sieht das ganz anders.

Im April 1940 beginnt Sophie Scholl im evangelischen Fröbel-Seminar in Ulm ihre Ausbildung zur Kindergärtnerin. Auf dem Lehrplan stehen die Ideen bedeutender Reformpädagogen. Um weiterhin unterrichten zu dürfen, stellt sich die Leiterin nicht gegen das Regime. So hört sie gemeinsam mit den Schülerinnen die Ansprachen der Staatsspitze per »Volksempfänger«. Wenn im Unterricht Reden des »Führers« im Rundfunk abgespielt werden, zeigt Sophie deutliches Desinteresse, sie liest, während die anderen vor dem Radiogerät sitzen, offen verbotene Lektüre und lässt klar erkennen, wie sehr sie den Krieg ablehnt und diejenigen, die ihn begonnen haben.

Seit dem 10. Mai 1940 rollen deutsche Panzer durch Belgien, die Niederlande, Luxemburg und Frankreich. Fritz Hartnagel marschiert mit seiner Nachrichteneinheit zu Beginn des Westfeldzugs in die Niederlande ein. Erstmals bekommt er unmittelbar mit, welches Leid und welche Schäden Soldaten im Krieg verursachen, wie stark etwa in Breda in der Provinz Nordbrabant deutsche Bomben die Stadt zerstört haben. In Belgien entgeht er selbst nur knapp dem Tod, als eine Brücke direkt vor seinem Fahrzeug in die Luft fliegt. Sie war vermutlich vermint, denn als ein Bauer mit seinem schweren Fuhrwerk darüberfuhr, löste der Zünder eines Sprengsatzes aus. Hartnagels Wagen hat kurz zuvor wegen einer Reifenpanne angehalten, so dass weder er noch seine Kameraden verwundet werden, dem Landwirt aber kann niemand mehr helfen. Er bietet einen schrecklichen Anblick, seine Frau steht entsetzt vor dem entstellten Körper. Abends versucht Hartnagel sich abzulenken, er hört ein Menuett von Mozart im Radio und fragt sich, warum dieser Musik nicht alle Menschen lauschen können, statt sich gegenseitig zu verstümmeln.

Seine Freundin sorgt sich derweil nicht nur um seine Sicherheit, sondern auch um seine Seele. »Ich wünsche Dir sehr, daß Du diesen Krieg und diese Zeit überstehst, ohne ihr Geschöpf zu werden«, schreibt Sophie Scholl zu Beginn des Westfeldzugs an Fritz. »Wir haben alle Maßstäbe in uns selbst, nur werden sie zu wenig gesucht. Vielleicht auch, weil es die härtesten Maßstäbe sind.«

Auch Hans Scholl kommt zu seinem Kriegserlebnis. Am 15. Mai 1940 erhält seine Einheit den Marschbefehl. Der junge Ulmer wird zunächst als Meldefahrer eingesetzt und rast mit einem Motorrad über die Landstraßen. Bei einem Sturz mit der schweren Maschine bricht er sich eine Rippe und staucht sich eine Niere. Später arbeitet er in Frankreich im Lazarett und erfährt hautnah, was die Gefechte anrichten. Seine anfängliche Begeisterung für den Einsatz endet bald. »Ihr glaubt vielleicht, man müßte weiser und reifer aus dem Krieg zurückkehren. Dies ist nur bei ganz wenigen Menschen der Fall«, schreibt er Anfang August 1940 an seine Schwester Inge. »Ich glaube, ich war vor diesem Wahnsinn innerlicher und aufnahmebereiter. Der Krieg wirft uns weit zurück. Man glaubt es nicht, wie lächerlich der Mensch geworden ist. Wir verlassen den Operationssaal, drinnen stirbt einer, und wir rauchen eine Zigarette.«

Die Nachrichtentruppe, in der Hartnagel dient, zieht weiter nach Frankreich. Dort sieht der Leutnant Flüchtlingstrecks, ausgebrannte Armeefahrzeuge, aufgedunsene Pferdekadaver und auch gefallene Soldaten, deren Leichname am Straßenrand liegen. Der Anblick der Toten bleibt ihm tagelang im Gedächtnis.

Was er seiner Sophie über seinen Einsatz berichtet, bestärkt sie in der Ablehnung des Krieges und des NS-Systems. Die Kämpfe und das Sterben an der Front machen sie wütend und mutlos zugleich. Menschen seien doch schlimmer als Tiere, klagt sie. Gegenüber Fritz Hartnagel zeigt sie immer wieder Härte. Ausreden, Ausflüchte, Schönrederei lässt sie ihm nicht durchgehen. »Soviel ich Dich kenne, bist Du ja auch nicht so sehr für einen Krieg, und doch tust Du die ganze Zeit nichts anderes, als Menschen für den Krieg ausbilden«, kritisiert sie ihn. »Du wirst doch nicht glauben, daß es die Aufgabe der Wehrmacht ist, den Menschen eine wahrhafte, bescheidene, aufrechte Haltung beizubringen.«

Für Hartnagel ist es anfangs unmöglich, sich gegen einen Krieg zu stellen, den er selber führt. Gleichzeitig sieht er, welche Opfer der Kampf fordert. Und er leidet darunter, was ihm die Wehrmacht abverlangt. Nur mühsam gelingt es ihm und seiner Freundin, sich ein paar Mal im Jahr zu treffen. Hartnagel bleibt nach der französischen Aufgabe im Juni 1940 in dem Nachbarland, seine Kompanie bezieht in Wissant bei Calais ihr Quartier.

Die stark unterschiedliche Sichtweise auf den Krieg, aber auch die lange Trennung belasten das Paar. Dazu kommt ein Vertrauensbruch. Im Herbst 1940 steht die Fernbeziehung fast vor dem Aus. Fritz Hartnagel gesteht Sophie Scholl, dass er fremdgegangen ist. In Amsterdam hatte er in einem Café Luise kennengelernt, eine junge Frau aus Jugoslawien. Sie trafen sich wieder, kamen sich sehr nah, zu nah. Hartnagel schreibt Sophie, dass es ihm nicht gelänge, seine »sinnliche Natur« zu unterdrücken. Der Versuch seiner Freundin, die Erotik aus ihrem Leben zu verbannen, lässt ihn schier verzweifeln. »Ich kann nicht verstehen, daß Gott dem Menschen einen Leib gegeben hat, und zwar einen lustvollen Leib, um ihn in Versuchung zu führen, um ihn von Anfang an in Widerstreit zwischen Leiblichem und Geistigem zu setzen. Welch grausamer Gott müßte das sein?«

Sophie Scholl erwägt, sich von Hartnagel zu trennen. Am 26. September 1940 schreibt sie ihm: »Bis jetzt habe ich noch nicht ausreagiert. Vergiß doch aber über das u. mir das jugoslawische Mädchen nicht. Oder ist es nicht nötig, daß ich Dich daran erinnere.« Sie verlangt von ihrem Freund, dass er die Nebenbuhlerin, die vielleicht in einer schwierigen Lage ist, nicht einfach fallen lässt. Der Brief endet traurig. »The love is the sense of the world. Manchmal möchte ich es glauben. Wie wenige aber haben das erfaßt, oder, wenn sie es erfaßt haben, handeln danach.« Die junge Frau, die sich oft unnahbar gibt, ist durch die Untreue ihres Freundes schwer verletzt. Zudem belasten sie seine Erwartungen. Während Sophie Scholl vom Keuschheitsideal des Augustinus fasziniert ist, will Hartnagel eine Beziehung führen mit allem, was seiner Meinung nach dazugehört, auch körperliche Nähe. Sophie Scholl fühlt sich davon überfordert. Ihrer Freundin Lisa Remppis schreibt sie, sie habe alles Sinnliche ausgeschaltet, der Rest sei reine Willenssache.

Frankreich ist rasch besiegt, Hans Scholl kann nach München zurückkehren. Seit dem 15. Oktober 1940 gehört er zur Studentenkompanie und darf weiter die Universität besuchen. Bis zum Abschluss des Physikums, der ärztlichen Vorprüfung, ist er vom Militärdienst freigestellt. Fritz Hartnagel hingegen bleibt zunächst im besetzten Frankreich.

Aus Ulm schreibt Sophie Scholl ihm Ende 1940 einige Briefe, in denen sie ihn auffordert, sich von ihr zu lösen, nicht auf eine gemeinsame Zukunft zu bauen. Nach Weihnachten könnte der

Offizier einen längeren Urlaub antreten, aber er verzichtet lieber darauf. Seine Freundin würde ihm sicher keinen herzlichen Empfang bereiten. So endet das Jahr 1940 für beide ohne eine Versöhnung. Vielmehr verlangt Hartnagel zu erfahren, wie es mit ihrer Beziehung weitergehen solle. Wenn es nichts Verbindendes mehr zwischen ihnen gebe, wolle er ihr nicht länger schreiben.

Magdalena Scholl schickt an Neujahr 1941 einen langen Gruß an den Offizier. Darin spricht die Mutter seiner Freundin die Probleme des Paares recht direkt an. Sie hoffe, dass er der Wandergenosse ihrer Tochter bleibe, beschwört sie Hartnagel. »Vielleicht hat sie ein etwas ruheloses Blut«, schreibt sie. »Ich möchte Ihnen aber keinerlei Pflichten auferlegen.« Ihr Wunsch geht schließlich in Erfüllung. Die beiden bleiben zusammen.

Zu diesem Zeitpunkt läuft bereits die Planung für eine Ausweitung des Krieges. Nur wenige Monate nach dem Sieg über Frankreich hat Hitler am 18. Dezember 1940 den Befehl gegeben, den »Fall Barbarossa« vorzubereiten, den Angriff auf die Sowjetunion. »Die deutsche Wehrmacht muß darauf vorbereitet sein, auch vor der Beendigung des Krieges gegen England Sowjetrussland in einem schnellen Feldzug niederzuwerfen«, verlangt der »Führer« in der Weisung Nr. 21. Der Name des Unternehmens, »Barbarossa«, soll nicht nur an den legendären Kaiser erinnern, sondern auch an die mittelalterlichen Kreuzzüge gegen die Heiden.

Hans Scholl leidet mittlerweile unter dem Krieg, empfindet wie seine jüngste Schwester. Das verbirgt er vor seiner Familie nicht. »Es ist entsetzlich, daß uns in diesem Alter alle Wege versperrt sind, wo uns doch die Welt offen stehen müßte! Man kommt sich immer mehr als Gefangener vor«, schreibt der Medizinstudent im Januar 1941 in einem Brief. »Hoffentlich ist dieser Krieg bald zu Ende!« In dem seit anderthalb Jahren andauernden Konflikt sieht er einen Fluch Gottes. Von seiner Begeisterung, die er nach dem Angriff auf Polen verspürt hat, ist nichts mehr übrig. Im selben Monat besteht er seine ärztliche Vorprüfung mit der Gesamtnote sehr gut / gut. Danach beginnt der klinische Teil seines Medizinstudiums. Er fürchtet, schon bald wieder zur aktiven Truppe eingezogen zu werden.

Im Februar 1941 reist Fritz Hartnagel nach Ulm. Fast täglich trifft er sich nun mit Sophie Scholl, sie sprechen über ihre Konflikte und räumen Probleme aus. Danach gesteht sie ihm, dass er ihr fehle, dass sie sich an seine Wärme gewöhnt habe. Sie schreiben sich wieder liebevoll und oft.

Das NS-Regime eröffnet immer weitere Kriegsschauplätze. Im April 1941 beginnt die Wehrmacht den Balkanfeldzug gegen Jugoslawien und Griechenland. An diesem Vorstoß nimmt auch Fritz Hartnagel teil. Trotz seiner Erlebnisse in Belgien und Frankreich ist er weiterhin gern Soldat, wenngleich ihn das eingeschränkte Leben in der Kaserne und an der Front stört. In Briefen an Sophie Scholl klagt er darüber, dass er stundenlang mit seinen Vorgesetzten und Kameraden Skat oder Doppelkopf spielen, auf Festen anwesend sein, mitlachen und mitfeiern müsse. So vertreiben sich Soldaten seit Langem die Zeit. Schon die Männer, die unter Napoleon nach Russland ziehen mussten, kämpften mit dem Kartenspiel, mit Würfeln und Gelagen gegen die Eintönigkeit des Lagerlebens an. Hartnagels Kameraden pflegen ähnliche Traditionen des Militärs, sie betrinken sich zusammen oder veranstalten Sportwettkämpfe. Hartnagel fühlt sich oft verpflichtet, dabei mitzumachen. Dabei würde er lieber in den Büchern lesen, die seine Freundin ihm empfohlen hat. Oder am Klavier musizieren. Das hat er sich selbst beigebracht. Wenn das Offizierskasino leer ist, greift er manchmal in die Tasten. Mit einem Kameraden, der ebenfalls früher bei der Bündischen Jugend war, singt er zudem heimlich verbotene Lieder ihrer Gruppen.

In seiner freien Zeit denkt Fritz Hartnagel aber auch über den Sinn seiner Einsätze und über sein Dasein als Berufssoldat nach. Dem jungen Offizier setzen die Fragen seiner Freundin zu. Was der Krieg bringe, dieses ganze Blutvergießen, will sie von ihm wissen. Warum nur gebe es überhaupt solche Konflikte? Bis in ihre Träume hinein verfolgen sie diese Fragen: »Neulich träumte ich, ich sei in einer Gefängniszelle, gefangen über den ganzen Krieg. Ich hatte einen dicken eisernen Ring um den Hals, das war das unangenehmste an dem Traum.«

Bislang war meist Sophie Scholl tonangebend in ihren Diskussionen auf Papier und in persönlichen Gesprächen mit ihrem Freund. Aber im Lauf des Jahres 1941 wechseln die beiden ein wenig die Rollen. War früher sie diejenige, die Hartnagel Ratschläge gab und Mahnungen erteilte, nimmt nun ihr Freund eine stärkere Position ein. Er empfiehlt ihr, sich mehr zu schonen, mehr an sich selbst zu denken. Und er debattiert leidenschaftlicher.

Als seine Freundin ihm einmal gesteht, einen Brief »aus Schwäche« verfasst zu haben, widerspricht Hartnagel vehement. »Ich kann nicht glauben, daß dies Schwäche sein soll, die Sehnsucht nach der Liebe eines anderen«, versichert er ihr. Wenn ein Mensch in der Lage sei, einen anderen gläubig zu lieben, sei das eine Gabe Gottes. Bei Hartnagel kann Sophie Scholl sich fallen lassen. Er sorgt sich um sie, versucht, keine unerfüllbaren Forderungen zu stellen.

Eine Stütze hat sie tatsächlich nötig. Seit April trägt sie die Uniform des Reichsarbeitsdienstes. In einem Wasserschloss in Krauchenwies bei Sigmaringen muss sie dem NS-Regime dienen. Jede Frau unter 25 Jahren, die keine Festanstellung hat, ist gezwungen, zum RAD anzutreten. Sophie Scholl hat gehofft, dem lästigen Dienst entgehen zu können, da sie nach der Schule das Fröbel-Seminar besuchte. Aber der Staat erkennt die Ausbildung zur Kindergärtnerin nicht als Ersatz für den RAD an.

Um studieren zu können, muss sie die ihr auferlegte Pflicht erfüllen.

Im RAD-Lager fühlt sie sich sehr unwohl. Unter den 80 jungen Frauen, die mit ihr gemeinsam in dem Schloss untergebracht sind, empfindet sie sich als Außenseiterin. Nicht eine Einzige sei dort zu finden, die etwas Kultur habe, klagt sie gegenüber der Familie. Dann aber lernt sie mit Gisela Schertling eine neue Freundin kennen, die viele ihrer Interessen teilt. Oft geht sie in eine Kirche, um mit ihr vierhändig Händel und Bach auf der Orgel zu spielen. Scholl kommt auch gern allein in das Gotteshaus, setzt sich in eine Bank, um in aller Stille zu beten. Abends liest sie regelmäßig Augustinus, auch nachts im Schlafsaal mit der Taschenlampe unter der Bettdecke. Damit sie sich nach anstrengenden Tagen nicht zu müde für die Lektüre fühlt, stellt sie sich vor der Nachtruhe unter die kalte Dusche. Diszipliniert durch das Leben gehen, sich nicht hängen lassen, sich nicht ablenken lassen, das ist Sophie Scholl wichtig. Sie hat von ihren Eltern ein protestantisches Arbeitsethos übernommen.

Für Fritz Hartnagel endet der Jugoslawienfeldzug bereits wieder Mitte Mai 1941, danach kehrt er mit seiner Einheit für gut zwei Wochen in ihre Kaserne in Münster zurück. Der Offizier erhält keine Erlaubnis, zu seiner Freundin zu fahren. Stattdessen bekommt er einen neuen Einsatzbefehl: Am 22. Juni 1941 beginnt der Russlandfeldzug. Auch Hartnagel muss am Überfall auf die Sowjetunion teilnehmen.

Ohne eine Kriegserklärung ausgesprochen zu haben, lässt Hitler die Sowjetunion angreifen. Um kurz nach drei Uhr rückt die Wehrmacht über die sowjetische Grenze vor. Alle deutschen Radiosender strahlen eine »Proklamation des Führers an das deutsche Volk« aus. Darin erklärt Hitler der erstaunten deutschen Öffentlichkeit, weshalb die Wehrmacht in Richtung Osten marschiert. Deutschland sehe sich zu einem Präventivschlag gezwungen, um russische Aggressionspläne im Keim zu ersticken. Eine weitere Lüge in diesem Weltkrieg. Schon seine Angriffe auf Polen und Frankreich hat Hitler damit gerechtfertigt, den Feinden mit der Attacke zuvorkommen zu wollen.

Hartnagel ist einer von mehr als drei Millionen Soldaten, die eine der größten Offensiven in der Militärgeschichte eröffnen. Drei Heeresgruppen mit zusammen 145 Divisionen, ausgerüstet mit 600 000 Fahrzeugen, davon fast 3 400 Panzer und 250 Sturmgeschütze, bietet Adolf Hitler gegen Stalin auf. Aber längst nicht alle Einheiten sind bereits motorisiert, auch mehr als 600 000 Pferde gehören zum »Unternehmen Barbarossa«. Dazu kommen noch gut 690 000 Soldaten aus Finnland, Italien, Rumänien, Ungarn und Spanien. Die Deutschen und ihre Verbündeten bilden drei Angriffsspitzen, die sich rasch ihrem Ziel nähern.

Die Strategie des Ostfeldzugs besteht aus vier Elementen: Die Deutschen wollen den Gegner mit Panzervorstößen überrumpeln, keilförmig mit motorisierten Kräften weit ins Landesinnere vordringen, die Verteidiger in großen Kesselschlachten vernichten und so den sowjetischen Staat in die Knie zwingen. In den ersten Tagen des Einmarsches machen die Deutschen Abertausende Gefangene und erbeuten zahlreiche Waffen. Noch schneller als in den von der Propaganda »Blitzkrieg« getauften Attacken gegen Polen und Frankreich rücken ihre Einheiten vor.

Von Anfang an planen die Wehrmachtführung und das NS-Regime einen verbrecherischen Vernichtungskrieg. Einsatzgruppen der Sicherheitspolizei und des SD sollen mit Massenerschießungen sowjetische Kommissare und Juden in den neu eroberten Gebieten ausschalten. »Unter dem Gedanken der Befreiung des deutschen Volkskörpers von Polen, Russen, Juden und Zigeunern und unter dem Gedanken der Freimachung der zum Reich gekommenen Ostgebiete als Siedlungsland für das deutsche Volkstum beabsichtige ich, die Strafverfolgung gegen Polen, Juden, Russen und Zigeuner dem Reichsführer-SS zu überlassen«, schreibt Reichsjustizminister Otto Georg Thierack an Martin Bormann, den Reichsleiter der NSDAP. Hinter diesen bürokratischen Zeilen steckt der skrupellose Vorsatz, Menschen systematisch zu ermorden. Dabei sollen die Soldaten ausdrücklich mit besonderer Härte vorgehen. »Der Kommunist ist vorher kein Kamerad und nachher kein Kamerad«, stellt der Diktator klar.

Obwohl die deutschen Generäle mit mindestens zwei Millionen sowjetischen Kriegsgefangenen rechnen, lassen sie weder Unterkünfte für sie vorbereiten noch Transporte organisieren. Stattdessen plant eine Expertenrunde großangelegte Umsiedlungen der Bevölkerungen in der Ukraine, Weißrussland und Russland. »Viele 10 Millionen«, heißt es in einem Fazit von Fachleuten, »werden in diesem Gebiet überflüssig und werden sterben oder nach Sibirien auswandern müssen.«

Seine militärischen Berater bestärken Hitler darin, dass ein schneller Sieg über die Sowjetunion möglich sei. Hochrangige deutsche Offiziere prognostizieren eine Niederwerfung der UdSSR, die immerhin 190 Millionen Einwohner hat, binnen vier Monaten. Was zunächst größenwahnsinnig klang, scheint in den ersten Wochen nach dem Einmarsch nicht mehr unmöglich zu sein. Bereits Mitte Juli fällt Smolensk in die Hände der Deutschen.

Als der »Führer« nun in einer Ansprache im Radio verkündet, der deutsche Vorstoß sei der größte Aufmarsch, den die Welt je gesehen habe, sitzt Sophie Scholl mit ihrer Schwester Inge und deren Freund Otl Aicher gerade in einer Pension in Krauchenwies am Frühstückstisch. Die beiden Besucher verbringen ein Wochenende mit ihr zusammen. Wie die allermeisten Deutschen sind auch die drei vom Einmarsch in die Sowjetunion überrascht, galt doch die Regierung in Moskau seit dem Hitler-Stalin-Pakt und bis zum Beginn des »Unternehmens Barbarossa« als Partner. Nachdem die ersten Schüsse gefallen sind, erklären die Propagandisten den Angriff als unabdingbar: »Deutscher Kampf zum Schutz der Heimat und zur Rettung der europäischen Kulturwelt«, titelt die ›Cellesche Zeitung‹ am Tag des Einmarsches und versucht wie die anderen Blätter auch, die Offensive als präventive Schutzmaßnahme darzustellen.

Einen Tag später drückt Sophie Scholl ihre Sorgen in einem Brief an ihren Bruder Hans aus. »Was blüht Dir wohl in der nächsten Zeit«, fragt sie und stellt fest: »Wir leben doch in einer interessanten Zeit. Ab und zu erfahre ich auch, was geschehen ist.« Sie hofft, dass der Feldzug gegen die Sowjetunion den Untergang des verhassten NS-Regimes einleitet. Sollte Hitler mit seinem Angriff scheitern, dann wäre ein Ende der Diktatur möglich, ein Ende des Drills beim Reichsarbeitsdienst und bei der Wehrmacht, ein Ende von Gewalt und Verfolgung. Mit ihrer Meinung, dass sich Adolf Hitler im Osten übernommen haben könnte, steht Sophie Scholl aber zunächst recht allein da.

Da die Reichsregierung am 29. Juli 1941 den Pflichteinsatz für junge Frauen noch um sechs Monate verlängert, ist sie gezwungen, ein weiteres halbes Jahr »Kriegshilfsdienst« abzuleisten. Bald soll sie in einem Kindergarten in Blumberg, am Rande des Schwarzwaldes, arbeiten. Sie reagiert empört – und verzweifelt. Ihre Familie, ihre Freunde und ihr Fritz sind weit weg und auch ihr Studienbeginn ist in weite Ferne gerückt.

Kontakt halten die Scholl-Geschwister und einige enge Freunde über Briefe – und eine Art Zeitschrift, an der alle mitarbeiten. Otl Aicher hatte dazu die Idee. Das Blatt mit Aufsätzen, Zeichnungen, Witzen und Gedichten, das Gleichgesinnte aus Ulm über viele Hunderte Kilometer hinweg zusammenhalten soll, nennt der Kreis »Windlicht«. Inge Scholl übernimmt die Redaktion, sammelt Texte, Bilder und Zitate, die ihr von den Freunden und Geschwistern zugeschickt werden, und fügt sie zusammen. Alle nehmen die Arbeit für das »Windlicht« durchaus ernst. So schickt Aicher einen Aufsatz an Sophie Scholl mit der Bitte, ihn vor der Veröffentlichung zu lesen und ihm die Stellen zu sagen, die noch verbesserungsbedürftig seien. Auch Hans Scholl fragt die Schwester nach Korrekturideen für seine Texte. Sie ist für ihren guten Stil und treffende Formulierungen bekannt.

Scheinbar unaufhaltsam rückt die Wehrmacht zunächst in der Sowjetunion vor. Sieg um Sieg verkünden die Propagandisten im Dienst des Regimes. Bei Bialystock, in dem von der Sowjetunion besetzten Teil Polens, machen die Deutschen bei einer Kesselschlacht gut 320 000 Gefangene. Nachdem die Führungen des NS-Staates und des Militärs mit vier Grundsatzbefehlen alle Regeln des Völkerrechts außer Kraft gesetzt haben, begleiten den Vormarsch des deutschen Heeres zahllose Morde und andere Kriegsverbrechen.

Hartnagel berichtet seiner Freundin, dass er »oft recht scheußliche Bilder« sehe, »die einem längs der Vormarschstraße begegnen.« Der Offizier und seine Truppe sind Teil einer Strategie, die auf drei Keilbewegungen setzt: Im Norden stoßen die Truppen der Wehrmacht auf Leningrad vor, in der Mitte auf Moskau und im Süden auf die Ukraine.

Am 24. August 1941 geißelt der britische Premierminister Winston Churchill in der BBC die verbrecherische Kriegsführung der Achsenmächte. Er spricht von »barbarischer Wut« und den »brutalsten Demonstrationen von Rücksichtslosigkeit« und sagt: »Hungersnot und Seuche folgen unvermeidlich auf der blutigen Spur von Hitlers Panzern. Wir haben es mit einem Verbrechen ohne Namen zu tun.«

Radiostationen der Alliierten berichten von Massenerschießungen von Juden und dem Grauen in den Vernichtungslagern Auschwitz und Belzec. Die Verbrechen an der jüdischen Bevölkerung Osteuropas sind in Deutschland ein offenes Geheimnis. Viele Soldaten schreiben in Briefen von der Ostfront nach Hause, was Juden angetan wird, oder sie erzählen während ihres Heimaturlaubs von den Übergriffen.

Unter der deutschen Brutalität leiden Zivilisten und feindliche Soldaten. Mehr als die Hälfte der sowjetischen Kriegsgefangenen stirbt in den ersten Monaten in deutschen Lagern und auf dem Transport – an Hunger, Seuchen und Gewalt der Wachen. Allein bis September 1941 kommen 1,4 Millionen Rotarmisten in deutschem Gewahrsam ums Leben.

Wenige Monate nach dem Beginn des »Unternehmens Barbarossa« verebbt die Kriegsbegeisterung vieler Deutscher, nicht zuletzt deshalb, weil sich im Spätsommer 1941 zeigt, dass der Angriff gegen die Sowjetunion anders verlaufen wird als die Offensiven gegen Polen und Frankreich. In Russland herrscht bald Stillstand statt »Blitzkrieg«.

»Nunmehr habe man den Eindruck, daß die Sowjets über Menschen und Material in Hülle und Fülle verfügten und daß der Widerstand immer größer geworden sei und ein Maß an Erbitterung erreiche, das mit keinem unserer bisherigen Gegner verglichen werden könne«, gibt der Sicherheitsdienst der SS die Stimmung in der Bevölkerung wieder. »Vereinzelt wird befürchtet, daß sich ein Stellungskrieg entwickelt, öfter wird davon gesprochen, daß uns die Sowjets wohl manchen örtlichen Gewinn wieder abgenommen haben könnten.«

Gleichzeitig verschlechtern sich in Deutschland die Lebensbedingungen. Nahrungsmittel werden immer schärfer rationiert, auch Kartoffeln, Gemüse und Obst sind nicht mehr frei verkäuflich, was zu Unmut führt. »Jetzt beginnt der Stimmungsverfall immer weiter um sich zu greifen«, heißt es in den in London von Exil-Sozialdemokraten herausgegebenen ›Sozialistischen Mitteilungen‹. Die Leser erfahren außerdem: »In Berlin gab es im Laufe des Winters pro Kopf und Woche 2 Pfund Kartoffeln, Gemüse überhaupt nicht. Im Westen Deutschlands war es nicht besser.« Die reduzierten Pro-Kopf-Portionen beunruhigen die Bevölkerung. Noch immer sind die Hungerwinter im Ersten Weltkrieg nicht vergessen. Darüber hinaus erhöht der Staat die Steuern auf Bier, Tabak und Spirituosen.

Auch die zunehmende »Luftgefahr« wirkt sich negativ auf die Stimmung der Deutschen aus. Gefürchtet sind sternenklare Vollmondnächte, denn dann liegen die Ziele ganz deutlich vor den Augen der Piloten der Royal Air Force. Britische Bomber attackieren nun regelmäßig Großstädte wie Dortmund, Mönchengladbach, Bremen, Hannover und Hamburg, sie bringen Tausenden Menschen den Tod und verursachen erheblichen Sachschaden. Bei vielen Deutschen steht an der Wohnungstür oder am Eingang zum Haus griffbereit ein Koffer mit Ausweispapieren, Schuhen und warmer Bekleidung. Wenn der Luftalarm losgeht, rennen sie mit ihm zum nächstgelegenen sicheren Ort. Luftschläge gehören bald zum Alltag – auch wenn sich die wenigsten daran gewöhnen können.

Nachdem die Wehrmacht gegen die Sowjetunion losgeschlagen hat, fürchtet Hans Scholl, an die Ostfront geschickt zu werden, aber zunächst kann er in Deutschland bleiben. Er macht eine Famulatur, eine Art Praktikum, in einem Krankenhaus in Harlaching im Südosten Münchens. Ende September 1941 geht sein Medizinstudium weiter.

Seine jüngste Schwester findet in dieser Zeit keine Ruhe, nicht nur wegen der vielen Arbeit. Sophie Scholl belastet es, ihren Freund, aber auch Bekannte und Verwandte in ständiger Gefahr an der Front zu wissen. »Ich glaube, jetzt beginnt sich der Krieg mächtig auszuwirken, in jeder Beziehung«, schreibt sie einmal an Lisa Remppis. »Manchmal schon, besonders in letzter Zeit, empfand ich es als bittere Ungerechtigkeit, in einer solchen vom Weltgeschehen ganz ausgefüllten Zeit leben zu müssen.« Und ihren Fritz fragt sie besorgt: »Gelt, Du hast keinen so gefährlichen Posten?«

Um Hartnagels Sicherheit muss sie bald nicht mehr fürchten. Im September 1941 endet für ihn der Einsatz an der Ostfront. Er wird nach Thüringen versetzt, wo er in Weimar eine neue Nachrichteneinheit von 230 Mann aufstellt. Mit dieser Kompanie soll Hartnagel das Afrikakorps in Libyen unterstützen.

Ende Oktober besucht er Sophie Scholl in Ulm. Sie schwankt zwischen der Freude, ihren Freund zu sehen, und der Verzweiflung, dass es ihr nicht gelingt, dem Ideal der Enthaltsamkeit zu folgen. »O ich bin sehr schlecht«, vertraut sie ihrem Tagebuch an. »Ich habe gar nimmer die Kraft und den Mut bereit zu einer Umkehr.« Fritz Hartnagel wiederum schreibt von »schrecklichen Verfehlungen, die uns fast verzweifeln ließen«. Aber er beteuert auch: »Ich glaube einfach, dass wir den Weg aus diesem Abgrund finden werden.«

Die beiden treffen sich weiter regelmäßig. Der Soldat legt große Strecken zurück und erträgt lange Fahrten, um zu ihrem Treffpunkt Freiburg zu gelangen. Die Stadt behält ihre besondere Bedeutung für das Paar, dort fühlen sie sich einfach wohl. Auch wenn die Anreise für Hartnagel durchaus Mühe macht, kommen sie mehrfach dort zusammen. Spät am Sonntagabend oder sehr früh am Montagmorgen steigt er in den Zug, der ihn dann wieder nach Weimar zurückbringt. Die Kaserne erreicht er oft erst unmittelbar vor Dienstbeginn, aber er will die kostbare Zeit mit Sophie so gut wie möglich nutzen. Da er seine Männer für den baldigen Einsatz ausbilden und vorbereiten muss, kann er keinen längeren Urlaub nehmen.

Die beiden machen das Beste aus diesen Wochenenden. Sie unternehmen gemeinsame Ausflüge, wandern, bleiben in der freien Natur unter sich. In Freiburg schlendern beide einmal über eine Wiese. Sophie Scholl pflückt Blumen, flicht daraus einen Kranz und setzt ihn ihrem Freund auf den Kopf. Hartnagel trägt Uniform, er vergisst den Blütenschmuck und setzt die Mütze wieder auf. Als sie in ein Lokal einkehren, nimmt er sie ab und sitzt nun am Tisch mit dem bunten Kranz auf dem Kopf. Seine Freundin amüsiert sich köstlich. Sophie Scholl ist glücklich wie lange nicht mehr. Sie gesteht Lisa Remppis, dass sie sich schäme, weil Hartnagel ihr einst lästig gewesen sei. Damals erschien er ihr nicht so geistreich und eindrucksvoll wie andere Männer. Das sieht sie nun anders.

Am 19. September 1941 jubiliert noch das ›Ulmer Tageblatt‹ in fetten Lettern: »In breiter Front siegreich nach Osten«. Doch zunehmend mehren sich die Hinweise, dass der Vormarsch der Wehrmacht langsamer wird. Im Herbst 1941 hat das Heer sein Potenzial fast ausgeschöpft. Die motorisierten Divisionen brauchen dringend Nachschub und frische Soldaten. Denn das deutsche Ostheer hat ungeheure Verluste an Mensch und Material erlitten. Nun zeigt sich, wie wenig Deutschland auf den Krieg gegen die Sowjetunion vorbereitet ist. Den Streitkräften fehlt eine personelle Reserve und eine »Tiefenrüstung«, die verlorene Panzer, Flugzeuge und Lastwagen ersetzen kann.

In den Gefechten im Osten sterben immer mehr Männer. Deutsche Soldaten leiden unter der Kälte, frieren in Eis und Schnee. Ihre Frustration entlädt sich in einer zunehmenden Grausamkeit. Sie holen sich wie Söldner im Dreißigjährigen Krieg von der Bevölkerung, was sie zum Essen brauchen. Für viele Russen bedeutet das Hunger, Leid und Tod.

Die Kriegsverbrechen der Wehrmacht und der Einsatzgruppen bleiben dem Ausland nicht verborgen. Vier solcher Verbände morden im Osten. Bei Babyn Jar, in der Nähe der ukrainischen Hauptstadt Kiew, erschießen Mitglieder der Einsatzgruppe C im September 1941 mehr als 32 000 Juden. Auch das Heer beteiligt sich an dem Kriegsverbrechen. Die 6. Armee hilft erst beim Planen des Massakers und dann hinterher bei dessen Vertuschung. Die Täter nennen die Massentötung eine Vergeltung für Anschläge, die in Kiew auf deutsche Truppen verübt wurden. »Das Unaussprechliche, das in Russland, das mit den Polen und Juden geschehen ist und geschieht, wisst ihr, wollt es aber lieber nicht wissen, aus berechtigtem Grauen vor dem ebenfalls unaussprechlichen, dem ins Riesenhafte herangewachsenen Hass, der eines Tages, wenn eure Volks- und Maschinenkraft erlahmt, über euren Köpfen zusammenschlagen muss«, sagt Thomas Mann im November 1941 in einer Radiosendung der British Broadcasting Company. »Ja, Grauen vor diesem Tag ist am Platz.«

Mitte November 1941 erfahren die Scholls weitere konkrete Details über die Verbrechen der Nationalsozialisten. Eugen Grimminger, ein alter Freund von Robert Scholl, ist zu Besuch in der Wohnung am Münsterplatz 33. Seine Frau Jenny, die jüdische Wurzeln hat, schützt die »Mischehe« mit Grimminger vor der Deportation, aber ihre Schwester hat gerade erfahren, dass sie mit ihren Kindern in der kommenden Woche nach Osten deportiert werden wird. Jenny Grimminger macht sich schreckliche Sorgen um die Verwandten. Gleichzeitig hört Hans Scholl davon, dass Juden aus München ebenfalls nach Osteuropa gebracht werden sollen. Und auch aus Ulm verschwinden jüdische Mitbürger. 1933 lebten hier noch 530 Juden, nur fünf Jahre später waren es gerade mal 178. Gerüchte machen die Runde, dass die nach Osten verschleppten Menschen keine ausreichenden Unterkünfte und zu wenig Essen bekommen. Robert Scholl hat bereits 1938 seinen jüdischen Mandanten geraten auszuwandern. Er erkannte früh, welche tödliche Gefahr der Antisemitismus der NSDAP darstellte.

Die Arbeitsbelastung von Sophie Scholl ist in dieser Zeit enorm. Sie leitet den Kindergarten in Blumberg, in dem sie sich nicht nur um die Mädchen und Jungen kümmern, sondern auch die Räume putzen muss. Aicher bat sie darum, das nächste Titelblatt des »Windlichts« zu malen. Und ihre Mutter schickte ihr eine lange Liste mit Aufträgen für Weihnachtsgeschenke. So soll sie für ihre Schwestern Socken häkeln. Und dann liegt da auch noch ein Berg an Post, die sie beantworten muss. Sophie Scholl fühlt sich Ende 1941 überfordert von all den Wünschen, die an sie gerichtet werden. Aber sie funktioniert. Sie zeichnet das Titelblatt, sie strickt und häkelt, sie verfasst Brief um Brief – und versorgt tagsüber auch noch die Kinder.

Aus Russland kommen zum Jahresende kaum noch gute Nachrichten aus deutscher Sicht. Die Gegenoffensive der sowjetischen Truppen hat fast die Verteidigung der Heeresgruppe Mitte zusammenbrechen lassen. Hitler erlässt am 16. Dezember 1941 einen »Haltebefehl«, wonach die Befehlshaber verpflichtet werden, »die Truppe zum fanatischen Widerstand in ihren Stellungen zu zwingen, ohne Rücksicht auf durchgebrochenen Feind in Flanke und Rücken«. Da der Vormarsch der Wehrmacht von der Roten Armee im Schnee gestoppt wurde, muss ein Schuldiger gefunden werden. Und abermals trennt sich Hitler von einem hochrangigen General. Nachdem es den Truppen nicht gelungen ist, Moskau einzunehmen, und die Deutschen sich auch von der Krim teilweise zurückziehen mussten, entlässt Hitler wenige Tage vor Weihnachten den Befehlshaber des Heeres, Walther von Brauchitsch, der zudem schwer erkrankt ist, und übernimmt persönlich das Kommando. Nun steht der »Führer« selber an der Spitze des Heeres und kann sich künftig bei Rückschlägen kaum noch hinter seinen Generälen verstecken. Hitler will an der Ostfront die Initiative zurückgewinnen und stockt die Truppen für die kommende Sommeroffensive im nächsten Jahr auf. Auch Hartnagels Fernmeldeeinheit gehört zu den frischen Einheiten, die im Osten eingesetzt werden sollen.

Zunächst aber reist der Oberleutnant erneut in die Niederlande. Ende 1941 berichtet Hartnagel nach Ulm von dem Vorgehen der SS gegen Juden in Amsterdam. Er reagiert entsetzt auf die Menschenjagd, die sich dort abspielt. Seine Freundin antwortet, sie fände es gut, wenn man überall radikal vorginge: »Es verwirrt die Erkenntnis der ganzen Sache weniger, als wenn man hier etwas gutes, dort etwas schlechtes findet und nicht weiß, welches nun das wahre ist.« Damit begrüßt sie nicht die deutsche Brutalität gegen die Juden. Vielmehr hofft sie darauf, dass die SS sich selbst entlarvt und endlich mehr Deutsche verstehen, wie es um den wahren Charakter des NS-Regimes bestellt ist.

Mit ihren kompromisslosen Gedanken überrascht sie Hartnagel immer wieder. So schreibt sie ihm Ende 1941 oder Anfang 1942, dass sie die offizielle Wintersammlung nicht unterstützen werde. Hitler hat die Bürger an der »Heimatfront« dazu aufgefordert, »Dank und Anerkennung für die unübertrefflichen Leistungen der deutschen Soldaten« zu zeigen. Mit großangelegten Propagandaaktionen sollen alle »Volksgenossen« dazu animiert werden, warme Kleidung und Wollsachen für die Wehrmacht zur Verfügung zu stellen. Für viele Angehörige von Soldaten sind solche Appelle ein Schock, offenbaren sie doch, dass ihre Männer, Väter, Söhne und Freunde von der Führung ohne vernünftige Ausrüstung in die russische Kälte geschickt wurden. Tatsächlich haben sie zu wenige Skier, Mäntel und Decken. Spenden aus der Heimat, gute Stiefel, Handschuhe, Pelze würden helfen. Schließlich sinkt im Januar 1942 die Temperatur in dem von Deutschen besetzten Teil der Sowjetunion an einigen Orten auf minus 42 Grad Celsius.

Hinter Sophie Scholls Weigerung, sich an den Spenden zu

beteiligen, steht ihre Überzeugung, dass Deutschland den Krieg verlieren müsse, damit die Freiheit zurückkehren könne. Immer stärker tritt sie als Gegnerin des Regimes auf. Ob ihr bewusst ist, dass sie bereits passiven Widerstand leistet, dass sie versucht, ihren Teil dazu beizutragen, dass die Kriegsmaschine stockt? Ihre Haltung ist durchaus riskant. Der Staat geht gegen jeden vor, der sich der »Volksgemeinschaft« entzieht. Ein Priester, der sich öffentlich der Sammlung für das Winterhilfswerk verweigerte, kam ins Konzentrationslager.

Wie effektiv der Verfolgungsapparat des Regimes arbeitet, wissen Sophie Scholl, ihre Eltern und die Geschwister nur zu gut. Sie haben es selber erlebt. Dass Hans Scholl die Überwachung der Geheimen Staatspolizei nicht vergessen hat, zeigt er in einem Brief an die Familie in Ulm vom 18. März 1942. »Die Gestapo tut mir wirklich leid, wenn sie diese vielen, zum Teil recht unleserlichen Handschriften entziffern muß, aber sie wird ja dafür bezahlt, und Dienst ist Dienst, nicht wahr, meine Herren!«, schreibt er, zwar mit ironischem Unterton, aber durchaus ernstem Hintergrund. Schließlich haben Polizisten bereits seine Post gelesen, ausgewertet und den Inhalt gegen ihn in Ermittlungen verwendet. Scholl und seine Familie können nur hoffen, dass die Gestapo zumindest diesen Brief nicht geöffnet hat. Eine solche Provokation hätte höchstwahrscheinlich Folgen.

Seiner Schwester Inge dürfte dieser Spaß wenig gefallen. Seit sie in die Fänge der Gestapo geraten ist, fühlt sie sich dem Regime manchmal hilflos ausgesetzt. Einem Freund verrät sie, dass ihr Herz von Angst überschwemmt sei, dass es ihr nicht gelinge, wieder Mut zu fassen.

Auch Sophie Scholl fürchtet, dass die Gestapo sich einmal für ihre Briefe interessieren könnte. Ihr ist bewusst, dass es gefährlich ist, sich auf Papier frei zu äußern. So fragt sie einmal Fritz Hartnagel, ob seine Feldpost kontrolliert werde. Und sie bittet ihn, ihre Schreiben nicht aufzubewahren. Sie will nicht, dass Fremde ihre Briefe lesen. »Sonst, wenn mal die Gestapo kommt«, schreibt sie einmal an ihn, ohne den Satz zu vollenden.

Nach einigen Monaten in Thüringen bekommt Hartnagel eine neue Mission. Statt nach Afrika soll er nun mit seiner Einheit nach Frankreich fahren. Dorthin verlegt die Wehrmacht immer wieder Verbände, die neu gruppiert oder verstärkt werden sollen. Im Westen gibt es keine Kämpfe und die Versorgung ist gut. Am 19. März 1942 bricht die Kompanie von Weimar nach Le Mans auf. Sechs quälend lange Tage dauert die Reise mit der Eisenbahn, erst kurz vor der Abfahrt nach Frankreich hat Hartnagel von seinem geänderten Einsatzgebiet erfahren. Noch am 12. März schrieb er an Sophie Scholl: »Unsere Tropenverwendung ist nun endgültig ins Wasser gefallen. Ich werde aus meinem Zug eine Kompanie aufstellen müssen, und damit nach Russland ziehen.« Und er fügte hinzu: »Ach Sofie wie soll das nun werden, mir ist angst und bang.«

Als Sophie Scholl die Nachricht erreicht, dass Hartnagel wieder an die Ostfront muss, bereitet sie gerade ihre Abreise aus Blumberg am Rand des Schwarzwaldes vor. Wenige Tage später, Ende März, endet für sie ihr ungewollter und ungeliebter Dienst für »Führer« und Vaterland. Nach 13 Monaten erzwungener Schufterei für den Staat kommt sie am 27. März in Ulm an. Eine Pause zum Innehalten, zum Erholen ist ihr Aufenthalt nicht.

Einen Monat lang lebt die junge Frau wieder bei ihrer Familie. Sie hilft ihrer Mutter im Haushalt und ihrem Vater in seinem Büro. Gerade vor den Osterfeiertagen hat sie viel zu tun. Ihre Mutter spannt die jüngste Tochter ordentlich ein. In einem Brief an Lisa Remppis gesteht Sophie Scholl, wie schwer es ihr falle, sich wieder in der Familie und im Freundeskreis einzuordnen. Wie gern würde sie sich mit der Vertrauten eine Auszeit gönnen, bei einer Fahrradtour den Kopf freikriegen, beim Wandern auf neue Gedanken kommen. Wenigstens am Ostersonntag findet sie einen Moment der Ruhe, der ihr Kraft gibt. Zusammen mit ihrer Schwester Inge geht sie in die katholische Kirche in Ulm-Söflingen. Erstmals erlebt sie die Osterliturgie der Katholiken, die sie nachhaltig beeindruckt. Sie empfindet die Zeremonie als »echten Gottesdienst«, der sich von einem »Vortrag« in den evangelischen Gemeinden unterscheide. Und sie schöpft Kraft aus dem Kirchgang für ihre nächsten Schritte.

Ende April 1942 plant Sophie Scholl ihre Abfahrt aus Ulm. Am Abend vor ihrem Aufbruch nach München, wenige Tage vor ihrem 21. Geburtstag, ist sie voller Vorfreude: »Ich kann's kaum glauben, dass ich morgen mit dem Studium anfangen darf.« Ihre Mutter steht in der Diele und bügelt die Blusen der Tochter. Sie hat ihr einen knusprigen Kuchen gebacken und eine Flasche Wein eingepackt.

Am nächsten Morgen steigt Sophie Scholl mit einer gelben Margerite aus dem Familiengarten im Haar in den Zug. Inge Scholl betrachtet sie genau, sieht in ihr kindliches, zartes Gesicht. »Ein wenig von der schnuppernden Neugier eines jungen Tieres war darin und ein großer Ernst«, erinnert sich die ältere Schwester später. In der Münchner Bahnhofshalle nimmt Hans Scholl seine Schwester in Empfang. »Heute Abend wirst du meine Freunde kennenlernen«, sagt er. Traute Lafrenz, die Exfreundin von Hans Scholl, bringt Sophie später am Tag dann nach Solln zu Carl Muth, ganz in den Süden von München, bei dem sie fürs Erste wohnen kann. Zu ihm kommen oft kluge Regimekritiker zu Besuch, diskutieren mit dem Hausherrn über Philosophie, Politik, Religion und Ethik, tiefgreifende Gespräche, nach denen sich Sophie Scholl in den vergangenen Monaten so oft gesehnt hat.

4. KAPITEL

München und Mariupol

Mai bis Juli 1942

Ende Mai beginnt Sophie Scholl in München ihr Studium der Biologie und Philosophie. Sie lässt es ruhig angehen. Vor einigen Jahren hätte sie wahrscheinlich noch keinen Platz bekommen. Um die Zahl der Frauen an den Universitäten drastisch zu senken, hatten die Nationalsozialisten mit dem »Reichsgesetz gegen die Überfüllung von Schulen und Hochschulen« von 1933 festgelegt, dass maximal zehn Prozent der Eingeschriebenen weiblich sein durften. Mädchen sollten darauf vorbereitet werden, fleißige Hausfrauen, treusorgende Gattinnen und aufopferungsvolle Mütter zu sein – eine akademische Karriere war für sie nicht vorgesehen. 1939 machten Frauen unter den Studierenden 15,9 Prozent aus, drei Jahre später waren es bereits 43 Prozent. Im Krieg waren so viele Männer an der Front, dass die Nationalsozialisten es schließlich aufgaben, junge Frauen von den Universitäten fernzuhalten.

Davon profitiert auch Sophie Scholl. Bei den Naturwissenschaften liegt der Anteil der Studentinnen nun bei 52,9, bei den Geisteswissenschaften sogar bei 74,9 Prozent. Frei studieren kann sie nicht. Das Regime erlegt ihr und den Kommilitoninnen zahlreiche Pflichten wie Arbeitseinsätze in der Rüstungsindustrie und die Teilnahme an Zwangsveranstaltungen auf. Und auch in die Lehre greift es stark ein. So werden Rassenhygiene und Wehrwissenschaft zu Schwerpunkten der Universitätserziehung.

Gerade das Fach Biologie, das Sophie gewählt hat, ist vom nationalsozialistischen Gedankengut durchdrungen. Wissenschaftler versuchen, die NS-Theorie von der auserwählten arischen Rasse und vom reinen und guten Blut zu belegen. Schon in der Schule war als Lernziel festgeschrieben gewesen, dass »kein Knabe und kein Mädchen die Schule verlässt, ohne zur letzten Erkenntnis über die Notwendigkeit und das Wesen der Blutreinheit geführt zu sein«. Sophie Scholls Biologielehrerin hatte sich bemüht, diese offiziellen Unterrichtsanweisungen zu umgehen und rassistische Inhalte zu vermeiden.

An ihr erstes Semester geht Sophie Scholl nicht sehr ehrgeizig heran. Die Studentin fühlt sich wohl in der von den Nationalsozialisten ausgerufenen »Hauptstadt der Bewegung«, die sie bisher nur im Rahmen von kurzen Besuchen kennengelernt hat. Das liegt vor allem daran, dass sie viel Zeit mit ihrem Bruder Hans verbringen kann. Und an den vielen neuen Freunden, die sie nicht zuletzt durch ihn gewonnen hat: Alexander Schmorell, der »Shurik« genannt wird, Christoph Probst, Traute Lafrenz, Hubert Furtwängler, Jürgen Wittenstein, Katharina Schüddekopf und Lilo Berndl. Auch Gisela Schertling, die Sophie Scholl bereits vom RAD kennt, studiert nun in München und gehört bald zum Kreis dazu. Neben der gemeinsamen Liebe zur Natur, zur Literatur, zur Musik und zum Theater verbindet die Freunde um Alexander Schmorell und Hans Scholl ihre Abneigung gegenüber dem NS-Regime und dem Krieg. Die Gleichschaltung, der Gleichschritt, das Gleichmachen durch Uniformen widern sie an, die Sehnsucht nach Freiheit eint sie.

Wer in diesen Tagen heimlich ausländische Radiosender hört, der erfährt, dass Großbritannien und die Sowjetunion ein Bündnis gegen das Deutsche Reich geschlossen haben, am 26. Mai 1942 besiegeln Vertreter beider Nationen diesen Pakt.

Das bedeutet: Wenn die Engländer zum Angriff auf das Festland übergehen sollten, wird Deutschland wie bereits im verlorenen Ersten Weltkrieg an mehreren Fronten gleichzeitig kämpfen müssen. Einsatzgebiete gibt es ohnehin schon genug für die Wehrmacht, die bereits in Nordafrika gegen die Briten ins Gefecht zieht. Am selben Tag nimmt General Rommel seine Wüstenoffensive wieder auf. Mit seinem Afrikakorps, das aus zwei Panzerdivisionen und einer motorisierten Infanteriedivision besteht, sowie mit Truppen der Verbündeten aus Italien rückt er auf die Engländer in Ägypten zu.

Am 27. Mai erreichen die Mächtigen des »Dritten Reiches« schlechte Nachrichten aus dem »Reichsprotektorat Böhmen und Mähren«. Dort verübten mehrere Tschechen einen Anschlag auf Reinhard Heydrich, einen der einflussreichsten Männer des NS-Staates. Gemeinsam mit ihrem in England als Agent ausgebildeten Anführer beschossen sie Heydrichs Wagen mit Handfeuerwaffen und warfen eine Handgranate. Dabei verwundeten die Attentäter den SS-Offizier so schwer, dass er wenige Tage später in einer Prager Klinik starb.

Heydrich war nicht nur Chef des 1939 eingerichteten Reichssicherheitshauptamtes und damit zuständig für die Jagd auf politische und weltanschauliche Gegner, er lenkte auch als stellvertretender Statthalter des »Protektorats Böhmen und Mähren« die Geschicke der von den Deutschen 1938 und 1939 zerschlagenen Tschechoslowakei. Zudem war der SS-Obergruppenführer für die »Gesamtlösung der Judenfrage« verantwortlich und somit für den Massenmord in Konzentrationslagern und Ghettos. Im Januar 1942 hatte er die Wannseekonferenz geleitet, auf der die Vernichtung der Juden im besetzten Europa organisiert wurde. Heydrich bezifferte da die Zahl der Juden, die für die »Endlösung« in Betracht kämen, auf elf Millionen.

Ende Mai 1942 verlässt Sophie Scholl die Villa von Carl Muth in Solln und bezieht in der Nähe der Universität, in der Mandlstraße 1, ein eigenes kleines Zimmer, in dem gerade einmal ein Tisch, ein Schrank, ein Bücherregal und eine durchgelegene Couch Platz haben. Ihre Wirtin Maria Lösch-Berrsche, die Witwe des bekannten Musikkritikers Alexander Berrsche, der zwei Jahre zuvor gestorben ist, lehnt das NS-System ab und führt gern politische Gespräche mit den jungen Leuten, die bei ihr wohnen.

Besonders wichtig sind für Sophie Scholl ihr Bruder Hans, den sie fast täglich sieht, und dessen Freund Alexander Schmorell. Die jungen Männer kennen sich seit nicht ganz einem Jahr. Beide studieren Medizin, waren bereits für die Wehrmacht im Einsatz und haben sich als Jugendliche von Adolf Hitler blenden lassen. Mittlerweile stehen sie dem »Dritten Reich« kritisch gegenüber.

Alexander Schmorell, 1917 im russischen Orenburg geboren, lebt in der Villa seines Vaters Hugo, eines angesehenen, wohlhabenden Arztes. Seine Mutter, Natalie Vedenskaja, Tochter eines russischen Geistlichen, starb an Typhus, als Alexander Schmorell zwei Jahre alt war. Sein Kindermädchen, die »Njanja«, sprach mit ihm Russisch, erzog ihn im orthodoxen Glauben und begleitete ihn, seinen Vater und dessen zweite Frau, als die Familie 1921 nach Deutschland auswanderte und sich in München niederließ. In der neuen Heimat erzählte sie ihrem Zögling russische Märchen, kochte russische Speisen und hielt die Erinnerung an die Mutter wach. So blieb Russland für Alexander Schmorell ein Sehnsuchtsland.

Wie Hans Scholl musste auch er nach dem Abitur zum Reichsarbeitsdienst, dann zum Militär. Seit Juni 1935 haben alle Männer zwischen 18 und 25 Jahren die Pflicht, beim RAD zu schuften. Schmorell leidet darunter, dass die Machthaber die Freiräume junger Menschen immer weiter einschränken. Beim

RAD empört ihn der stumpfe Drill, der Kadavergehorsam: »Denn nichts ist schöner, als die Freiheit des Gedankens und die Selbständigkeit des eigenen Willens, wenn man sie nicht fürchtet«, schreibt er an Angelika Probst, die Schwester seines besten Freundes. »Hier versucht man, uns sie zu rauben und sie uns vergessen zu machen oder sich von ihr zu trennen, aber das wird ihnen nicht gelingen.«

Schmorell, sein alter Schulkamerad Christoph Probst und Hans Scholl bilden eine Clique, die weiter wächst und zu der seit Mai 1942 auch Sophie Scholl gehört. Probst ist als Einziger von ihnen verheiratet. Mit seiner Frau Herta hat er zwei Söhne, Michael und Vincent, zwei und drei Jahre alt, Anfang 1943 erwarten sie ihr drittes Kind. Sie sollen, so Probst, nicht im NS-Staat aufwachsen, dessen Härte seine Familie bereits zu spüren bekommen hat. Seine Stiefmutter ist wegen ihrer jüdischen Wurzeln von Ausgrenzung betroffen. »Christl«, wie seine Freunde ihn nennen, gilt als nachdenklich und zurückhaltend. Er habe einen guten Einfluss auf ihren Bruder Hans, bemerkt Sophie Scholl einmal. Sie bewundert Probst für seine Intellektualität und teilt seine Haltung zu religiösen und philosophischen Fragen.

Die Freunde um Scholl und Schmorell – auch die beiden Medizinstudenten Hubert Furtwängler und Jürgen Wittenstein zählen dazu – sprechen über die Verfolgung der Juden, die Ermordung kranker und behinderter Menschen und das Massensterben an der Ostfront auf beiden Seiten. Sie besuchen abends gemeinsam Gesprächsrunden, Lesungen und Konzerte, trinken Wein, gehen wandern. Einmal im Monat treffen sie sich zudem zum Lektüreabend in der Villa der Familie Schmorell im Stadtteil Harlaching. Sie lesen das Drama ›Der seidene Schuh‹ des französischen Schriftstellers Paul Claudel mit verteilten Rollen. Die jungen Leute genießen das Leben – soweit möglich und solange es geht. Wie so viele Gleichaltrige fühlen sie sich vom nationalsozialistischen Staat, vom Reichsarbeitsdienst oder vom Militär ihrer Freiheit beraubt, um die Jugend gebracht.

Hans Scholl, Alexander Schmorell und ihre Kommilitonen aus der Studentenkompanie waren bereits als Sanitäter und Hilfsärzte in diesem Krieg eingesetzt. Sie haben Verwundete und Kranke versorgt und dabei geholfen, Menschen zu retten. Arzt wollte ursprünglich keiner der jungen Männer werden. Scholl interessiert sich für Philosophie und für Staatskunde, aber unter dem nationalsozialistischen Regime scheinen ihm beide Fächer zu stark indoktriniert zu sein. Probst hätte sich gern für Astronomie eingeschrieben. Und Schmorell schwärmt eigentlich für die Bildhauerei. Medizin als Studienfach hat jedoch Vorteile: Die Studenten dürfen weitgehend an der Universität bleiben und werden nicht dauerhaft an die Front versetzt wie viele Kommilitonen, die zum Beispiel Jura oder Geschichte belegt haben. Sie dürfen ihr Studium zu Ende führen, weil dringend Truppenärzte gebraucht werden, sind also in gewisser Weise privilegiert.

Allerdings werden auch die Mitglieder der Studentenkompanie immer wieder zu mehrwöchigen Einsätzen in Lazaretten und Kliniken verpflichtet. Bei der Famulatur sollen die jungen Männer offiziell Praxiserfahrung sammeln, in Wahrheit aber als Sanitäter oder Aushilfsärzte die Kriegsmaschinerie am Laufen halten. Und tatsächlich erfüllt sich die Hoffnung der Freunde um Scholl und Schmorell, der Einfluss der NSDAP auf das Studium werde sich in Grenzen halten, nicht.

Ein Ausbund an demokratischer Gesinnung waren viele Mediziner schon in der Weimarer Republik nicht. Bereits vor der Machtübernahme Hitlers stand im Mai 1932 im ›Deutschen Ärzteblatt‹, dass der Zeitpunkt gekommen sei, »an dem die Sorge um die Erhaltung der Minderwertigen anfängt, den Bestand der Lebenstüchtigen zu gefährden«. Der Nationalsozialistische Deutsche Ärztebund hatte 1938 mehr als 30 000 Mitglieder, und auch an der Universität in München waren in der Lehrerschaft etliche NSDAP-Anhänger vertreten. Einer von Jürgen Wittensteins Professoren erklärte in einer Vorlesung freimütig: »Wenn ich Schwierigkeiten bei der Diagnose habe, dann trete ich vor das Bild meines Führers und warte auf die Erleuchtung.«

Am 30. Mai 1942 schreibt Hartnagel nach München. Gerade hat er im Zug mit seiner Kompanie Stalino in der östlichen Ukraine passiert, eine Stadt in einem Kohlerevier, die bis 1924 Jusowka hieß und dann zu Ehren Stalins umbenannt wurde. Ganz in der Nähe betreiben die deutschen Streitkräfte einen wichtigen Flugplatz. Dort betanken Flugbetriebskompanien die Maschinen, die zu Feindflügen in das Umland starten. Auch Stalingrad, das bedeutende Industriezentrum, befindet sich von hier aus in Reichweite deutscher Bomber wie der Heinkel He 111.

Zehn Tage ist Hartnagel bereits unterwegs, zehn Tage hat er seine Sophie nicht mehr gesehen. Während der Fahrt ruckelt es ordentlich und es fällt ihm schwer, seine Zeilen leserlich auf das Papier zu bringen. »Ich will hoffen, daß Dir auch ein kleines nichtssagendes Briefchen Freude macht und uns zusammenführt, so etwa, als ob wir Arm in Arm dahinschlenderten«, schreibt er. »Ich bin froh, dass wir das Glück haben, gerade am südlichsten Flügel der Ostfront eingesetzt zu werden. Vielleicht sehen wir noch den Kaukasus.« Den Dnjepr, einen gut 2 200 Kilometer langen Fluss, hat er mit dem Zug jedenfalls schon überquert, bei Mondschein ein besonderes Erlebnis. Der Strom wirkt auf ihn wie eine Urgewalt.

Zunächst jedoch heißt sein Ziel Mariupol, eine alte Hafenstadt am Asowschen Meer in der Ukraine. Dort bezieht Hartnagel in einer Schule sein Quartier. Im Lehrerzimmer stellt sein Bursche, ein junger Soldat, der den Offizier bedient, für ihn einen Feldtisch und ein Tropenbett auf. Als seine Männer am Bahnhof ihr Material ausladen, greifen russische Kampfflugzeuge an. In einem Brief an seine Freundin schildert Fritz Hartnagel betont gelassen, eher nebenbei, dass die abgeworfenen Bomben aber keinen Soldaten seiner Kompanie verwundet hätten, dass der Krieg zwar nah, aber noch nicht brandgefährlich sei. Hartnagel will Sophie Scholl nicht beunruhigen. Er schließt sein längeres Schreiben mit: »Sei von lauter Gutem und Liebem umgeben.«

Im Medizinstudium hat Hans Scholl momentan nicht viel zu tun. Deswegen stören ihn an seinen eigentlich freien Tagen die täglichen Morgenappelle in der Kaserne, der »Bergmannschule« im Münchner Westend, besonders. Seine Studentenkompanie muss immer wieder geschlossen antreten, die Anwesenheitspflicht gilt auch für diejenigen Soldaten, die wie Scholl und Schmorell privat untergebracht sind und nicht in der Kaserne wohnen. Bei den Appellen vertreten sich die jungen Männer manchmal gegenseitig und einer ruft für mehrere Kameraden »hier« oder »ja«. Dabei dürfen sie sich allerdings nicht erwischen lassen. Für »Disziplinlosigkeit« erhalten die Studenten strenge Strafen. Erst vor Kurzem verdonnerte der Kompaniechef die angehenden Ärzte zu vier Wochen Kasernenarrest, weil sie über einen Vorgesetzten gelacht hatten. Das traf Hans Scholl hart. »Ich bin gegenwärtig wieder Gefangener des Staates«, schrieb er an eine Freundin und beklagte die »unnötige Marter«.

Bei einem Treffen des Freundeskreises erzählen die Medizinstudenten eines Abends von ihrer Arbeit in den Krankenhäusern. Hans Scholl berichtet, welch schöner Moment es für ihn jedes Mal sei, von Bett zu Bett zu gehen, seine schützende Hand über das gefährdete Leben der Patienten halten zu können. Aber sei es nicht Unsinn, fragt da einer, dass sie lernen, wie man Menschen heilt, während der Staat täglich zahllose junge Männer in den Tod treibt? Sofort beginnt eine lebhafte Debatte. Es fällt das Wort Widerstand.

Nicht alles mehr hinzunehmen, nicht alles kritiklos zu ertragen, das gewinnt für Hans Scholl, Alexander Schmorell und den Kreis von Gleichgesinnten zunehmend an Bedeutung. Sie wollen sich von den Mitläufern abgrenzen, gegenüber der gelenkten Masse die eigene Freiheit behaupten. Freiheit. Nach dem ersten Fronteinsatz in Frankreich sieht Hans Scholl in ihr das Erstrebenswerte schlechthin. Das verbindet ihn mit seiner jüngsten Schwester. Sophie Scholl hatte kurz nach dem Überfall der Wehrmacht auf Polen bereits geklagt, das Schlimmste an diesem Krieg sei, dass er ihr die Jugend nehme.

Das Leben in München genießt sie sehr. Ein wenig atemlos berichtet die junge Frau ihrer Freundin Lisa Remppis, was sie so alles erlebt: »Hier habe ich jeden Tag etwas Neues zu verdauen«, schreibt sie. »Gestern trank ich mit Herrn Prof. Muth und Sigismund von Radecki zusammen Tee, und am Abend waren Hans und ich noch bei einem Bekannten, den wir bloß den ›Philosophen‹ nennen.« Drei Stunden dauerte der Besuch bei Josef Furtmeier, einem ehemaligen Beamten der Justiz, der sich geweigert hatte, in die NSDAP einzutreten, und lieber mit einer niedrigen Pension aus dem Dienst ausschied, als dem NS-Staat zu dienen. Die Diskussion mit ihm fand Sophie Scholl beeindruckend, aber auch durchaus anstrengend. Sie sei froh, dass sie so viel Neues aufnehmen könne, notiert sie. Aber noch stehe sie auf schwankendem Boden. »Eigentlich habe ich eher das Bedürfnis, für mich zu sein, denn es drängt mich danach, durch ein äußeres Tun das in mir zu verwirklichen, was bisher nur als Gedanken, als richtig Erkanntes in mir ist.« Ob mit dem »äußeren Tun« bereits eine Idee oder gar ein konkreter Plan verbunden ist, lässt sie offen. Fest steht, dass sie die eigenen Geschicke nicht mehr nur von anderen bestimmen lassen, dass sie endlich handeln möchte. Was hat sie vor?

Wie nah der Krieg für die Menschen in Deutschland bereits ist, zeigt sich in der Nacht zum 31. Mai 1942. Britische Bomberverbände fliegen den Rhein an, ihr Ziel ist Köln. Um 0:15 Uhr schrillen die Sirenen. Nach dem ersten Luftalarm bleiben den 700 000 Einwohnern gut 30 Minuten, um Bunker oder Keller zu erreichen. Mit 1 000 Maschinen attackiert die Royal Air Force eine der ältesten Städte Deutschlands. Bislang hat es etwa 100-mal Fliegeralarm in Köln gegeben, nun trifft die Metropole um 0:45 Uhr das erste Flächenbombardement. Mit ihrer »Operation Millennium« zerstören die Briten 3 300 Häuser, 40 000 Wohnungen und 17 Kirchen. Fast 500 Menschen sterben. »Was in sechseinhalb Jahrhunderten erbaut wurde und für die gesamte Kulturwelt als unantastbar galt, wurde durch die britischen Luft-Barbaren in wenigen Minuten zertrümmert«, berichtet die ›Wochenschau‹. Die nationalsozialistischen Propagandisten sprechen von einem »Terrorangriff«. Was sie selber in London und Coventry angerichtet haben, in Warschau und Belgrad, in Rotterdam und Guernica, dass ihre Flugzeuge gnadenlos Bomben über Städten abgeworfen haben, in denen es keine militärischen Ziele gab – dazu schweigen sie.

Der bisher schwerste Luftangriff auf Deutschland beschäftigt Sophie und Hans Scholl sowie ihre Freunde. Im zerbombten Köln sehen sie eine Warnung, wohin das NS-Regime das Land bringen wird. Bereits im Frühjahr 1941 hatten die Scholls in Ulm den achtjährigen Winfried bei sich aufgenommen. Nach den ersten schweren Bombardierungen waren Mädchen und Jungen aus Köln und Umgebung allein oder mit ihren Müttern in vermeintlich sicherere Regionen evakuiert worden. Als er damals fassungslos schluchzend vor Sophie Scholl stand, bekam sie eine große Wut auf den Krieg. Aber ihre Gefühle sind durchaus ambivalent. Bei allem Mitleid mit den Opfern der Bombardements hofft sie, dass die Angriffe auf Deutschland das Ende des Krieges einläuten.

Noch viel mehr als die Luftangriffe wühlen Hans Scholl und Alexander Schmorell die Berichte über Verbrechen in den besetzten Gebieten auf. Vor allem die Morde an Juden in Polen erschüttern die jungen Männer. Manfred Eickemeyer, ein Freund Scholls, erzählt ihnen kaum vorstellbare Dinge. Er ist Architekt und wurde für den Einsatz im Osten dienstverpflichtet. Im Generalgouvernement, das die Deutschen im eroberten Zentralpolen eingerichtet haben, arbeitet er für die Organisation Todt, die in den besetzten Gebieten unter anderem Straßen und Befestigungen anlegt. Er berichtet, wie schlecht die Deutschen die Einheimischen behandeln, dass Abertausende Juden erschossen werden, welche Gräueltaten die Wehrmacht verübt und was in den Konzentrationslagern geschieht.

Eickemeyer gibt Scholl die Schlüssel für sein Atelier in Schwabing. Der Student darf es für konspirative Treffen nutzen. Da die Räume in einem Hinterhof liegen, können neugierige Zeitgenossen nicht sehen, was darin passiert, und etwaige verbotene Aktionen nicht der Gestapo melden.

Viele der Freunde um Scholl und Schmorell treffen sich regelmäßig in der Philosophie-Vorlesung von Professor Kurt Huber. Unter den Studenten hat sich herumgesprochen, dass der Dozent ein Regimekritiker ist und interessante Vorträge hält. Huber wurde am 24. Oktober 1893 geboren, erkrankte mit vier Jahren an Diphtherie und leidet seitdem an Zuckungen von Armen und Beinen, außerdem spricht er undeutlich. Als Kind nahm er nicht am Turnunterricht teil und als junger Mann durfte er nicht in den Ersten Weltkrieg ziehen, obwohl er sich dreimal freiwillig gemeldet hatte. Seit 1926 lehrt er Philosophie, Musikwissenschaft und Psychologie an der Universität München. Aber eine ordentliche Professur blieb ihm bislang verwehrt.

Mehrfach wurde er bei der Besetzung von vakanten Stellen übergangen, die Lehrstühle, für die er sich interessiert hatte, wurden langjährigen Nationalsozialisten zugesprochen. Huber fühlt sich zurückgesetzt. Zudem reicht sein spärliches Gehalt nicht aus, um die fünfköpfige Familie gut zu versorgen: Mit weniger als 300 Mark im Monat erhält er kaum mehr, als die Angehörigen der Studentenkompanie an Sold bekommen.

Um endlich Professor in München werden zu können, tritt Kurt Huber schließlich in die NSDAP ein. Seit dem 1. April 1940 gehört er mit der Mitgliedsnummer 8 282 981 offiziell der Partei an. Ein überzeugter Nationalsozialist ist er nicht. Auch wenn er sich für einige Aspekte der NS-Ideologie, wie etwa die Idee der Volksgemeinschaft, durchaus begeistern kann, teilt er nicht den Hass auf andere »Völker« und »Rassen«. In seiner Vorlesung zitiert Huber Denker jüdischer Herkunft wie den niederländischen Philosophen Baruch de Spinoza manchmal mit einer spöttischen Anmerkung: »Vorsicht, dass man sich nicht vergiftet.«

Während Sophie Scholl sich in München einlebt, bereitet die Wehrmacht im Geheimen das »Unternehmen Blau« vor. So nennen die Generäle und ihr Feldherr die deutsche Sommeroffensive an der Ostfront. Am 1. Juni 1942 kommen führende Militärs im Hauptquartier der Heeresgruppe Süd in Poltawa, westlich von Charkow, mit Adolf Hitler zusammen. Der Oberkommandierende geht mittlerweile von einem langen Konflikt mit Stalin aus. Sein Konzept vom »Blitzkrieg« ist gescheitert.

Stalingrad, die Stadt, die nach seinem Gegner benannt wurde und die viele Rüstungsbetriebe beherbergt, will Hitler ausgeschaltet wissen. Von dort aus soll die Wehrmacht rasch weitermarschieren. Ein wichtigeres Ziel aber sind für ihn die Ölfelder im Kaukasus. Er plant, mit einem großangelegten Vorstoß die Sowjetunion von den entscheidenden Rohstoffquellen abzuschneiden. »Wenn ich das Öl von Maikop und Grosny nicht bekomme«, erklärt Hitler kurz vor dem Beginn der Sommeroffensive gegenüber einigen Generälen, darunter auch Friedrich Paulus, »dann muss ich diesen Krieg liquidieren.«

Paulus war im Vorjahr einer der entscheidenden Planer des »Unternehmens Barbarossa«. Er wusste von Anfang an, dass sein »Führer« nicht nur militärische Ziele verfolgte, sondern einen Vernichtungskrieg gegen Juden und Bolschewiken führen will. Nun, ein Jahr später, sitzt er nicht mehr am Kartentisch, sondern führt trotz mangelnder Erfahrung als Kommandeur den schlagkräftigsten militärischen Großverband der Wehrmacht. Paulus soll an der Spitze seiner 6. Armee dafür sorgen, dass der Widerstand der Verteidiger einbricht.

Für Fritz Hartnagel bedeuten die Pläne Hitlers und seiner Generäle, dass er und seine Nachrichtenkompanie nicht lange in Mariupol bleiben. Sie verlegen ihr Feldlager gut 100 Kilometer nach Osten. Die Luftwaffeneinheit quartiert sich in einem Dorf ein, dessen Namen Hartnagel seiner Freundin in München nicht verraten darf. Diese Information unterliegt der Geheimhaltung. »Briefe von der Front in die Heimat, aber auch von der Heimat an die Front dürfen keine Mitteilungen über Zusammensetzung, Ausrüstung, Gefechtsstärke, Einsatz, Unterkunft usw. des eigenen Truppenteils oder anderer Truppenteile enthalten, ferner nichts über deutsche Kampfabsichten, Truppenverschiebungen, Einzelheiten der Stellung, Nachteiliges über Stimmung und Verpflegung der Truppe, Einziehung bestimmter Jahrgänge usw.«, heißt es in einer offiziellen Broschüre über die Feldpost. »All dies ist für den gegnerischen Nachrichtendienst von größter Bedeutung.« Als Offizier und Vorgesetzter hält sich Hartnagel an die meisten dieser Vorgaben.

In die schweren Kämpfe an der Ostfront greift sein Trupp vorerst nicht ein, Hartnagels Kompanie bleibt in dem Dorf. Der Oberleutnant hat seine Unterkunft im Obstgarten eines Bauern aufschlagen lassen – ein Paradies, wenn nur die Insekten nicht wären. Schwärme von Mücken setzen den Deutschen zu.

Zusammen mit einigen Kommilitonen besuchen Hans und Sophie Scholl am 3. Juni 1942 einen literarischen Abend im Haus von Bekannten. Dort treffen die Studenten Kurt Huber erstmals privat.

Nach der Lesung entwickelt sich eine Diskussion darüber, wie man einer Diktatur widerstehen könne. Während sich Hans Scholl und Huber einig sind, dass man aktiv werden müsse, lehnen andere offenen Widerstand grundsätzlich ab. Christoph Probst etwa sagt, er habe Kinder und sein Staatsexamen müsse er auch noch ablegen. Derlei Überlegungen kommentiert Hans Scholl mit beißendem Spott: »Wir mieten uns eine Insel in der Ägäis und machen weltanschauliche Kurse.« Huber stimmt ihm zu: »Man muss etwas tun und zwar heute noch«, fordert er leidenschaftlich und regt sich zunehmend auf. »Vergessen Sie Ihr Drecksexamen«, schimpft der Professor schließlich. In diesem Moment ignoriert er die Gefahr, denunziert zu werden. Schließlich wird er von NSDAP-Funktionären trotz seines Eintritts in die Partei weiterhin belauert. Huber gilt als Quergeist. An den Leseabend mit ihm erinnern sich die Teilnehmer lange.

Nur drei Tage nach der hitzigen Debatte steht der nächste Leseabend für Sophie und Hans Scholl an. Sigismund von Radecki trägt vor 20 Zuhörern aus seinem Werk vor. Der Schriftsteller stammt aus Riga, lebt in München und steht dem NS-Regime ebenso ablehnend gegenüber wie sein Publikum. Sophie Scholl ist begeistert. Sie lädt ihn sowie drei Freunde anschließend ein, noch mit zu ihr zu kommen. Radecki fahre leider drei Monate lang weg, danach sei er bereit, allerhand mitzumachen, berichtet Sophie Scholl ihren Eltern und den Schwestern in einem Brief. Was sie damit genau meint, behält sie in ihrem

Schreiben lieber für sich. Auch ihr Studium erwähnt sie in den erhaltenen Briefen kaum. Ein Bekannter fragt, welche Vorlesungen sie eigentlich höre. Und ihre Schwester Elisabeth zweifelt am akademischen Elan der Jüngeren: »Überhaupt muß ich Dich wieder einmal ausfragen: ich höre nur von Philosophierereien, Teetrinken, Segeln und an sich ist doch Dein Studium auch nicht gerade Nebensache und vielleicht doch ein konkretes Ding?«

Tatsächlich scheint Sophie Scholl dem Freundeskreis ihres Bruders mehr Zeit zu widmen. Mit Schmorell zeichnet, malt und gestaltet sie oft zusammen, sie engagieren gemeinsam ein Modell. Er notiert einmal: »Ohne Arbeit (unter Arbeit verstehe ich nur die bildhauerische) ist hier in Deutschland für mich der unerträglichste Zustand, den ich mir nur vorstellen kann.« Die junge Studentin teilt seine Leidenschaft für die Kunst – und schwärmt für ihn. Schmorell erwidert diese Gefühle nicht. »Shurik« hat sein Herz an Angelika Probst verloren, die Schwester seines Freundes. Und Sophie Scholl hängt doch auch nach wie vor an ihrem Fritz.

Von ihm erfährt sie, was beim Vormarsch im Osten passiert. Mal schreibt der Offizier von eher harmlosen Begebenheiten, mal berichtet er von Kriegsverbrechen. Am 9. Juni 1942 schildert er ihr, wie er zwei Notlandungen überstanden hat. Er war mit einem nach seinem Konstrukteur benannten Flugzeug, der Fieseler Fi 156 Storch, unterwegs. Diese Maschine ist so konzipiert, dass sie auch in Extremsituationen noch sicher zu Boden kommt, eine Eigenschaft, die Hartnagel mittlerweile sehr zu schätzen weiß. Zuerst war dem Piloten in der Luft der Treibstoff ausgegangen. Nur mit Mühe hatte er die Fieseler heil heruntergebracht. Dann, nach Auftanken und erneutem Start, war er aufgrund fehlerhafter Navigation gut 200 Kilometer in die falsche Richtung geflogen und musste noch einmal außerplanmäßig landen, um sich zu erkundigen, wo er sich befand. Bei der Weiterreise nach Charkow schließlich, einer der größten Städte der Sowjetrepublik Ukraine, geriet Hartnagel dann auch noch in ein Gewitter.

Eine Woche später schreibt er Sophie Scholl, wie sehr ihn die Gesellschaft mit anderen Offizieren belaste. »Leider bin ich zur Zeit mehr denn je verpflichtet, an mancherlei Festen und Feiern teilzunehmen, deren ganzer Inhalt nur durch große Mengen Alkohol hervorgerufen wird«, klagt er. »Mit welch widerwärtigen Gefühlen komme ich oft von solchen Abenden zurück!«

Am besten versteht er sich mit seinem Burschen. Der junge Soldat, der auch sein Fahrer ist, gehörte der katholischen Jugendbewegung an und kennt viele Fahrtenlieder, die früher auch Hartnagel und Scholl gesungen haben. Mit der Gestapo hat der Soldat ebenfalls seine Erfahrungen gemacht. Wie Hartnagel selbst steht er dem NS-Regime ablehnend gegenüber, er versorgt seinen Vorgesetzten sogar mit kritischen Texten wie den als hochverräterisch geltenden Predigten des Bischofs von Münster, Clemens August Graf von Galen. Das zeigt, wie sehr sich die beiden vertrauen. Wer solche Reden weitergibt, kann dafür im Gefängnis oder auch im Konzentrationslager landen.

In einer der Predigten von Galens, die von Widerstandsgruppen vervielfältigt und verbreitet wurde, heißt es: »Jetzt wird auch das 5. Gebot ›Du sollst nicht töten!‹ beiseite gesetzt und unter den Augen der zum Schutz der Rechtsordnung und des Lebens verpflichtenden Stellen übertreten, da man es sich herausnimmt, unschuldige, wenn auch kranke Mitmenschen vorsätzlich zu töten, nur weil sie unproduktiv sind, keine Güter mehr produzieren können!« Von Galen war seinem Gewissen gefolgt und hatte den Mord an »Geisteskranken« angeprangert. In anderen Predigten hatte er aber durchaus das Regime gestützt und von seiner Hoffnung auf einen Sieg gegenüber den Bolschewisten gesprochen.

So erklärte Galen am 20. Juli 1941, Christen machten keine Revolution. Im selben Jahr äußerte er die Hoffnung auf ein »siegreiches Kriegsende« für Deutschland. Und am Tag des deutschen Überfalls auf die Sowjetunion sagte der Bischof: »Wenn ich könnte, würde ich mitgehen gegen den Bolschewismus.«

Zum Freundeskreis um Hans Scholl und Alexander Schmorell zählt nun auch ein Kommilitone aus dem Saarland. Willi Graf studiert seit April 1942 ebenfalls Medizin und gehört zur selben Kompanie. Er notiert am 13. Juni in seinem Tagebuch: »Gespräch mit Hans Scholl. Hoffentlich komme ich öfter mit ihm zusammen.« Über was sie geredet haben, verrät Graf nicht. Ständig müssen er und andere Regimekritiker fürchten, von einem Spitzel an die Gestapo denunziert zu werden. In einem solchen Fall könnte sein Tagebuch bei einer Hausdurchsuchung gefunden und gegen ihn verwendet werden.

Graf hat bereits mehrere Einsätze als Soldat hinter sich, auch in Russland war er schon. »Der Krieg gerade hier im Osten führt mich an Dinge, die neuartig und fremd wie nichts bisher Bekanntes sind«, schrieb er im Februar 1942 an seine jüngere Schwester, »vieles wird Dir unmöglich erscheinen.« In seinem Tagebuch notierte er, dass ein russisches Dorf von den Bewohnern geräumt worden sei, »gegen Mittag Feldgendarmerie, Tränen überall.« Nach der Räumung hatte es offenbar »heftige Diskussionen« hinsichtlich des Vorgehens der Deutschen gegeben: »das ist häßlich. Hier lassen sich keine Worte finden.« Immer wieder drückt Graf in seinem Tagebuch sein Mitgefühl mit der Bevölkerung aus: »Man kann es kaum mit ansehen«, heißt es einmal. So viel Empathie gegenüber Zivilisten an der Ostfront findet sich selten bei deutschen Soldaten. Graf zweifelt manchmal an sich, fragt sich, ob er zu weich sei oder zu wehleidig.

Am 18. Juni 1942 schickt Hartnagel abermals einige Zeilen an Sophie Scholl. Er klagt, dass er immer noch keine Nachricht von ihr erhalten habe, seit mehr als vier Wochen, wobei ihm klar ist, dass das nicht an ihr liegt, sondern an der Feldpost. Der Offizier fragt, was seiner Freundin zugestoßen sei, ob sie das Studium befriedige, was sie in ihrer Münchner Umgebung empfinde. Er schreibt vom Alltag im Krieg, von seinem argen Sonnenbrand, den er sich in der Hitze zugezogen hat. Hartnagel plaudert ein wenig, er will seiner Sophie nah sein, trotz der Entfernung, trotz ihrer so unterschiedlichen Leben. Wenige Tage später trifft endlich die ersehnte Post bei ihm ein. Nun kann Hartnagel sich gleich über vier Schreiben aus München freuen.

Was sich die Soldaten und Zivilisten gegenseitig mitteilen, wollen die Generäle genau wissen, entsprechend überprüfen Zensoren die Feldpost und schwärzen Stellen, in denen zu drastisch aus dem Krieg berichtet und über Tod, Leid und Sorgen gesprochen wird. Die »Heimatfront« soll nicht beunruhigt werden. Verborgen bleibt die Zensur nicht – und das soll sie auch gar nicht. Mit Scheren schneiden die Kontrolleure die Umschläge auf und verschließen sie dann wieder mit einem bedruckten Klebestreifen: »Geöffnet – Feldpostprüfstelle«. Postkarten, die sie gelesen haben, versehen sie mit einem Stempel. Auch das soll die Schreiber disziplinieren. Wer weiß, dass seine Zeilen mitgelesen werden können, überlegt vorher genau, was er zu Papier bringt.

Eine flächendeckende Kontrolle aber gelingt den Zensoren nie. Lediglich stichprobenartig können die Feldpostprüfstellen die gewaltige Menge an Karten, Briefen, Päckchen und Paketen kontrollieren, Millionen Kuverts bleiben ungeöffnet. Die Zensoren suchen vor allem nach Passagen, in denen militärische Geheimnisse verraten, Gerüchte verbreitet oder Berichte über Kriegsverbrechen an Zivilisten übermittelt werden. Verstöße melden die Prüfer direkt an einen Offizier des Militärgeheimdienstes. Je nach Schwere der Verfehlung können so Briefschreiber vor einem Kriegsgericht landen, harte Urteile bis zur Todesstrafe sind möglich.

Dennoch erreichen persönliche Nachrichten über verlustreiche Kämpfe, fehlende Verpflegung oder mangelnde Ausrüstung tausendfach besorgte Angehörige zu Hause. Propagandaminister Joseph Goebbels beklagt im Januar 1942 in seinem Tagebuch die verheerende Wirkung der Feldpost aus der Sowjetunion: »Was unsere Soldaten von der Front in die Heimat schreiben, ist überhaupt nicht mehr zu beschreiben«, notiert er. Und weiter: »Hier wirkt sich eine menschliche Schwäche aus, gegen die man machtlos ist.«

Gleichzeitig nutzt die militärische Führung die ein- und ausgehenden Briefe und Karten, um ein »unverfälschtes Bild über die Stimmung der Truppe und Heimat« zu bekommen. Die Feldpostprüfstellen müssen die Ergebnisse ihrer Stichproben in Berichten zusammenfassen und immer zum Ersten jeden Monats bei der Abwehrabteilung III des Oberkommandos der Wehrmacht einreichen.

Hartnagel hat wenig Freizeit – er wüsste aber auch nicht viel damit anzufangen. Vom Kasino hält er sich so gut es geht fern. Er liest in den Newman-Büchern, die Sophie Scholl ihm geschenkt hat, schreibt Briefe, wandert durch die Natur. Manchmal trifft er auch Bekannte wie Dieter Daub, den Bruder seines Schwagers, der ebenfalls Offizier ist. Vor allem aber sehnt er sich nach seiner Freundin, er denkt ständig an sie, beim Einschlafen, beim Aufwachen, wenn ihn etwas freut, wenn er Frösche oder Falter beobachtet oder wenn er die Kerzen betrachtet, die in einem Halter aus Hufeisen brennen, den ihm sein Bursche geschmiedet hat.

Etwas Wesentliches, das sich in München zugetragen hat, erfährt Fritz Hartnagel nicht. Dort hat im Juni 1942 eine neue Widerstandsgruppe ihre Arbeit aufgenommen, die »Weiße Rose«. Kaum jemand weiß, dass Hans Scholl und Alexander Schmorell dahinterstecken. Wie sie auf den Namen kommen, bleibt unklar.

Scholl und Schmorell entwerfen gemeinsam Flugblätter, erstellen Abzüge und versenden sie. Die Auflage ist klein, etwa 100 Stück verbreiten sie von jedem Text, indem sie die Schriften anonym per Post an ausgewählte Adressen schicken. Einige Empfänger kennen sie gut, andere sind entfernte Bekannte, Buchhändler in München, Schriftsteller, Professoren und Kommilitonen. So finden Jürgen Wittenstein und Hubert Furtwängler das am 26. Juni 1942 abgesandte erste Flugblatt in ihren Briefkästen. Darin steht: »Nichts ist eines Kulturvolkes unwürdiger, als sich ohne Widerstand von einer verantwortungslosen und dunklen Trieben ergebenen Herrscherclique ›regieren‹ zu lassen.« Weiter heißt es, das deutsche Volk sei »in seinem tiefsten Wesen korrumpiert und zerfallen«. Auch an Kurt Huber geht die Schrift.

Scholl und Schmorell fordern ihre Leser auf, den Text zu vervielfältigen und weiterzuverteilen. Diesem Appell kommen wohl die wenigsten nach, viele Empfänger bringen die gefährliche Schrift gleich zur Polizei, andere werfen sie in den Müll. Dennoch erreichen einige Exemplare auch Adressaten weit weg von München. »Ein Einwohner in Brannenburg (Landkreis Rosenheim) erhielt aus München zwei Flugblätter der Weißen Rose zugeschickt«, heißt es in einem Monatsbericht der oberbayrischen Verwaltung. »Der Inhalt der Druckschrift ist im hohen Grade staatsfeindlich.«

Die Verfasser der Flugblätter schreiben von der Schmach, die über »uns und unsere Kinder kommen wird, wenn einst der Schleier von unseren Augen gefallen ist und die grauenvollsten und jegliches Maß unendlich überschreitenden Verbrechen ans Tageslicht treten«. Und sie appellieren an ihre Leser: »Leistet passiven Widerstand – Widerstand – wo immer ihr auch seid, verhindert das Weiterlaufen dieser atheistischen Kriegsmaschine, ehe es zu spät ist, ehe die letzten Städte ein Trümmerhaufen sind, gleich Köln, und ehe die letzte Jugend des Volkes irgendwo für die Hybris eines Untermenschen verblutet ist.«

Das Bombardement der Stadt hat Scholl und Schmorell geprägt. Sie wissen, wie stark die Gesellschaft durch die ständigen Luftschläge der Alliierten verunsichert ist. Deswegen sprechen sie die heftige Zerstörung Kölns so deutlich an. Mit dem »Untermenschen«, ein Kampfbegriff der NS-Propaganda, meinen sie Adolf Hitler. Was für eine Provokation.

Knapp acht Wochen lebt Sophie Scholl in München, als das erste Flugblatt erscheint. Traute Lafrenz gibt ihr ein Exemplar, das an ihre Wirtsleute geschickt wurde, zum Lesen. Die darin festgehaltenen Argumente kennt Sophie Scholl nur zu gut. Sie kennt diese Gedanken aus Gesprächen mit ihrem älteren Bruder und »Shurik« – und aus den Büchern, die sie lesen. Werke der in dem Flugblatt zitierten Autoren stehen in seinem Bücherschrank, etwa ein Band mit Texten von Friedrich Schiller: »Der Staat selbst ist niemals Zweck, er ist nur wichtig als eine Bedingung, unter welcher der Zweck der Menschheit erfüllt werden kann, und dieser Zweck der Menschheit ist kein anderer, als Ausbildung aller Kräfte des Menschen, Fortschreitung«, hat der Dichter einst festgehalten. »Hindert eine Staatsverfassung, daß alle Kräfte, die im Menschen liegen, sich entwickeln; hindert sie die Fortschreitung des Geistes, so ist sie verwerflich und schädlich, sie mag übrigens noch so durchdacht und in ihrer Art noch so vollkommen sein.« Diese Passage aus ›Die Gesetzgebung des Lykurgus und Solon‹ findet sich im I. Flugblatt der »Weißen Rose«.

Dass Hans Scholl und Alexander Schmorell Flugblätter herstellen und verteilen wollten, wusste Sophie Scholl sicherlich. Hätte sie sonst Fritz Hartnagel um Bargeld »für einen guten Zweck« und um einen Bezugsschein für einen Vervielfältigungsapparat gebeten? Vielleicht stammte die Idee, Aufrufe zu verfassen und zu verbreiten, sogar von ihr. Allerdings war Hans Scholl schon vor einigen Monaten von Flugblättern als Widerstandsmöglichkeit begeistert gewesen. Möglich ist auch, dass die Geschwister gemeinsam die Idee entwickelt haben. Hans Scholl will aber seine jüngere Schwester nicht in gefährliche Aktionen hineinziehen. Das Versenden der Schreiben erledigt er sicherlich zunächst allein mit Schmorell.

In kurzen Abständen folgen nun noch zwei weitere Flugblätter. In ihnen gehen Scholl und Schmorell auf die Vernichtung der adeligen Jugend in Polen ein sowie auf die Verschleppung von jungen Frauen in die Bordelle der SS. Vor allem aber hinterfragen sie die Rolle des Einzelnen im NS-Staat. Worin liegt die Verantwortung eines jeden Deutschen für die Verbrechen des Unrechtsstaates? Was kann jeder Einzelne tun, um nicht mitschuldig zu werden?

Scholl und Schmorell rufen zum Widerstand gegen den Nationalsozialismus, zu konkreten Aktionen auf: »Sabotage in Rüstungs- und kriegswichtigen Betrieben, Sabotage in allen Versammlungen, Kundgebungen, Festlichkeiten, Organisationen, die durch die nationalsozialistische Partei ins Leben gerufen werden. Verhinderung des reibungslosen Ablaufs der Kriegsmaschine – Sabotage auf allen wissenschaftlichen und geistigen Gebieten, die für eine Fortführung des gegenwärtigen Krieges tätig sind – sei es in Universitäten, Hochschulen, Laboratorien, Forschungsanstalten […].« Sie prangern die Gewaltverbrechen an und sezieren Hitlers Anmaßung und Unfähigkeit als Oberbefehlshaber. So schreiben sie, dass der »scheinbare Erfolg« im Osten »unter den grauenhaftesten Opfern erkauft worden« sei, »so daß er schon nicht mehr als vorteilhaft bezeichnet werden kann«. Wer habe all die Toten gezählt?, fragen sie ihre Leser. »Hitler oder Goebbels – wohl keiner von beiden. Täglich fallen in Rußland Tausende.« Scholl und Schmorell fordern ein sofortiges Ende des Krieges.

Die meisten Passagen stammen von Scholl. Für ihn sind die Folgen der Außenpolitik unter Hitler, die Lügen des Diktators und die Übergriffe auf andere Staaten und deren Bewohner von zentraler Bedeutung. Was im Osten passiert, die Untaten, die dort von Deutschen begangen werden, machen beide zum Thema. Schmorell klagt an, dass 300 000 Juden in Polen ermordet wurden. »Hier sehen wir das fürchterlichste Verbrechen an der Würde des Menschen, ein Verbrechen, dem sich kein ähnliches in der ganzen Menschheitsgeschichte an die Seite stellen kann.« Er hat selber jüdische Verwandte in Russland und muss um ihre Sicherheit fürchten. So versteht sich auch ein Satz, den er bereits in das zweite Flugblatt eingebracht hat: »Auch die Juden sind doch Menschen – man mag sich zur Judenfrage stellen, wie man will – und an Menschen wurde solches verübt.« Keine andere Widerstandsgruppe in Deutschland spricht den Massenmord an den Juden so deutlich an.

Beim bloßen Aufzählen der Schreckenstaten bleibt es aber nicht. Immer wieder appellieren Scholl und Schmorell an die Leser, selber aktiv zu werden. »Wenn viele mitmachen, dann kann in einer letzten, gewaltigen Anstrengung dieses System abgeschüttelt werden«, prophezeien die Autoren. Das ist ihre große Hoffnung: dass viele sich gegen den »Führerstaat« wenden. Dass sie mit den Flugblättern die Bevölkerung aufrütteln und aus ihrer Agonie, Angepasstheit und Angst holen können. Die Wut auf das Regime treibt die beiden Studenten an.

Nicht nur Sophie Scholl, auch Traute Lafrenz, die eine kurze, leidenschaftliche Beziehung mit Hans Scholl hatte und Alexander Schmorell vom gemeinsamen Studium der Medizin in Hamburg kennt, weiß sofort, dass beide etwas mit den Flugblättern zu tun haben. So manche Formulierung darin erinnert sie an die Lese- und Diskussionsabende mit den Freunden, die das, was dort besprochen wurde, nun in ihren Texten verdichtet haben. Sie stößt auf ein Zitat aus den Sprüchen Salomons, das sie vor Jahren mit ihrer regimekritischen Lehrerin Erna Stahl in Hamburg auswendig gelernt und später in vertrauter Runde in München vorgetragen hat. Es geht dabei um das Unrecht unter der Sonne und um die Tränen derjenigen, die darunter zu leiden haben.

Auch Jürgen Wittenstein vermutet gleich, wer hinter den Zeilen stecken könnte. Er fragt eines Tages seinen Kommilitonen Hans Scholl: »Sag' mal, das muß doch von dir sein.« Eine klare Antwort erhält er nicht. Und Hans Hirzel, ein Schüler aus Ulm, der ebenfalls ein Flugblatt erhalten hat, erkennt eine Wendung wieder, die Scholl ihm gegenüber in einem Gespräch verwendet hat: dem Rad der Geschichte in die Speichen greifen. Als er den Freund später darauf anspricht, lächelt dieser nur vielsagend.

Was Fritz Hartnagel in seinen Briefen von der Ostfront berichtet, entsetzt Sophie Scholl. »Es ist erschreckend, mit welcher zynischen Kaltschnäuzigkeit mein Kommandeur von der Abschlachtung sämtlicher Juden des besetzten Rußlands erzählt hat und dabei von der Gerechtigkeit dieser Handlungsweise vollkommen überzeugt ist«, schreibt er ihr am 26. Juni 1942, dem Tag, an dem das erste Flugblatt der »Weißen Rose« verschickt wird.

Hartnagel saß mit klopfendem Herzen dabei, als sich sein Vorgesetzter im Offizierskasino skrupellosen Vernichtungsideen hingab. In einem von den Deutschen beschlagnahmten Haus sprach der Kommandeur über die Ausrottung der Juden. Und er begrüßte diesen Völkermord auch noch. Bereits während seines ersten Einsatzes in Russland, im Sommer 1941, hat

Hartnagel ein Gespräch zwischen Offizieren mitgehört, in dem es um Massenerschießungen von Juden ging, die sie als Augenzeugen selber erlebt hatten. Nun wurden die schrecklichen Gerüchte, die kursierten, für ihn zur empörenden Gewissheit.

Solche Zusammenkünfte mit Offizierskollegen meidet Hartnagel, so gut es nur geht. Als seinerzeit in Frankreich ein Truppenarzt zu ihm sagte, er fände es richtig, dass die SS gefangene Soldaten aus den afrikanischen Kolonien kurzerhand erschieße, musste er das Gespräch abbrechen, um nicht die Fassung zu verlieren. Das sei Mord, erwiderte er nur, aber schon solche Äußerungen waren gefährlich. Und seinem Kommandeur öffentlich zu widersprechen, hätte unvorhersehbare Folgen für ihn gehabt.

Viele Stabs- und Frontoffiziere, vor allem die jüngeren Jahrgänge, sympathisieren mit Hitlers Idee vom Kampf um »Lebensraum im Osten«. Sie glauben, dass die rassisch Stärkeren sich durchsetzen müssen und Rücksicht auf Gegner oder Zivilisten in diesem Krieg auf Leben und Tod lediglich Schwäche wäre. Sie folgen der nationalsozialistischen, antisemitischen Weltsicht. Hartnagel gehört nicht dazu. Von seiner Euphorie für den Krieg und von der bedingungslosen Loyalität zur Staatsspitze hat Sophie Scholl ihn geheilt – und die Erfahrungen in diesem Krieg, die er selber gemacht hat.

An der Ostfront läuft am 28. Juni 1942 die »Operation Blau« an. Fast auf den Tag genau vor einem Jahr hat Hitler seinen Truppen den Überfall auf die Sowjetunion befohlen. Nun eröffnet die Armeegruppe von Maximilian Freiherr von Weichs auf einer Breite von 120 Kilometern die Sommeroffensive. Abermals stoßen deutsche Einheiten schnell vor und überraschen erneut die Verteidiger, die so überrumpelt sind, dass sie viele Stellungen räumen müssen.

Zwei Tage später geht dann auch die 6. Armee in die Offensive, Fritz Hartnagels Einheit, die sich im Moment noch im östlichen Donezbecken befindet, rückt nun auf Stalingrad vor. Der Feldzug bekommt den neuen Decknamen »Braunschweig«, die Ziele bleiben die alten. Die »den Sowjets noch verbliebene lebendige Wehrkraft« solle endgültig vernichtet werden, heißt es in der Weisung Nr. 41, »um sodann die Ölgebiete im kaukasischen Raum und deren Übergang über den Kaukasus« zu gewinnen. Damit unterscheiden sich Hitlers jüngste Kriegsziele kaum von denen der Obersten Heeresleitung im Ersten Weltkrieg. Hartnagel fühlt sich unter seinen Männern oft wie ein Fremder. Mit seinen beiden Leutnants wird er nicht warm und seine Soldaten verhalten sich oft unvernünftig. Der Kompaniechef muss sie zum Frühsport zwingen und immer wieder den Wachdienst kontrollieren. Drakonische Strafen lehnt der Oberleutnant dennoch ab. Und er steht für seine Soldaten ein. So kämpft Hartnagel Ende Juni 1942 um einen seiner Männer, der sich ohne Erlaubnis von der Truppe entfernt hat. Dafür soll er mit fünf Monaten Gefängnis bestraft werden. Nun schreibt Hartnagel, der Kompaniechef, ein Gnadengesuch. Er strenge sich an, als ob es um ein Todesurteil ginge, berichtet er Sophie Scholl.

Entspannung findet er beim abendlichen Spaziergang am Bach. Baden dürfen die Deutschen nicht darin, das haben die Militärärzte verboten. Dennoch mag Hartnagel das Gewässer. Die ganze Nacht über quaken Frösche an den Ufern. Und die Sonnenuntergänge bieten hier am Wasser ein herrliches Schauspiel.

Aus den Briefen von ihrem Fritz weiß Sophie Scholl, welchen Risiken er und seine Männer ausgesetzt sind, etwa wenn russische Flugzeuge einen Luftangriff auf das Dorf fliegen, in dem seine Einheit stationiert ist. Unmittelbar nachdem er dies einmal erlebt hat, traf Post von ihr bei ihm ein. »Da war natürlich der Schrecken schnell verflogen und ich freute mich nur noch über Deinen Brief«, schreibt er ihr daraufhin. »Du machst mich so froh mit Deinen Briefen. Da ist mir's als ob Du ganz nahe bei mir wärst und mein Herz fängt an zu klopfen als ob ich Dich in meinen Armen halten würde und unsere Gedanken in Liebe sich vereinen, wie in den seligsten Stunden unseres Zusammenseins.«

Hartnagels Schreiben aus dem Osten unterscheiden sich deutlich von der Feldpost, die viele andere deutsche Soldaten aus der UdSSR nach Hause schicken. Er verfällt nicht in das Vokabular der nationalsozialistischen Propagandisten, bei ihm geht es nicht um einen »Schicksalskampf« gegen »Untermenschen«. Hartnagel beschreibt die Russen und Ukrainer nicht als dreckig oder verlaust, er amüsiert sich nicht über deren Armut und Not wie so viele seiner Kameraden.

Nun soll Hartnagels Kompanie endlich weiterziehen. Ein Vorauskommando hat er bereits losgeschickt. Die geruhsamen Tage am Bach und die Mußestunden im Bauerngarten mit dem prächtigen Kirschbaum gehören der Vergangenheit an. Die Wiese mit den Kräutern, auf denen sein Zelt steht, wird Hartnagel bestimmt vermissen. Der Bauer, auf dessen Grund er übernachtet, hat 1933 zwei Kinder verloren. Eines starb an Hunger, das andere wurde bei einem Streit um Brot erschossen. Schuld seien die Bolschewiken gewesen, so schreibt er seiner Freundin, die in der Ukraine viel Getreide beschlagnahmt hätten, so dass den Menschen vor Ort zu wenig zum Leben blieb. Nun beuten die Deutschen die Region gnadenlos aus. Hartnagel passiert auf den Straßen immer wieder lange Kolonnen von Flüchtlingen. So verzweifelt und hungrig sind die Umherziehenden, dass sie ihren letzten Besitz gegen ein wenig Mehl oder Kohl eintauschen.

5. KAPITEL

Ostfront und Heimatfront

Juli bis November 1942

Am 8. Juli 1942 bricht Hartnagels Einheit auf, verlässt das Dorf mit den freundlichen Gastgebern. Für den Oberleutnant bedeutet das viel Stress. Von seinen 73 Fahrzeugen fällt unterwegs gut ein Dutzend aus. Die deutschen Wagen sind für die Wege in Russland und in der Ukraine einfach nicht geeignet. Tausende Wehrmachtsfahrzeuge verrecken auf den strapaziösen Pisten. Die wenigsten Routen sind befestigt, sie bestehen aus einer gewalzten Lehmschicht.

Ersatzteile zu beschaffen stellt den Kompaniechef oft vor kaum lösbare Probleme. Manchmal muss Hartnagel 500 Kilometer zurückfahren, um von einer zuständigen Versorgungsstelle das benötigte Material für die Reparatur zu holen. Die Laster und Personenwagen, die liegengeblieben sind und nicht mehr einsatzfähig gemacht werden können, lässt Hartnagel nach brauchbaren Teilen durchsuchen und ausschlachten. Danach bleiben die Wracks am Straßenrand zurück. Trotz der vielen Pannen rückt Hartnagels Einheit immer weiter vor. Ihr Etappenziel heißt Woroschilowgrad ganz im Osten der Ukraine. Deutsche Truppen haben die Stadt, die wegen der Hochöfen und Schmieden als wichtiges strategisches Ziel gilt, gerade erst erreicht. Bis 1935 hieß sie noch Luhansk, dann wurde sie nach einem sowjetischen Revolutionär, Politiker und Marschall umbenannt. Seit gut 130 Jahren liefern Fabriken dort

Material für die Streitkräfte, etwa Munition und Artilleriegeschosse.

Die Soldaten der Luftwaffe passieren ausgedehnte Felder voller Sonnenblumen. Auf den Höfen arbeiten Frauen und Mädchen, Männer sind kaum zu sehen. Das Brachland am Wegesrand schimmert bläulich. Hartnagel will sich den Blick für die Natur, für die kleinen Dinge bewahren. Ihm fällt ein Schmetterling mit dunkelbraunen, samtenen Flügeln auf, der sich direkt vor ihm niederlässt.

Zunächst campieren der Offizier und seine Männer bei Artemnowsk in einem schönen Wald, ein paar Tage später erreichen sie die Region östlich von Woroschilowgrad. Hartnagels Einheit kämpft nicht ganz vorn gegen die Rote Armee, aber die Gefechte sind nie weit weg. Versprengte sowjetische Soldaten versuchen, sich hinter den deutschen Linien zu sammeln. Immer muss seine Einheit damit rechnen, angegriffen zu werden. Aber es gibt auch andere Probleme. Ein heftiger Regen verwandelt die Umgebung ihres Standorts blitzartig in unwegsames Gelände, die Wege sind nun mit Schlamm bedeckt. Meter für Meter schieben sich die Wagen in einer schier endlosen Karawane durch den Matsch voran.

Am 12. Juli 1942 erscheint in München eine weitere Schrift der »Weißen Rose«. Innerhalb von nur zwei Wochen haben Hans Scholl und Alexander Schmorell vier Flugblätter entworfen und verbreitet.

In ihrem IV. Flugblatt, das sie noch im Sommer 1942 verteilen, heißt es: »Überall und zu allen Zeiten der höchsten Not sind Menschen aufgestanden, Propheten, Heilige, die ihre Freiheit gewahrt hatten, die auf den einzigen Gott hinwiesen und mit seiner Hilfe das Volk zur Umkehr mahnten.« Sie appellieren an das Gewissen der Leser, sie versuchen, gläubige Menschen anzusprechen: »Gibt es, so frage ich Dich, der Du ein Christ bist, gibt es in diesem Ringen um die Erhaltung Deiner höchsten Güter ein Zögern, ein Spiel mit Intrigen, ein Hinausschieben der Entscheidungen in der Hoffnung, dass ein anderer die Waffen erhebt, um Dich zu verteidigen?« Und weiter: »Wir müssen das Böse dort angreifen, wo es am mächtigsten ist, und es ist am mächtigsten in der Macht Hitlers.« Mit solchem religiösen Pathos steht die »Weiße Rose« nicht allein. Auch Thomas Mann nennt in seinen Ansprachen und in seiner monatlichen Radiosendung »Deutsche Hörer« in der BBC den Nationalsozialismus »die Bosheit der Hölle« und den Krieg gegen Hitler-Deutschland eine »heilige Notwehr der Menschheit gegen das schlechthin Teuflische«.

Scholl und Schmorell versuchen, möglichen Angriffen der NS-Propaganda zuvorzukommen. »Wir weisen eindrücklich darauf hin, daß die Weiße Rose nicht im Solde einer ausländischen Macht steht. Obgleich wir wissen, daß die nationalsozialistische Macht militärisch gebrochen werden muß, suchen wir eine Erneuerung des schwerverwundeten deutschen Geistes von innen her zu erreichen.« Das Flugblatt schließt mit einer Ankündigung: »Wir schweigen nicht, wir sind Euer böses Gewissen; die Weiße Rose läßt Euch keine Ruhe!«

Einer Freundin teilt Sophie Scholl am Tag des Erscheinens des IV. Flugblatts mit, dass sie das anstehende Semesterende bedauere, »vor allem, weil sich jetzt schon so viele schöne Dinge angebahnt haben«. Was sie damit konkret meint, verrät sie nicht. »Aber die werden sich ja im Herbst fortsetzen lassen.« Und in einem weiteren Brief an einen Bekannten deutet sie an: »In diesem Jahr wird noch eine Entscheidung fallen. Mit jeder Faser seines Wesens wartet man auf sie.«

Die militärische Lage in der Sowjetunion sieht im Sommer 1942 für die Deutschen relativ günstig aus. Schnell sind die Panzerverbände vorgestoßen und haben den Gegner in die Defensive gedrängt. Dennoch ist Hartnagel eher pessimistisch. Er fürchtet, dass er seine Sophie eine lange Zeit nicht mehr sehen wird, denn er ist sich sehr sicher, dass er und seine Einheit den Winter in der Sowjetunion verbringen werden. Dabei wünscht er sich doch so sehr, dass sie endlich über ihre gemeinsame Zeit frei verfügen können.

Adolf Hitler reichen die bisherigen Geländegewinne seiner Truppen in der Sowjetunion nicht. Am 13. Juli 1942 enthebt er Generalfeldmarschall Fedor von Bock seines Postens und versetzt ihn in die Reserve. Der hochdekorierte Offizier hat die Heeresgruppe Süd geleitet und kritisiert, dass sein Oberbefehlshaber gleichzeitig Stalingrad und den Kaukasus angreifen will. Das gefällt Hitler nicht, dem außerdem der Vormarsch nicht energisch und nicht schnell genug vorangeht. Ständig schimpft er auf seine Generäle, die er für zu zaghaft hält. Bereits von Bocks Vorgänger musste nach Differenzen mit dem »Führer« gehen, ebenso so mancher andere General in den vergangenen Monaten.

Hitler misstraut den meisten seiner Spitzenmilitärs, denn er ist davon überzeugt, dass sein Feldzug in Russland bislang nur deshalb so wenig Erfolg zeigt, weil die Heeresführung nicht konsequent agiert. Nun plant er weit voraus. Der 6. Armee befiehlt er, nach der Einnahme Stalingrads, mit der er fest rechnet, nach Norden zu schwenken und dann dem Verlauf der Wolga zu folgen. In einer gewaltigen Klammerbewegung will er, von Osten und von Westen kommend, endlich Moskau einschließen und den russischen Widerstand brechen. Die 4. Panzerarmee zieht er ab. Damit endet ihr Vorstoß auf den Donbogen und Stalingrad. Der »Führer« beordert den Verband nach Süden. Bei Rostow soll er den Don überqueren und ebenfalls zu den Ölquellen im Kaukasus vorstoßen.

Um seinen Soldaten und der Front näher zu sein, verlegt Adolf Hitler seine Operationszentrale am 16. Juli 1942 nach

Winniza in der Ukraine. Dort trägt sein »Führerhauptquartier« den Namen »Werwolf«. Den Frankreichfeldzug hatte er aus der »Wolfsschlucht« verfolgt. Hitler mag die Verweise auf Raubtiere, selbst wenn sie der Sage entstammen, schließlich nannte er sich in den »Kampftagen der Bewegung« selber »Herr Wolf« und hat sich in der letzten Zeit auch vor allem in der »Wolfsschanze« bei Rastenburg aufgehalten. In der Nähe der Stadt hat die Organisation Todt, ein paramilitärischer Bautrupp, im Fort Görlitz eine gewaltige Bunkeranlage errichtet. Dort plante Hitler mit seinen Generälen sowohl den Überfall auf die Sowjetunion als auch die Sommeroffensive. Besucher empfinden die »Wolfsschanze« oft als ein wenig düster und feucht: Die Baracken und Bunker machen einen trostlosen Eindruck, der dichte Wald um die Anlage herum dient der Tarnung, und die Gebäude, deren Fassaden mit dunklem Mörtel bestrichen sind, werden von feuerfesten Netzen verdeckt.

Das »Führerhauptquartier Werwolf« allerdings sieht auch nicht freundlicher aus. Die Holzhäuser, die dort stehen, sind zwar groß, aber ansprechend wirken sie nicht. Außerdem belästigen Abertausende Mücken den Stab. Aber immerhin trifft dort eine für Hitler erfreuliche Meldung ein. Er erfährt, dass deutsche Einheiten am 17. Juli den Don erreicht haben. Der Vormarsch geht voran. Am selben Tag vermeldet der Wehrmachtsbericht ganz offiziell: »Die Eisenbahnlinie vom Donez-Gebiet nach Stalingrad ist überschritten.«

Vorausabteilungen der 6. Armee überschreiten den Tschir, einen Nebenfluss des Don. »Eine deutsche Armee«, so heißt es im Wehrmachtsbericht vier Tage später, »hat sich dem Don-Abschnitt westlich Stalingrad auf 80 km genähert.« Da der Name der Stadt nun ganz offen genannt wird, macht auch Fritz Hartnagel keinen Hehl daraus, dass Stalingrad sein Ziel ist. Am 22. Juli erwähnt er die Metropole Scholl gegenüber das erste

Mal. Er leidet darunter, nicht zu wissen, wie es seiner Freundin in München geht. Zwei Monate hat er sie nicht gesehen.

Seine Sehnsucht verpackt er in diesen Tagen in einige emotionale Zeilen: »Und oft in dem schlimmsten Durcheinander erscheinst Du mir plötzlich wie ein Sonnenstrahl, der durch die Wolken bricht und der mir zeigt, dass auch hinter dieser verfinsterten Wolkendecke noch so unendlich Vieles und Schönes liegt.«

Sophie Scholl vermisst ihn ebenfalls und fürchtet, dass ihrem Freund etwas geschehen könnte. Sorgen macht sie sich aber nicht nur um ihren Fritz, der mit seinen Soldaten im Osten immer weiter vorrückt. Auch ihr älterer Bruder, Schmorell, Graf, Furtwängler und Wittenstein erhalten eine Abkommandierung nach Russland. Ihre Famulatur soll an der Ostfront stattfinden. Für Hans Scholl beginnt damit im Juli 1942 sein zweiter Kriegseinsatz.

Am Abend vor der Abfahrt der Studentenkompanie nach Russland, am 22. Juli 1942, treffen sich die Medizinstudenten mit ihren Freunden im Atelier von Manfred Eickemeyer in der Leopoldstraße. Zwölf bis fünfzehn überwiegend junge Leute haben sich eingefunden: Sophie und Hans Scholl, Christoph Probst, Willi Graf, Alexander Schmorell, Traute Lafrenz und Katharina Schüddekopf, die bei Kurt Huber promoviert. Auch der Professor ist dabei. Hans Hirzel, der aus Ulm dazugestoßen ist, wundert sich über die offene Atmosphäre. Obwohl von passivem Widerstand gegen das Regime die Rede ist und die Gespräche den Tatbestand des Hochverrates erfüllen, benutzt keiner der Gäste einen Decknamen. Hans Scholl wirft die Frage auf, wie sie sich im Krieg verhalten sollen. Hier gehen die Meinungen auseinander. Schmorell will an der Front nicht auf Gegner schießen, während einige seiner Freunde die Absicht haben, »ihren Mann zu stehen«. Hubers Zorn richtet sich gegen die Militärs: »Die Generäle, die gehören alle an die Wand gestellt«, ruft er aus. Sophie Scholl sagt nicht viel zu diesen Punkten. Sie hält sich in größeren Gruppen meist zurück.

Früh am nächsten Morgen bricht Sophie Scholl mit dem Fahrrad zum fünf Kilometer entfernten Ostbahnhof auf, wo sie ihrem Bruder und den Freunden, die nach Russland müssen, Lebewohl sagen will. Bereits um sieben Uhr müssen die angehenden Mediziner am Treffpunkt sein. Sophie Scholl lehnt das Rad an einen Zaun. Dann sucht sie ihren Bruder Hans.

An diesem 23. Juli verabschieden sich die jungen Männer von ihren Familien und Bekannten. Auch Christoph Probst ist gekommen, um den Freunden alles Gute zu wünschen. Hans Scholl und seine Kommilitonen, allesamt in Uniform, haben gute Laune, obwohl sie an die Front müssen, Sophie Scholl hingegen, mit einer frischen Blume am Revers, ist recht ernst. Vier Stunden lang müssen die Studenten am Bahnhof ausharren, um elf Uhr rollt der Zug dann endlich Richtung Osten. Scholl, Schmorell, Graf, Furtwängler und Raimund Sammüller, ein weiterer Freund, teilen sich ein Abteil. In dieser Gruppe können sie offen sprechen – nur nicht zu laut, denn besonders dick sind die Wände im Zug nicht. Als Furtwängler Schmorell und Scholl fragt, ob *sie* die Flugblätter der »Weißen Rose« verfasst haben, huscht ein Lächeln über ihr Gesicht. Furtwängler versteht das als »Ja«.

Sophie Scholl kehrt zu dem Platz zurück, an dem sie das Rad abgestellt hat, doch es ist verschwunden. Bestimmt wurde es gestohlen. Nun weiß sie nicht, wie sie das Traute Lafrenz erklären soll, von der sie es sich geliehen hat. Neue Räder sind im Krieg kaum zu bekommen.

Am selben Tag dringen Einheiten der Wehrmacht in die Stadt Rostow ein, die für die Deutschen als Tor zum Kaukasus dienen soll. Die Verteidiger haben zunächst entschlossen gekämpft, sich dann aber zurückgezogen. Die Angreifer verbreiten, die Russen seien geflohen. Wie so oft kann man diesen Angaben nicht trauen.

Die Deutschen verbinden mit der Stadt eine schmerzvolle Vorgeschichte. Bereits im Vorjahr hatten sie Rostow erobert, aber im November nur wenige Tage halten können. Dann gelang es der Roten Armee erstmals, eine von Deutschen besetzte Stadt zurückzuerobern.

Das Vertrauen in Adolf Hitler hat der Chef des Generalstabes des Heeres, Franz Halder, schon lange verloren. Ihn besorgt die Überheblichkeit, die die politische und militärische Führung gepackt hat. Im »Führerhauptquartier« in der Ukraine erstattet er am 23. Juli Hitler Bericht. Der Generaloberst teilt mit, die Rote Armee weiche den deutschen Truppen aus, es wirke so, als ob der Gegner geordnet vorgehe. Wie so oft unterbricht Hitler seinen Vortrag. »Unsinn! Der Russe flieht«, ruft der Oberbefehlshaber der Wehrmacht aufgebracht aus. »Er ist nach den Schlägen, die wir ihm in den letzten Monaten versetzt haben, völlig am Ende.«

Obwohl Halder weiß, dass Hitler es nicht leiden kann, wenn ihm jemand widerspricht, setzt er wieder an. Die Masse des Feindes weiche zwar zurück, nehme aber meist sogar die schweren Waffen mit und rücke in Richtung Stalingrad vor. So sehe keine Flucht aus. Die gegnerischen Einheiten seien intakt.

Adolf Hitler hat bereits einen Plan, Fakten und Warnungen, die nicht in sein Bild passen, stören nur. So entscheidet er, dass drei Armeen die Russen im Vorfeld des Kaukasus rasch packen, einkesseln und vernichten sollen. Gleichzeitig soll die 6. Armee den russischen Kräften, die an die Wolga geflüchtet sind, »im Raum Stalingrad den Todesstoß versetzen«. Der »Führer« instruiert den Generalstabschef: »Das Schwergewicht aber muss beim Angriff der Heeresgruppe A gegen den Kaukasus liegen.« Gegen Stalingrad wendet er lediglich eine Armee auf.

Seine Ideen lässt Hitler in der Weisung für die Kriegsführung Nr. 45 festhalten. Er teilt die bisherige Heeresgruppe Süd in die Heeresgruppen A und B auf. Letztere sieht er für den Schlag gegen Stalingrad vor. Der Befehl lautet: »Die dort im Aufbau befindliche feindliche Kräftegruppe zu zerschlagen, die Stadt selbst zu besetzen und die Landbrücke zwischen Don und Wolga sowie den Strom selbst zu sperren.«

Heeresgruppe A soll währenddessen durch den Kaukasus zum Kaspischen Meer vorrücken, um Ölfelder bei Grosny und Baku unter deutsche Kontrolle zu bringen. Halder und andere Generäle drängen darauf, die Kräfte nicht zu zersplittern. Erst müsse Stalingrad genommen werden, danach könne der Kaukasus das Ziel sein. Doch wie so oft in den vergangenen Jahren ignoriert Hitler die Meinung des Generalstabschefs des Heeres. Der Diktator folgt lieber seinen Eingebungen als den Ratschlägen seiner Generäle.

Im Tagebuch vermerkt Halder am selben Tag, die Unterschätzung der feindlichen Möglichkeiten nehme »allmählich groteske Formen« an. Das sei »gefährlich«. Mehr noch: »Es wird immer unerträglicher. Von ernster Arbeit kann nicht mehr die Rede sein. Krankhaftes Reagieren auf Augenblickseindrücke und völliger Mangel in der Beurteilung des Führungsapparates.«

Allerdings liegt auch Halder nicht immer richtig mit seinen Prognosen bezüglich der Roten Armee. Bereits Mitte Juli 1941 hat der Generalstabschef in seinem Tagebuch den Krieg für gewonnen erklärt. Das ist nun ein Jahr her. Und entschieden ist an der Ostfront noch nichts.

In Warschau, wo die Sanitätsfeldwebel aus München am 26. Juli 1942 ankommen, bekommen sie eine zweitägige Pause. Die Freunde sehen sich das im Herbst 1940 von den Nationalsozialisten errichtete Warschauer Ghetto an, in dem Hunderttausende Juden unter menschenunwürdigen Bedingungen zusammengepfercht wurden, um von hier aus in die Vernichtungslager deportiert zu werden. Die Ghettos in Polen sind ein beliebtes Ziel für Soldaten und andere Staatsdiener, die in das Generalgouvernement kommen. »Gestalten bewegen sich dort auf den Straßen, die unheimlich aussehen«, schreibt ein Beamter über das Ghetto in Lublin an seinen Sohn in Deutschland. »Affen sehen dagegen sauber und menschenähnlicher aus.« Während so mancher Besucher sich über die eingesperrten Bewohner lustig macht, empfinden die Münchner Studenten Mitleid. »Das Elend sieht uns an. Wir wenden uns ab«, notiert Willi Graf. Und Hans Scholl berichtet seinen Eltern nach Hause: »Warschau würde mich auf Dauer krank machen.« Er schildert die Not, schreibt von Ruinen, halbverhungerten Kindern auf der Straße, die um Brot betteln. Wenig später schicken die Freunde eine etwas verklausulierte Nachricht an Kurt Huber in München: »Die Stadt, das Ghetto und alles Drum und Dran hatte auf alle einen sehr entscheidenden Eindruck gemacht.« Deutlicher werden sie nicht, aber es wird klar, wie sehr ihnen das Vorgehen ihrer Landsleute missfällt.

Nach der Abfahrt der Studentenkompanie fühlt Sophie Scholl eine große Leere. Am 27. Juli schreibt sie an Lisa Remppis: »Hans ist letzte Woche nach Russland gekommen mit allen den andern, die mir im Laufe der vergangenen Wochen und Monate zu Freunden geworden sind. Jedes kleine Wort und jede kleine Gebärde des Abschieds ist noch so lebendig in mir; ich hätte nicht geglaubt, dass ich so an ihnen allen, vor allem an Hans, hänge. Hoffentlich können wir uns alle gesund wiedertreffen.« In Kürze endet ihr erstes Semester, zu Beginn der Sommerferien reist sie heim nach Ulm. Dort wird sich ihr Vater bald vor einem Sondergericht wegen »Heimtücke« verantworten müssen.

Robert Scholl hat gegenüber seiner Sekretärin viel zu offen gesprochen, den Krieg als bereits verloren und Adolf Hitler als die »größte Gottesgeißel für Europa« bezeichnet. »Das merkt ja jeder, auch wenn er von Politik nichts versteht, daß in Deutschland in zwei Jahren ein Chaos ist und die Bolschewiken bis dahin Berlin besetzt haben«, hat er prophezeit, dann konstatiert, dass es bei diesem Krieg nicht ums Vaterland gehe, sondern um die Macht der Partei, und schließlich hinzugefügt: »So, jetzt kannst du mich vernichten, denn wenn man heute so etwas sagt, wird man erschossen.«

Kurz darauf meldete die Frau die Aussagen ihres Chefs tatsächlich der NSDAP. Und das, obwohl sie die Familie gut kannte und von Inge Scholl seinerzeit dazu gebracht worden war, Jungmädelführerin im BDM zu werden.

Der Kreisleiter der NSDAP zeigte Scholl daraufhin an und nannte ihn gegenüber der Staatsanwaltschaft einen üblen Reaktionär und gehässigen Gegner des Nationalsozialismus, der es meisterhaft verstehe, sich in politischer Hinsicht zu tarnen und dessen politische Zuverlässigkeit zu verneinen sei. Drei Gestapobeamte durchsuchten daraufhin die Wohnung am Münsterplatz und nahmen den Vater fest. Der Oberstaatsanwalt beim Sondergericht Stuttgart teilte am 20. Mai 1942 dem Reichsministerium in Berlin mit: »Wegen der Schwere seiner Äußerungen befürworte ich die Strafverfolgung.«

Die Nationalsozialisten hatten am 20. Dezember 1934 das »Gesetz gegen heimtückische Angriffe auf Staat und Partei und zum Schutz von Parteiuniformen« erlassen. Es sollte zur Absicherung der Macht und zum Kampf gegen alle politischen Gegner dienen. In manchen Monaten wurden ebenso viele Menschen wegen Witzen über Hitler und seinen Staat in Haft genommen wie wegen kommunistischer Umtriebe. Jegliche Kritik am Regime war nun eine Straftat – »Heimtückevergehen« wurden vor Sondergerichten angeklagt. Das stand nun auch Robert Scholl bevor. Die Strafe für ein solches Vergehen konnte hoch sein.

Während die Medizinstudenten aus München die polnische Hauptstadt erkunden, erlässt Stalin eine harte Verordnung. Am 28. Juli erteilt er den Befehl Nr. 227. Darin verlangt der Machthaber, dass seine Rote Armee »keinen Schritt zurück« gehe. »Beharrlich, bis zum letzten Blutstropfen« müsse jede Stellung und jeder Meter sowjetischen Bodens gehalten werden. Soldaten, die vor dem Feind wegliefen, seien als »Feiglinge« zu betrachten und sollten sofort erschossen oder in ein Strafbataillon versetzt werden. Auch gegen ihre Familien kündigt Stalin harte Sanktionen an. Der Geheimdienst NKWD jagt nun Deserteure und Verräter, die den Deutschen nicht genügend Widerstand leisten. Selbst seinen eigenen Sohn Jakow, der von Soldaten der Wehrmacht gefangengenommen und in ein Lager eingesperrt wurde, rettet Stalin nicht. Er landet im KZ Sachsenhausen.

Fritz Hartnagel sitzt endlich einmal wieder an einem richtigen Tisch, um einen Brief zu schreiben, er hat Tinte und Feder ausgepackt, Kerzen angezündet. Am 30. Juli 1942 finden er und seine Soldaten ein wenig Ruhe. Der Vormarsch auf Stalingrad stockt, die sowjetischen Soldaten wehren sich entschlossener gegen die deutsche Offensive als erwartet, seit drei Tagen verharrt die Luftwaffeneinheit am selben Ort. Gemütlich ist es hier nicht in dem hügeligen Brachland um sie herum. Der nächste brauchbare Brunnen ist 20 Kilometer entfernt, Hartnagel hat das Trinkwasser für seine Kompanie bereits rationiert. Das Lager liegt in der prallen Sonne, nichts spendet hier Schatten, in der öden Steppe stehen keine Bäume oder Büsche, die brütende und schwüle Hitze lähmt alle. Abends aber wird es bereits empfindlich kalt.

Dennoch genießt die Einheit die Pause auf dem Vormarsch.

Nach Wochen auf schlammigen und von Löchern übersäten Straßen erholt sie sich vom unentwegten Unterwegssein, Hartnagel freut sich, endlich ein wenig Muße zum Lesen zu haben: den zweiten Band von Kardinal Newman. Sein Zelt ist für ihn wie ein Zuhause. Drei mal drei Meter ist es groß, den Boden bildet eine Segeltuchplane, darauf liegt eine Bastmatte. Als Möblierung dienen ein von einem Moskitonetz abgeschirmtes Feldbett, ein Tisch und ein Stuhl. Vor dem Zelt baut der Bursche morgens immer ein Tischchen mit einer Schüssel auf, legt das Waschzeug bereit, achtet darauf, dass die Klinge im Rasierer scharf ist. Der junge Mann erledigt alle Aufgaben absolut zuverlässig. Vor allem schätzt ihn der Offizier allerdings als Gesprächspartner. Die beiden vertrauen sich. Hartnagel ist froh, dass er unter seinen 270 Männern diesen Soldaten als seinen Burschen ausgewählt hat.

Ende Juli wähnt sich Hitler abermals vor einem großen Sieg, Warnungen, dass er mit seiner Strategie die Wehrmacht im Osten überfordere, will er nicht hören. Auch von dem Vorschlag seiner Generäle, einen weiteren Versuch zur Eroberung Moskaus zu unternehmen, hält er nichts. Stalingrad stellt für den »Führer« gleichzeitig ein strategisches und prestigeträchtiges Ziel dar.

Die ehemals ruhige Hafenstadt an der Wolga hieß bis 1925 Zarizyn, später wurde sie nach Josef Stalin benannt, der hier im Bürgerkrieg zwischen Roten und Weißen als befehligender Politkommissar gegen die Konterrevolutionäre kämpfte. Stalingrad entwickelte sich zu einem bedeutenden Verkehrsknotenpunkt, im Hafen kommen Öl und Getreide aus dem Kaukasus an und werden dann auf die Eisenbahn und Lastwagen verladen. Von hier aus wird der Norden der Sowjetunion versorgt. Außerdem ist die Stadt ein Industriezentrum mit großen Rüstungsunternehmen. Die Fabrik »Roter Oktober« und die »Barrikaden-Werke« produzieren Traktoren in großer Zahl sowie

Werkzeuge. Nun, nach dem Angriff der Deutschen, bauen die Arbeiter dort Panzer zusammen. Für Stalin hat die Stadt, die seinen Namen trägt und in der 1941 fast 500 000 Menschen leben, aber nicht nur aus wirtschaftlichen und militärischen Gründen eine Bedeutung. Sie soll zum Symbol der neuen Widerstandskraft werden. Und tatsächlich zeigt sein Befehl, dass jeder Meter Boden gehalten werden muss, bereits Wirkung: Die deutsche Offensive verliert an Tempo.

Für Hartnagels Nachrichtenkompanie geht es immerhin weiter. Sie verlässt die öde Steppe und schlägt ihr Lager bei einem Flugplatz auf. Anfang August wird Fritz Hartnagel zum Hauptmann befördert. Der neue Dienstgrad bedeutet ihm nichts. »Nun bin ich wieder eine Stufe in ein System gedrängt, dem ich am liebsten den Rücken kehren würde«, schreibt er an Sophie Scholl. »Ich komme mir so vor wie eine Puppe, die nach außen etwas darstellt, was sie innerlich gar nicht ist. Könnte ich nur ein einfacher Soldat sein, der sich geben kann, wie er ist.«

Nach drei Wochen ohne Lebenszeichen erhält er von seiner Sophie wieder ein Päckchen. Er freut sich gewaltig. Denn momentan gelangt kaum Post nach vorn zur vorrückenden Truppe, Vorrang hat jetzt der benötigte Nachschub. Sophie Scholl schreibt, sie hoffe, dass er zum Beginn des nächsten Semesters wieder bei ihr sein kann. Doch der Offizier gibt sich keinen Illusionen hin. Die laufenden Operationen dauern sicher bis zum Wintereinbruch. Und wer wisse schon, antwortet er gleich, ob dann jemand aus Russland abgezogen werde. An Urlaub sei kaum zu denken. Er schickt seinen Brief nach Ulm, da er vermutet, dass seine Freundin ihr erstes Semester in München abgeschlossen hat und zum Ferienbeginn nach Hause gefahren ist.

Am 1. August kommen die Medizinstudenten in Wjasma an, einer Stadt, die die deutschen Truppen Anfang Oktober 1941 beim Vorrücken auf Moskau eingenommen haben. Die Freunde um Scholl und Schmorell bleiben zusammen. Am nächsten Tag, einem Sonntag, besuchen sie gemeinsam den Gottesdienst in einer russischen Kirche. Danach geht es weiter nach Gshatsk. Die Dunkelheit bricht herein, bevor sie den Ort erreichen, gut 130 Kilometer liegt die Hauptstadt entfernt.

In der Nacht sehen sie das Mündungsfeuer der Geschütze an der Front, die unweit von ihnen im Osten verläuft. Leuchtfallschirme fallen vom Himmel und sorgen für Licht. Gegen zehn Uhr abends schleppen sich die Studenten aus München mit schwerem Gepäck durch die Stadt. Russische Artilleristen schießen nach Gshatsk hinein. Scholl, Schmorell und die anderen gehen in Deckung. Granaten und Bomben haben die Stadt schwer beschädigt, Tag und Nacht schlagen Geschosse ein. Seit Ende Juli greift die Rote Armee die deutschen Stellungen in der Nähe von Gshatsk massiv an. Bei den schweren Kämpfen erleiden die Deutschen, die den Frontabschnitt verteidigen, heftige Verluste. Für Mediziner gibt es hier viel zu tun.

Scholl, Schmorell, Graf und Furtwängler verstärken gemeinsam mit 25 weiteren Kommilitonen bei Gshatsk die 252. Infanterie-Division. Ihr neuer Verband musste sich Anfang 1942 vor der Roten Armee zurückziehen – und hat dabei keine Rücksicht auf Zivilisten genommen. Im Divisionsbefehl Nr. 93 vom 29. Dezember 1941 war das Zerstören von Brücken und das Niederbrennen von Dörfern angeordnet worden. Alles, was dem Feind nützen könnte, sollte vernichtet werden.

Die Sanitätsfeldwebel aus München campieren in einem Lager im Wald bei Gshatsk. Richtige Häuser gibt es dort nicht, die Unterkünfte sind einfach, aber wenigstens werden sie nicht mehr von russischen Geschützen beschossen. Zwei Tage nach der Ankunft verteilen die Vorgesetzten die Medizinstudenten auf verschiedene Abteilungen. Graf und Scholl kommen auf die Seuchenstation, Schmorell und Furtwängler zur Chirurgie. Der Hauptverbandsplatz im Waldlager bei Gshatsk dient als

Durchgangsstation für Verwundete und Kranke, die von Sanitätern von der Front gebracht und von den Truppenärzten, zu denen nun auch die Hilfsmediziner der 2. Studentenkompanie gehören, für den Weitertransport in ausgewiesene Lazarette im Hinterland stabilisiert werden.

Für Willi Graf sind der Dienst und die Umgebung vertraut, in der Nähe von Gshatsk war er bereits Anfang 1942 eingesetzt. Er hat gehofft, diesmal in einem richtigen Militärkrankenhaus sein Praktikum absolvieren zu können. Der Verbandsplatz stellt für ihn eine Enttäuschung dar, niedergeschlagen beginnt er mit dem Dienst. Ähnlich ergeht es Hubert Furtwängler, der beim Divisionsarzt vergeblich um eine Versetzung bittet.

Alexander Schmorell hingegen fühlt sich dort wohl. Rasch kommt er mit russischen Ärzten und den Menschen aus der Umgebung in Kontakt. Er spricht fließend Russisch und übersetzt auch für seine Freunde. Die Bevölkerung nimmt er als jünger, frischer und angenehmer als in Frankreich wahr – und als in Deutschland. Damit greift er einen Gedanken Dostojewskis auf, dessen Tagebuch aus dem Jahr 1873 er vor wenigen Wochen begeistert gelesen hat. »Wir Russen sind ein junges Volk«, heißt es da, »wir fangen soeben erst an zu leben, obgleich wir schon tausend Jahre da sind.« Schmorell leidet darunter, als Angehöriger einer feindlichen Armee in sein Geburtsland gekommen zu sein, und hat sich vorgenommen, nicht auf Russen zu schießen. Seine Kameraden tun das täglich.

Sophie Scholl ist erst wenige Tage zu Hause, als der Vater mit der Morgenpost die Anklageschrift des Sondergerichts erhält. Am 3. August 1942 wird sein Prozess wegen »Heimtücke« beginnen. Dieses Vergehen verfolgt die NS-Justiz hart. Allein 1937 haben Denunzianten bei der Gestapo 17 168 solcher Fälle angezeigt, 7 408 von ihnen gelangten zur Anklage.

Doch das Urteil gegen Robert Scholl fällt milder aus als befürchtet. Auf fünf Seiten erläutern die Richter unter dem Vorsitz von Hermann Albert Cuhorst, der auch dem Sondergericht gegen Hans Scholl 1938 vorstand, das Strafmaß. Der Wirtschaftsprüfer »gilt als politisch unzuverlässig«, heißt es darin. Aber die Juristen heben auch das »bisher tadelfreie Vorleben« des Angeklagten hervor. Sie halten schließlich fest: »Immerhin musste eine empfindliche Strafe ausgesprochen werden. Eine Gefängnisstrafe von vier Monaten erschien erforderlich, aber auch ausreichend.« Robert Scholl soll wegen seiner Kritik an Adolf Hitler für gut 120 Tage seine Freiheit verlieren.

Unter der nationalsozialistischen Herrschaft ist die Zahl der Strafgefangenen deutlich gestiegen. Das Gefängnis soll »ein Haus des Schreckens« sein. Roland Freisler, der seit April 1934 Staatssekretär im Justizministerium ist, spricht sich gegen »Kinovorstellung, Fußballspiel, Verhätschelung« in Strafanstalten aus, das seien die falschen Mittel, um Täter »unschädlich« zu machen. Von einer Wiedereingliederung verurteilter Krimineller in die Gesellschaft hält er ebenfalls nichts.

Im August 1942 muss Sophie Scholl erneut dem von ihr verachteten Staat dienen: Sie tritt in einem Rüstungsbetrieb, der Schraubenfabrik Constantin Rauch, zum acht Wochen dauernden »Kriegshilfsdienst« an. Das Unternehmen produziert in einem Werk gut zwölf Kilometer außerhalb von Ulm Munition, Zünder, Geschosshülsen für Granaten und Teile für Panzerfäuste. Nun unterstützt sie also das, was sie so sehr ablehnt.

Solche Arbeitseinsätze sind in der Gesellschaft unpopulär – und laufen in gewisser Weise auch der Ideologie des Regimes zuwider. Schließlich haben die Nationalsozialisten vor dem Krieg noch gefordert, dass Frauen zu Hause bleiben, möglichst viele Kinder gebären und für die Familie da sein sollen. Dieses Postulat ist wegen des zunehmenden Arbeitskräftemangels, der auch nicht durch das Anwerben von Fachkräften aus verbündeten Staaten oder dem zwangsweisen Rekrutieren von

Menschen in den besetzten Gebieten behoben werden kann, nicht mehr aufrechtzuerhalten und viele deutsche Frauen werden zur Arbeit in Betrieben zwangsverpflichtet.

Eine der Betroffenen ist Sophie Scholl. In Briefen klagt sie über die monotone, unselige, seelenlose Plagerei. »Den Fabrikdienst habe ich nun auch bald zur Hälfte überstanden«, berichtet sie ihrem Vater. »Die Arbeit sagt mir nicht im mindesten zu, und ich finde es entsetzlich, daß viele Menschen tagtäglich 10 Stunden ihr ganzes Leben von dieser geist- und leblosen Beschäftigung in Anspruch genommen sind und abends auch begreiflicherweise nicht mehr die Kraft haben, sich mit etwas anderem zu beschäftigen. Die meisten fühlen sich auch unglücklich. Doch ist der Betrieb ja kriegsmäßig. Und nachher wird sich das ändern. Hoffentlich. Mich hat das Schicksal so vieler doch tiefer berührt, als wenn ich bloß von außen geurteilt hätte.« Ihrem Freund schreibt sie, dass selbst ein dressierter Affe ihre Arbeit erledigen könnte, wenn dieser so dumm wäre und sich dazu bewegen ließe. Körperlich müde und seelisch angeödet kehre sie abends aus der Fabrik heim.

Gemeinsam mit Sophie Scholl arbeitet eine zwangsverpflichtete Russin an einer Maschine, mit ihr teilt sie ihr Pausenbrot. Sie schließen bald Freundschaft, auch wenn beide die Sprache der anderen kaum beherrschen. Da der Bevölkerung der Kontakt zu Zwangsarbeitern und Kriegsgefangenen nur zu beruflichen Zwecken erlaubt ist, nutzt Sophie Scholl diese Möglichkeit, eine Frau aus Osteuropa kennenzulernen und ihr zu zeigen, dass nicht alle Deutschen in ihr eine Feindin sehen.

Ostarbeiter werden in jeder Hinsicht schlecht behandelt: Sie erhalten keine ausreichende Ernährung und kaum ärztliche Versorgung, ihre Kleidung ist von geringerer Qualität als die von Verpflichteten aus Westeuropa, sie leben in Lagern, die von Stacheldraht umgeben sind, Vorgesetzte können sie willkürlich bestrafen, ohne sich dafür rechtfertigen zu müssen.

Frauen sind sexuellen Übergriffen schutzlos ausgeliefert und Männern, die mit einer deutschen Frau ein Verhältnis haben, drohen die Nationalsozialisten mit der Todesstrafe.

Erst zum zweiten Mal in diesem Krieg nimmt Hartnagel einen Gegner ins Visier. In der Nacht zum 6. August 1942 greifen sieben sowjetische Kampfflugzeuge den Flugplatz an, auf dem seine Einheit stationiert ist. Die Deutschen feuern mit Flak und Maschinengewehren, um die feindlichen Maschinen zu vertreiben. Schließlich drehen die russischen Piloten ab, ohne eine Bombe abgeworfen zu haben.

Im Gegensatz zu ihren Kameraden von der Infanterie und der Panzertruppe, die viele Kilometer entfernt heftige Gefechte gegen die mit großer Entschlossenheit kämpfende Rote Armee führen, ist Hartnagels Kompanie nicht an vorderer Front eingesetzt. Und auch was die Versorgung betrifft, sind sie eindeutig im Vorteil: An gutem Essen herrscht kein Mangel.

Dennoch werden viele der Männer krank. Die Deutschen leiden vor allem an der »Russlandkrankheit«, einer Kombination aus Magenproblemen und hohem Fieber, sowie an Zahnfleischentzündungen. Die Hitze am Tag und die Kälte in der Nacht setzt ihnen besonders zu. Mittags steigt die Temperatur manchmal auf über 40 Grad, da biegt sich sogar die Kerze im Zelt des Offiziers. Hartnagel trägt tagsüber meist lediglich eine kurze Sporthose, da alle Kleidungsstücke am Körper kleben bleiben. Abends aber zieht er sich seinen Trainingsanzug über den Pyjama, kriecht dann in seinen Schlafsack und wirft noch eine Decke über sich.

Per Post erfährt er von seiner Freundin, dass ihr Bruder Hans nach Russland gekommen ist. Genug zu tun wird der angehende Mediziner hier haben, prophezeit er in seiner Antwort. Allein in der vergangenen Woche holten Ju 52 mehr als 1 000 Verwundete von dem Flugplatz ab, auf dem seine Kompanie stationiert ist.

Am 7. August notiert Hans Scholl in seinem Tagebuch, wie stark ihn die Russen beeindrucken. Aber der Lärm draußen, das Dröhnen der explodierenden Sprengkörper, stört seinen Gedankenfluss. »Und der Bunker wackelt und stöhnt, denn die Russen laden über der Rollbahn eine Bombe nach der anderen ab«, schreibt er. »Ich bin hier überflüssig. Ich bin der einzige Spaziergänger inmitten eines sinnvollen Unsinns. Der Krieg nimmt mich in seinen Bann nur zwischen Abschuss und Einschlag.«

Der Sanitätsfeldwebel sieht endlich seinen Bruder Werner wieder. Er dient ebenfalls in der Region Gshatsk, gehört als Sanitäter jedoch zu einem anderen Hauptverbandsplatz ganz in der Nähe. Die beiden stehen sich nah, der Ältere war für den Jüngeren oft ein Vorbild. Zusammen mit Alexander Schmorell machen sie einen Spaziergang. Als sie unterwegs auf eine Gruppe russischer Kinder stoßen, rufen die Jungen und Mädchen: »Die sind auch nicht besonders dick.« Sie wissen natürlich nicht, dass Schmorell sie versteht. Er antwortet auf Russisch: »Aber dünn.« Alle lachen und die Kinder schöpfen ein wenig Vertrauen. Schmorell möchte von ihnen wissen, wer im Dorf Gitarre spielen kann, und so landen die Soldaten schließlich bei einem alten Bauern, sitzen dicht gedrängt in dessen Stube. Eigentlich will der Mann nicht musizieren, denn das Dorf trauert um zwei Kriegsgefangene, aber dann lässt er sich doch überreden. Den Krieg blenden in diesem Moment alle aus.

Einheiten der Heeresgruppe A erreichen währenddessen die Ölfelder von Maikop. Dort werden die Deutschen aber zunächst keinen Rohstoff fördern können, um daraus Treibstoff für Flugzeuge und Panzer herzustellen. Bei ihrem Abzug hat die Rote Armee alle Förderanlagen zerstört.

Gut 1 500 Kilometer von Maikop entfernt landet am 12. August 1942 eine britische Delegation in Moskau. An Bord einer »Command Liberator«, einem Bomber aus US-Produktion, befindet sich der britische Premierminister Winston Churchill, den das unbeheizte Flugzeug über Gibraltar, Kairo und Teheran in die sowjetische Hauptstadt gebracht hat. Auch sein Treffen mit Stalin findet in einer eisigen Atmosphäre statt. Erstmals kommen die beiden Staatsmänner zusammen, Freunde werden sie sicherlich nie.

Stalin, als Generalsekretär des Zentralkomitees der Kommunistischen Partei der mächtigste Mann in der UdSSR, ist empört darüber, dass Briten und Amerikaner in diesem Jahr keine zweite Front in Europa mehr eröffnen wollen. Ein Angriff der Alliierten auf die Wehrmacht in Frankreich würde die Sowjetunion entlasten, da die Deutschen dann Truppen aus dem Osten nach Westen verlegen müssten. Der Gastgeber schildert die schwierige Lage bei Stalingrad und im Süden der UdSSR und kündigt an, die Stadt unbedingt halten zu wollen. Daraufhin verspricht Churchill, deutsche Kräfte in Nordafrika zu binden und mit massiven Luftschlägen dafür zu sorgen, dass die deutsche Rüstungsindustrie nicht ungestört neue Panzer und Kampfflugzeuge herstellen kann. Diese Nachricht hebt Stalins Laune ein wenig. Abends lädt er den britischen Premier trotz aller Differenzen zu einem Bankett ein. Immerhin sind sie Verbündete. Churchill bleibt noch drei Tage und besucht Stalin sogar in dessen Privatwohnung im Kreml. Sie verbringen noch einige recht angenehme Stunden, bevor der Gast die lange Rückreise antritt.

Am 14. August erfährt Sophie Scholl, dass ihr Vater seine Haftstrafe bereits in zehn Tagen antreten muss. In ihren Semesterferien, die sie in Ulm verbringt, wird sie ihn also kaum sehen. Auch bleibt dem künftigen Häftling nur wenig Zeit, um alles Geschäftliche zu regeln. Robert Scholl bittet Eugen Grimminger, den er seit vielen Jahren kennt und schätzt, ihn im Büro zu vertreten.

Der Vormarsch geht für Fritz Hartnagel an der Ostfront weiter. Das nächste Lager schlägt die Einheit westlich von Kalatsch im großen Donbogen auf, gut 80 Kilometer von Stalingrad entfernt. Solche Umzüge bedeuten stets viel Arbeit. Alle Nachrichtenverbindungen müssen neu eingerichtet, der Nachschub organisiert werden. Die Heeresgruppe B bringt sich in Stellung, am 19. August ordnet Generaloberst Paulus den Angriff auf Stalingrad an. Jetzt rücken weitere Einheiten vor, um den Kampf an der Wolga aufzunehmen. Von Südwesten wird ihn nun doch wieder die 4. Panzerarmee unterstützen. Adolf Hitler, von Keitel zum »größten Feldherrn aller Zeiten« erklärt, hat sich wieder einmal spontan anders entschieden.

In Gshatsk bekommt Hans Scholl eine neue Aufgabe: Er hilft nun ebenfalls in der Chirurgie bei Operationen, versorgt Patienten, die gerade operiert wurden oder bei denen der Eingriff noch bevorsteht. Zahlreiche Schusswunden sind zu behandeln, 50 bis 70 Verwundete werden täglich zum Hauptverbandsplatz gebracht. Die Sanitätsfeldwebel der 2. Studentenkompanie erleben den Krieg in all seinen grauenhaften Facetten. In seinem Tagebuch notiert Hans Scholl: »Hier sterben täglich zehn, das ist noch nicht viel, und es wird kein Aufhebens davon gemacht. Wie viele Blumen werden achtlos zertreten? Wird nicht Christus stündlich hundertfach gekreuzigt? Neulich haben Alex und ich einen Russen begraben. Er muss schon lange draußen gelegen haben. Der Kopf war vom Rumpf getrennt und die Weichteile schon verwest. Aus den halbverfaulten Kleidern krochen Würmer. Wir hatten das Grab schon fast zugeschüttet mit Erde, da fanden wir noch einen Arm. Zum Schluss haben wir ein russisches Kreuz gezimmert und am Kopfende in die Erde gesteckt. Jetzt hat seine Seele Ruhe.« Aber nicht nur seinem Tagebuch vertraut er solche Erlebnisse an. Er schildert auch seiner Mutter in Ulm, wie sie dem Toten, laut NS-Propaganda ein »Untermensch« und bestialischer Feind, die letzte Ehre erwiesen haben.

Am 21. August 1942 erinnert Fritz Hartnagel seine Sophie daran, dass ihr letztes Treffen in der bayerischen Landeshauptstadt nun schon ein viertel Jahr zurückliege. Wenn damit wenigstens die Hälfte seiner Wartezeit vorbei wäre! »Doch ich habe keinen Grund zu dieser Hoffnung, aber auch nicht zu einer besonderen Befürchtung«, schreibt der Offizier vom Don an die Isar. »Ich will die Zeit geduldig an mir vorübergehen lassen, in der Hoffnung, dass wir einmal doch wieder zusammenfinden werden, wie wir voneinander gegangen sind, wenn auch bei uns beiden, doch vor allem bei Dir, viele neue Eindrücke dazwischen liegen werden.«

Beim Vorrücken auf Stalingrad wird es zu schweren Kämpfen mit der Roten Armee kommen, da sind sich der General der Panzertruppe, Paulus, und sein Stab einig. »Der Russe wird den Raum um Stalingrad hartnäckig verteidigen«, halten die Planer in einem Armeebefehl fest. »Es ist damit zu rechnen, daß er Kräfte, dabei auch Panzerbrigaden, um Stalingrad und nördlich der Landbrücke zwischen Don und Wolga für Gegenangriffe bereitgestellt hat. Bei einem Vorgehen über den Don auf Stalingrad rechnet die Armee daher mit Widerstand in der Front und mit Gegenangriffen größeren Ausmaßes gegen Nordflanke des eigenen Stoßes.« Die Verantwortlichen gehen von einer weiträumigen Verteidigung Stalingrads aus. Das zeigt sich bereits an diesem 21. August, während die 6. Armee den Don zu überqueren beginnt. Mit heftigen Gegenstößen versuchen die Russen, das weitere Vordringen zu verhindern. Aber die Rote Armee scheitert dabei.

Gut 20 000 Männer unter dem Kommando von General Paulus stammen aus der Sowjetunion. Sie heißen »Hilfswillige« oder »Hiwis« und werden trotz Mahnungen einiger Generäle schlechter behandelt als ihre deutschen Kameraden. Ohne die Ausländer in den Reihen der Wehrmacht könnten viele Verbände nicht mehr ihre Sollstärke erreichen. Selbst ein General,

Andrej Andrejewitsch Wlassow, hat nach seiner Gefangennahme die Seiten gewechselt und dient nun der Wehrmacht als hochrangiger Kollaborateur für die Propaganda und als Anführer sowjetischer Überläufer. Er will Stalin, der vor den Jahren des deutschen Einmarsches die Ukraine in eine Hungersnot getrieben und so für Millionen Opfer gesorgt hat, stürzen. Er weiß um dessen Staatsterror. Auch andere Helfer der Wehrmacht verachten die Machthaber im Kreml. Viele Ukrainer kooperieren zunächst mit den Nationalsozialisten, weil sie hoffen, einen eigenen Staat zu erhalten. Andere »Hiwis« wollen schlicht überleben und aus den mörderischen deutschen Kriegsgefangenenlagern herauskommen. Das gelingt ihnen als Überläufer am leichtesten.

Wlassow war der erste General, der seit dem Angriff der Wehrmacht auf die Sowjetunion eine deutsche Armee geschlagen hat. Stalin soll sogar erwogen haben, ihn mit der Verteidigung Stalingrads zu beauftragen. Nun gehört er zum Feind. Und mit ihm mehrere Tausend einfache Soldaten aus der Ukraine und anderen Regionen.

Vor den Soldaten liegt die Wolga, von Panzerspähwagen schauen sie zum anderen Ufer hinüber. Nordöstlich von Stalingrad sichern Männer der 16. Panzerdivision das Ufer des Flusses mit Maschinengewehrnestern, engen Löchern im Boden, aus denen die Läufe der Waffen ragen. Pioniere schlagen Behelfsbrücken über den Fluss, auf denen Panzer den Strom überqueren können. Meist nutzen sie dafür mitgeführtes Material, bauen Übergänge aus Pontons, Stahlgerüsten und Holzplanken auf.

General Paulus besucht Einheiten, lässt sich von den Kommandeuren über die Lage vor Ort informieren. Der Vormarsch geht gut voran. Am 23. August erreichen deutsche Vorauskommandos die Randbezirke der Metropole, wo viele einfache Holzhütten und niedrige, enge Gebäude dicht an dicht stehen.

In der Ferne, im Zentrum, ragen Hochhäuser empor, die wegen des dichten Rauchs kaum zu sehen sind. Stalingrad steht in Flammen.

Mit 600 Bombern greift die Luftwaffe an diesem Tag permanent die Innenstadt an. Flächenbrände sorgen für ein Inferno, 40 000 Zivilisten kommen darin um. Sie durften auf Befehl der Roten Armee Stalingrad nicht verlassen, um die sowjetischen Nachschublinien nicht zu blockieren.

An einem schönen Spätsommertag reitet Hans Scholl zu seinem Bruder Werner. Irgendwo hat er ein Pferd aufgetrieben. Das goldene Licht und die milde Temperatur passen gar nicht zum Anlass seines Besuchs. Wichtige Neuigkeiten aus Ulm bringt er mit. Die Brüder gehen an einen kleinen See, um ungestört sprechen zu können. Hans Scholl lehnt sich an einen knorrigen Baumstamm. »Ich habe einen Brief von zu Hause«, sagt er und reicht dem Jüngeren ein Schreiben. Werner Scholl liest und sagt erst einmal kein Wort. Der jüngste Sohn der Familie erfährt, dass sein Vater verurteilt worden ist. Hans Scholl legt ihm die Hand auf die Schulter und meint: »Wir sind das unserer Haltung schuldig, daß wir das leichter tragen als die anderen.«

In diesen Tagen erreicht die Scholls eine Nachricht, die alle erschüttert. Ernst Reden, ein Freund von Hans Scholl und seinen Geschwistern, ist an der Ostfront gefallen. Nicht nur Inge Scholl, die Reden früher besonders nahe gestanden ist, auch ihre Schwester Sophie trauert um den jungen Mann. »Schluss«, sagt sie entschieden. »Jetzt werde ich etwas tun.«

Kurz danach, am 24. August 1942, geht Robert Scholl in Ulm ins Gefängnis, aufrecht, so wie er es auch seinen Kindern beigebracht hat. Vier lange Monate hinter Gittern liegen vor ihm, nur alle 14 Tage dürfen seine Angehörigen ihm schreiben. Und er darf nur einmal im Monat antworten. Sophie Scholl berichtet ihm in ihrem ersten Brief, dass »aus dem Felde« immer nur gute Nachrichten kämen und ihn Verwandte und Freunde grüßen ließen. »Sie bauen alle an der Mauer von Gedanken, die um Dich sind, Du spürst doch, daß Du nicht allein bist, denn unsere Gedanken, die reißen die Schranken und Mauern entzwei: die Gedanken – !« Sophie Scholl deutet damit natürlich das Motto der Familie an: »Die Gedanken sind frei.« Mit einer Strophe aus diesem Volkslied will sie ihrem Vater Mut machen.

Die Gedanken sind frei,
wer kann sie erraten,
sie fliehen vorbei
wie nächtliche Schatten.
Kein Mensch kann sie wissen,
kein Jäger erschießen,
es bleibet dabei:
die Gedanken sind frei.

Eines Abends stellt sie sich sogar mit einer Flöte vor die Gefängnismauern und spielt für ihn das Lied. Solche Aufmunterung kann Robert Scholl gut gebrauchen. Er sorgt sich um seine Söhne im Osten und um seine herzkranke Frau Magdalena zu Hause. Wenigstens um sein Büro braucht er sich keine Gedanken zu machen. Sein Freund Eugen Grimminger kommt mehrfach aus Stuttgart nach Ulm, um die Geschäfte zu führen, und die älteste Tochter Inge hält dort die Stellung, wenn Grimminger sich um die eigenen Mandanten kümmern muss. Unterstützt wird sie dabei von Traute Lafrenz, die Münchner Freundin der Scholl-Kinder.

Die monotone Arbeit in der Schraubenfabrik setzt Sophie Scholl zu. Fritz Hartnagel leidet mit seiner Freundin: »Wie viel Schlimmes mußt Du noch über Dich ergehen lassen?«, fragt er sie einfühlsam. Auch ihre Sorge um den Vater im Gefängnis teilt Hartnagel. In einem Gnadengesuch, das er von der Front an die Behörden schickt, spricht er sich für eine frühzeitige Haftentlassung von Robert Scholl aus. Vielleicht habe es Aussicht auf Erfolg, wenn ein Hauptmann sich für ihn einsetze, witzelt er gegenüber seiner Freundin. Der Rang klinge doch nach einer würdevollen Persönlichkeit, und die Betreffenden wüssten schließlich nicht, dass sich dahinter beinahe noch ein Junge verberge.

Sophie Scholl schreibt regelmäßig ins Gefängnis: »Nun, da Du nicht mehr da bist, der uns auf dem Laufenden hält, höre ich gewissenhaft die Nachrichten und stehe oft vor der Karte Europas.« Mit dieser Formulierung deutet sie an, dass sie nun seine Rolle übernommen hat und heimlich die ausländischen Sender hört. Vor allem der Schweizer Sender »Beromünster« gilt als vertrauenswürdig und auch objektiver als die britische BBC.

Wenn in der Fabrik Mittagspause ist, besucht sie oft Familie Hirzel. Mit Susanne Hirzel ist sie seit Langem befreundet, nun wird auch ihr Kontakt zu dem jüngeren Bruder Hans enger. Vor drei Jahren hat er einige Wochen lang bei den Scholls am Münsterplatz gelebt, in der großzügigen Wohnung im vierten Stock eines Jugendstilgebäudes. Das Haus der Familie Hirzel liegt in der Nähe der Bahn und die Eltern fürchteten, dass britische Flugzeuge dort Bomben abwerfen könnten. Also baten sie die Scholls, Hans und einen weiteren Sohn, den älteren Peter, vorübergehend aufzunehmen. Abends diskutierten die Jungen dann mit Robert Scholl über Politik. Ihr Gastgeber kritisierte Adolf Hitler und das diktatorische Regime deutlich. Der Parlamentarismus nach westlichem Muster sei die einzig mögliche Staatsform, erklärte er – und überzeugte davon seinen Gast Hans.

Der Schüler lehnt den NS-Staat mittlerweile ebenfalls entschieden ab. Ihn empört, dass die Machthaber blinden Gehorsam einfordern, umso mehr, als er weiß, dass er bald als Soldat eingezogen wird. Dem NS-Staat und Adolf Hitler will er nicht dienen, aber er hat keine andere Wahl. Sophie Scholl empfiehlt ihm einige Bücher von NS-Gegnern, darunter ›Machtstaat und Utopie‹ des Historikers Gerhard Ritter. Solche Werke sind nicht mehr leicht zu bekommen, aber einige Händler haben sie noch unter der Ladentheke und Freunde tauschen sie außerdem untereinander. Schließlich gibt sie ihm 80 Reichsmark und fordert ihn auf, einen Vervielfältigungsapparat zu kaufen. Mit der Maschine habe er »bei entsprechender Gelegenheit die Möglichkeit«, Flugblätter herzustellen. Offenbar hat sie mit ihrem älteren Bruder Hans besprochen, dass es nach seiner Rückkehr von der Ostfront weitere Flugblattaktionen geben und der Kreis um zusätzliche Helfer erweitert werden soll. Nun organisiert die Studentin in seiner und Alexander Schmorells Abwesenheit die künftige Widerstandsarbeit.

In Russland wird es nachts mittlerweile so kalt, dass Hartnagel trotz Leibbinde, Unterhose, Pyjama, Pullover, Trainingsanzug, Socken, Schlafsack und Decke friert. Minus vier Grad zeigt das Thermometer an. Der Offizier ahnt, was im Winter auf ihn zukommen wird, denn die öde Steppe rund um den Standort bietet kein Heizmaterial. Am 26. August 1942 fällt ihm auf, dass an diesem Tag vor genau drei Jahren die Wehrmacht für den Angriff gegen Polen mobilisiert wurde. Wie viele Kriegsjahre werden wohl noch folgen?

Wie es im Umland von Stalingrad aussieht, beschreibt der ›Völkische Beobachter‹, das »Kampfblatt der nationalsozialistischen Bewegung Großdeutschlands«, seinen Lesern am 28. August: »Hier ist das Kampffeld ein weites welliges Steppenland, das die ungehinderte Entfaltung großer Truppenteile im Angriff und zur Verteidigung erlaubt. Das wasserarme Gebiet ist von den Bolschewisten zum Schutz der Stadt mit mehrfachen Verteidigungsringen in einer Breite von mehr als 20 km befestigt.« Nur drei Tage später erscheint der Artikel »Richtung auf

Stalingrad« von »Kriegsberichter Dr. Rudolf Semler«. Darin behauptet der Autor, Stalin habe gesagt, die Stadt, die seinen Namen trage, dürfe niemals in die Hände der Feinde fallen.

Tags darauf »säubern« deutsche Truppen die rund 85 Kilometer westlich von Stalingrad gelegene Stadt Kalatsch vom Feind, so vermeldet es das Militär. Hier richtet die Wehrmacht einen Stützpunkt ein, von dem aus der Kampf in Stalingrad unterstützt wird. »Säubern« soll die Wehrmacht auch Stalingrad, so befiehlt es Hitler am 31. August: »männliche Bevölkerung vernichten, weibliche abtransportieren«, so hält Franz Halder den Befehl in seinem Kriegstagebuch fest.

Ende August erreicht Hartnagels Einheit das westliche Ufer des Don. In der Mittagshitze würden seine Männer gern ein Bad im Fluss nehmen, aber das verbietet Hartnagel ihnen. Denn auf der anderen Seite haben die Russen ihre Stellungen aufgebaut. Der Feind ist durchaus nah. An dieser Stelle, so schätzt der Hauptmann, ist der Don nicht breiter als die Donau bei Regensburg. Dort liegen zwischen den Ufern streckenweise nur etwas mehr als 100 Meter.

In der Korrespondenz mit Sophie Scholl greift Hartnagel ein Thema auf, das ihn immer noch beunruhigt. »Den gewünschten Bezugsschein kann ich nur unter Schwierigkeiten erhalten«, schreibt er. »Ich habe immer noch Bedenken und weiß nicht, ob der Zweck eventuelle Unannehmlichkeiten rechtfertigen würde.« Sein Hauptfeldwebel verwahrt das nötige Siegel. Würde Hartnagel ihn danach fragen, könnte der Unteroffizier misstrauisch werden. Dieses Risiko will er nicht eingehen. Außerdem will er den Untergebenen nicht in etwaige Probleme mit der Gestapo hineinziehen, sollte seine Freundin mit der Maschine etwas Verbotenes anstellen. Sophie Scholl muss sich also wohl damit abfinden, dass sie über ihren Freund Fritz nicht zu dem gewünschten Vervielfältigungsapparat kommen wird.

Seit Kriegsbeginn 1939 versorgt der Sicherheitsdienst der SS die Spitze von Staat und Partei regelmäßig mit »Berichten zur innenpolitischen Lage« und mit »Meldungen aus dem Reich«. Darin beschreiben die Verfasser die Stimmung der Bevölkerung. Seitdem im vergangenen Jahr der Vormarsch vor Moskau stoppte, sind immer mehr kritische Stimmen zu vernehmen. Am 31. August 1942 teilt der SD mit, die »Kämpfe um Stalingrad« stünden »beim überwiegenden Teil der Volksgenossen« im Mittelpunkt des Interesses. Viele seien davon überzeugt, dass die »Einnahme dieses wichtigsten Eckpfeilers militärisch eine entscheidende Wendung« bringen werde. Allerdings gebe es auch eine »bange Sorge«, dass der Kampf um die Stadt mit einem »hohen Blutopfer« verbunden sein könnte. Tatsächlich bewerten Teile der Bevölkerung die Kampfkraft der Russen ganz anders als ihr »Führer«. Auf sie wirkt es so, als sei der Gegner bislang »kaum merklich geschwächt« worden. Deutlich wird in dem Bericht der SD zwischen den Zeilen, dass viele Deutsche noch andere Informationsquellen haben müssen als die gleichgeschalteten und gelenkten Medien. Sie erfahren Neuigkeiten von der Front aus Briefen der Soldaten und aus den »Feindsendern« und glauben der eigenen Propaganda, die vom baldigen Sieg spricht, nur sehr bedingt.

Alexander Schmorell hat einen alten Fischer kennengelernt. Mit dem Russen geht er am 29. August zum Angeln, Hans Scholl begleitet den Freund. Willi Graf muss im Waldlager bleiben, er hat Dienst. Zu gern wäre er mitgekommen. Scholl berichtet der Familie in Ulm, der Alte fische wie Petrus zu Zeiten von Jesus Christus. Ganz einfach, ohne Technik. Das passt wunderbar zu dem romantischen Bild, das die Freunde von Russland haben. Und erfolgreich sind sie dennoch. 30 Barsche bringen die Studenten mit ins Waldlager zurück.

Bald darauf geht es Schmorell schlecht, er muss ins Lazarett. Als Patient liegt er nun auf der Seuchenstation, leidet an Diphtherie, bekommt hohes Fieber. Seinen Eltern lässt er von Hans

Scholl mitteilen, er habe Angina. Vermutlich will er sie nicht beunruhigen.

Nach einem gemeinsamen Monat in Russland müssen sich die angehenden Mediziner trennen. Graf und Furtwängler kommen zum Infanterieregiment 461, Scholl und Schmorell bleiben in Gshatsk. Vor allem Willi Graf fehlt Hans Scholl sehr, mit ihm hat er viel diskutiert. Seinem Tagebuch vertraut er im August an, dass er den geistigen Austausch und die Gespräche mit Carl Muth, Theodor Haecker und ganz besonders Josef Furtmeier vermisst. Alle diese Herren sind deutlich älter als er, sind Gelehrte und Gegner des Nationalsozialismus. Mit Furtmeier, dem ehemaligen Justizbeamten und Intellektuellen, hat Scholl schon in seiner Münchner Zeit einige Themen vertieft, die für den Widerstand entscheidend sind. Auch vom Tyrannenmord ist die Rede gewesen. Furtmeier verwies Scholl dabei auf Thomas von Aquin, einen Dominikaner und Philosophen des 13. Jahrhunderts, der sich mit der Frage beschäftigte, wann Christen legitim Gewalt ausüben dürfen. Eine Frage, die vor allem Hans und Sophie Scholl umtreibt. Aquin hielt die Tötung eines Tyrannen für statthaft. Der Zweck heiligte für ihn die Mittel. Hans Scholl hat sich mit Aquins Lehre intensiv auseinandergesetzt, in Bibliotheken dazu recherchiert. In Russland beschäftigt er sich weiter mit der Frage, wie seine Freunde und er die Diktatur bekämpfen können.

Russland verändert die Münchner Studenten, das Land beeindruckt sie. Sie lesen Autoren wie Fjodor Michailowitsch Dostojewski, vor allem aber unterhalten sie sich, unterstützt von Alexander Schmorell, mit den Menschen vor Ort. Willi Graf schreibt an eine Schwester: »Ich lerne wirklich die Menschen kennen und schätzen, muss ich gestehen. Herrliche Nachmittage und Abende verlebten wir, davon werde ich Dir noch erzählen, weil ich es einem Brief nicht anvertrauen möchte.« Graf fürchtet die Zensur. Denn wie nah er und die anderen den als »Feinde« titulierten Russen kommen, dürfte dem Regime kaum passen. »Sehr bedauere ich es, nicht mehr Russisch zu können, es wäre unbeschreiblich schön geworden mit manchen Menschen!«, verrät er noch. »Man müßte unter anderen Verhältnissen drei Monate in diesem Land sein dürfen.«

Die Grauen des Krieges hat Graf bereits bei seinen früheren Einsätzen für die Wehrmacht erlebt. Nun zeigt ihm Schmorell, wie großartig die russische Kultur ist und welches Leid die Deutschen über die Menschen in der Sowjetunion bringen. Mit Hans Scholl wiederum diskutiert er über die Gefahren, die vom Nationalsozialismus für die Freiheit des Einzelnen und für das Land ausgehen. »Oft gelang es ein vernünftiges Gespräch zu führen, und manche Nacht verging wohl bei solchen Reden«, berichtet er im Sommer nach Hause. »Wir lasen zusammen, wir sangen, wir teilten das Essen. So kann ich Dir nur andeuten, was im letzten Vierteljahr geschehen ist, die Zeit war äußerst anregend, und es wird sich wohl erst zeigen, welchen Sinn dieses Zusammenleben hatte.« Scholl und Schmorell haben ihm wohl anvertraut, die Urheber der vier Flugblätter der »Weißen Rose« zu sein, und sicherlich auch von ihren Plänen für ihre Widerstandsaktionen in der Zukunft berichtet.

Auch Scholl schwärmt in seinen Briefen von Russland, von der Landschaft und den Bewohnern. Im September 1942 schreibt er an eine Freundin, Rose Nägele, das Land sei so »radikal, daß es einen ganz oder gar nicht in seinen Bann« ziehe. Es folge dem »Alles-oder-nichts-Gesetz, gleich dem Herzen«.

Das empfindet Alexander Schmorell ganz genauso. Seiner guten Freundin Lilo Berndl in München erzählt er in einem Brief begeistert von dem schönen, herrlichen Russland: »Die Birke ist dein Baum. Dort, weit, weit, wo Himmel und Erde sich berühren – am Rand einer unendlichen weiten Ebene steht sie einsam und weist in den Himmel. Du einsame Birke, der ewige Steppenwind liebkost, zerrauft, bricht dich, du bist sein ewiger Spielball.« Und weiter: »Lilo, glaub nicht, was man Dir von der Stumpfheit, Dumpfheit der Russen sagt und schreibt – jene begreifen den Russen nicht im geringsten! Gerade im Vergleich mit den Deutschen, könnte man vieles, vieles sagen, nur darf man's nicht.«

Fritz Hartnagels Kompanie befindet sich mittlerweile in der Nähe von Stalingrad. Der Offizier, der auf die Disziplin seiner Männer achtet und immer wieder Wachvergehen ahndet, wird am frühen Morgen des 9. September Opfer einer Disziplinlosigkeit. Gegen vier Uhr stürmen mehrere Offiziere in sein Zelt. Sie gehören zu einer Nachrichteneinheit der Luftwaffe, die gut 20 Kilometer entfernt stationiert ist, haben die ganze Nacht durchgezecht und wollen nun weiteren Schnaps. Dem Kompaniechef bleibt nichts anderes übrig, als Wein, Sekt und hochprozentigere Getränke herauszugeben, um die ungebetenen Gäste wieder loszuwerden. Was für ein Start in den Tag.

Heute hat er neun Bewerber zu prüfen, die Offizier werden wollen. Eine seiner Fragen lautet: »Was sagen Sie zu dem Satz: Ein Mensch wird besser, indem er gebildeter wird?« Die meisten Kandidaten stimmen der Aussage zu. Hartnagel hält sie nicht für richtig. Für ihn wird ein Mensch besser durch Läuterung, durch Sinnsuche. In Einzelgesprächen mit den neun möglichen Offiziersanwärtern will er diese Frage noch einmal besprechen.

Die Abwehr, der militärische Geheimdienst, geht davon aus, dass die Verteidiger bald am Ende sind. In einem Bericht vom 9. September 1942 heißt es, die Russen hätten an der gesamten Front ihre letzten Reserven eingesetzt. Für Hitler sind diese Informationen stimmig, sie passen schließlich zu seinen eigenen Einschätzungen, und da er die Russen für geschlagen hält, riskiert er große Lücken in der Frontlinie vor Stalingrad: Die 6. Armee weist im Norden eine schlecht gesicherte Flanke über

550 Kilometer von Stalingrad bis Woronesch am oberen Don auf. Dort könnte ein entschlossener russischer Angriff wohl leicht durchbrechen.

Zur Unterstützung des Verbandes setzt Hitler lediglich mehrere »Satellitenarmeen« der Verbündeten ein, keine Einheiten der deutlich stärkeren Wehrmacht. Im Süden von Woronesch steht die 2. ungarische Armee. Daran schließen sich die Einheiten der 8. italienischen Armee an, am Donbogen, westlich von Stalingrad, hält die 3. rumänische Armee die Stellung und ihre Kameraden von der 4. Armee sind in der Steppe südlich von Stalingrad stationiert. Deutsche Generäle stellen die Kampfkraft dieser Alliierten in Frage. Die Ungarn, Italiener und Rumänen verfügen kaum über Panzer und nur über wenig Artillerie, vor allem aber sind deren Bataillone sehr weit auseinandergezogen. Wenn es den Deutschen und ihren Verbündeten nicht gelingen sollte, bei einer sowjetischen Offensive die Donflanke zu halten, dann könnten die vor Stalingrad stehenden Angreifer leicht eingeschlossen werden.

Aber selbst wenn er wollte, könnte Hitler die Truppen in der Region nicht weiter stärken, ohne seine Strategie grundlegend zu ändern. Da er weiterhin, gegen den Rat seiner Generäle, daran festhält, gleichzeitig Stalingrad und die Ölfelder im Kaukasus zu attackieren, muss er seine Kräfte aufteilen. Damit schafft er eine Front mit einer Länge von mehr als 3000 Kilometern, eine Linie, die die Wehrmacht bei einem russischen Gegenangriff unmöglich halten kann. Aber Hitler hat sich wieder einmal entschieden, ins Risiko zu gehen, Vabanque zu spielen, wie er das nennt.

Leicht wird die Einnahme von Stalingrad sicherlich nicht, das vermutet nicht nur die Spitze der 6. Armee, das vermuten auch die Experten im Reichsministerium für Volksaufklärung und Propaganda. Das RMVP stimmt die Deutschen nun auf harte Gefechte an der Wolga ein. »Um Stalingrad entspinnt sich ein Kampf, der, das läßt sein Beginn schon erkennen, zu einem der entscheidenden Kämpfe des Ostfeldzugs werden wird«, berichtet der ›Völkische Beobachter‹ am 10. September 1942. »Einmal mehr wird die persönliche Tapferkeit der einzelnen deutschen Soldaten und die Güte der Waffen über eine zahlenmäßige Überlegenheit an Menschen und Material zu siegen haben.«

Die Panzer der 6. Armee erreichen den Südwestrand von Stalingrad. Auch Infanteristen kommen an der Wolga an und rücken auf die Stadt zu. Tags darauf beginnen die Kämpfe am Rand des Industriezentrums. Die Deutschen geben einzelnen Teilen Stalingrads Namen wie »Tennisschläger« und »Schnellhefter«, da sie in ihren Umrissen diesen Gegenständen ähneln. Andere Bezeichnungen übernehmen sie vom Gegner, etwa »Industriekomplex Rote Barrikade« oder »Traktorenfabrik Dserschinski«. Die Fabrikanlagen sind Ziele deutscher Kompanien, die sich Meter um Meter nach Stalingrad hineinkämpfen.

Hartnagel hat zwei Offiziere einer benachbarten Einheit zum Kaffee eingeladen. Doch dabei bleibt es nicht. Da am Abend ein Film im Freien auf großer Leinwand geboten wird, verlängern sie ihren Aufenthalt und nehmen anschließend die Einladung ihres Gastgebers an, die Nacht bei ihm im Lager zu verbringen. Sie setzen sich zusammen, trinken Wein, unterhalten sich und diskutieren, bis es hell wird und der 12. September anbricht. Obwohl einer der Besucher ein Parteiredner der NSDAP ist und einer von Hartnagels ebenfalls anwesenden Leutnants Anführer der Hitlerjugend war, reden alle ziemlich offen. Der Gastgeber wirft dem NS-Staat Egoismus vor, der nicht tolerierbar sei. Alle seien Egoisten, entgegnen da seine Gäste, sogar der Christ. Der täte nämlich nur Gutes, um den Qualen der Hölle zu entgehen. Ach, wenn doch nur seine Sophie mitdiskutieren würde oder ihr Vater Robert Scholl, denkt er. Dann hätten seine Kontrahenten die richtige Antwort erhalten.

Am selben Tag bekommen die Generäle Maximilian Freiherr von Weichs, Oberbefehlshaber der Heeresgruppe B, und Friedrich Paulus, Kommandeur der 6. Armee, ebenfalls eine Fiktion vorgesetzt, nicht auf der Leinwand, sondern im Gespräch mit Adolf Hitler. Im »Führerhauptquartier« bei Winniza in der Ukraine erläutert er, wie es mit seiner Offensive nach der baldigen Einnahme von Stalingrad weitergehen soll. Die Rote Armee sei am Ende ihrer Kräfte, zu strategischen Gegenangriffen nicht mehr in der Lage. Für die 6. Armee sehe er »keine ernste Gefahr«, der Sieg an der Wolga stehe fest. Hitler ist in Gedanken bereits an den Orten, die er nach dem Fall der Stadt erobern will.

Hitlers Gegner in Moskau indes ist weit davon entfernt, Stalingrad aufzugeben. Am 12. September tauscht der Generalissimus Stalin den militärischen Befehlshaber für die Verteidigung der Stadt aus. Er setzt Anton Ivanovich Lopatin ab, der Zweifel geäußert hat, Stalingrad halten zu können. Nun übernimmt Wassilij Tschuikow diese Aufgabe. In diesem Punkt sind sich Stalin und Hitler durchaus ähnlich. Beide misstrauen ihren Generälen und entlassen rasch hochrangige Militärs, wenn sie ihnen widersprechen oder nicht entschlossen genug wirken. Was Tschuikow verkündet, dürfte der sowjetische Machthaber gern hören: »Die Preisgabe von Stalingrad würde die Moral unseres Volkes zerstören«, sagt der neue Befehlshaber. »Wir werden Stalingrad halten oder dort sterben.« Schneller, als er denkt, werden seine Worte auf die Probe gestellt werden.

Deutsche Infanteristen und Panzer beginnen am 13. September mit ihrem Angriff auf das Zentrum Stalingrads. Der General der Artillerie Walther von Seydlitz leitet die Attacke. Bevor die Männer der Wehrmacht den Straßenkampf eröffnen, nimmt die deutsche Artillerie die russischen Stellungen unter heftiges Feuer. Der Gefechtsstand des russischen Generals Tschuikow erhält mehrere Treffer, woraufhin sich der neue

Anführer der sowjetischen Verteidiger mit seinem Stab in einen Unterstand in der Zarizaschlucht in der Nähe des Wolgaufers zurückzieht.

Einheiten der Wehrmacht kämpfen sich über Schutt und Trümmer zum Zentralbahnhof und zum Mamajew Kurgan durch, einem Hügel, der auch Höhe 102,0 genannt wird. Dessen Kuppe sieht bald aus wie eine Mondlandschaft, so viele Krater haben dort Bomben und Granaten schon gerissen. Fünfzehnmal wechselt die Kontrolle über den Bahnhof. Das Gelände ist durch deutsche Bomber stark zerstört. Der berühmte Barmaley-Brunnen vor dem Bahnhofsgebäude aber bleibt stehen. Er zeigt sechs Kinder, die sich an den Händen halten und um ein Krokodil herumtanzen. Was die Infanteristen der Wehrmacht tagsüber mühsam erobert haben, holen sich kleine Stoßtrupps der Roten Armee im Schutz der Nacht wieder zurück. Drei Tage lang dauern die brutalen Gefechte.

Tschuikows Verbände kämpfen in kleinen Gruppen um jeden Straßenblock, um jedes Haus. Für ein solches Szenario sind die deutschen Truppen nicht ausgebildet. Bislang waren sie mit von Kampfflugzeugen unterstützten Panzervorstößen im freien Feld erfolgreich. Nun haben sie es mit einem schwer fassbaren Gegner zu tun, der jeden Geländevorteil in der dicht bebauten Stadt ausnutzt und auch mit dem Bajonett oder Messer angreift, wenn es für den Schusswaffeneinsatz zu eng wird. Gerade nachts fürchten die Deutschen ihren Feind, die sibirischen Kommandos schleichen sich immer wieder bei Dunkelheit an und überfallen schwache Einheiten. Sobald sie auf stärkere Gegner treffen, ziehen die Männer der Roten Armee sich wieder in Keller, Gräben und Löcher zurück. Mit ihrer Guerillataktik überfordern sie die Angreifer.

Obwohl sie zahlenmäßig deutlich unterlegen sind, geben die Verteidiger der sowjetischen 62. Armee von General Tschuikow nicht auf, sondern leisten entschiedenen Widerstand. 3 000 junge Frauen unterstützen die Rote Armee zusätzlich als Sanitäterinnen und Nachrichtenhelferinnen und 7 000 Jugendliche zwischen 13 und 17 Jahren gehören nun, ausgerüstet mit Uniformen, ebenfalls zur Truppe. Die Kämpfer haben geschworen, keinen Meter Boden aufzugeben. Jenseits der Wolga gebe es kein Land für sie, versprechen die Verteidiger von Stalingrad in einem Brief an den Genossen Stalin. Die Parole lautet: »Keinen Schritt zurück!« Jeden Soldaten, der fehlenden Kampfwillen zeigt, lässt Tschuikow hart bestrafen, oft genug mit dem Tod. So schafft er eine Abwehrfront, in der vielen Verteidigern keine Wahl bleibt: Sie müssen die Deutschen attackieren, um nicht von den eigenen Leuten erschossen zu werden.

In Berlin gehen die Machthaber trotz der zähen Kämpfe von einem baldigen Sieg aus. In einer vertraulichen Information an die Journalisten heißt es in der Tagesparole des Reichspressechefs: »Das Ringen um Stalingrad nähert sich seinem erfolgreichen Ende. Wichtige Meldungen des OKW über die jetzt erzielten Erfolge sind im Laufe des heutigen oder morgigen Tages zu erwarten. Die deutsche Presse wird sich darauf vorzubereiten haben, die siegreiche Entscheidung dieses so großen Kampfes um die Stadt Stalins in wirkungsvollster Form – gegebenenfalls durch die Ausgabe von Extrablättern – zu würdigen.«

Auch die Leser der stets positiven Wehrmachtsberichte und der Zeitungsartikel, die euphorisch das Vorrücken der deutschen Soldaten vermelden und ankündigen, die letzten Stunden Stalingrads stünden bevor, warten darauf, dass Sondermeldungen von der Einnahme der Stadt veröffentlicht werden. Doch die Nachricht, dass Stalingrad gefallen sei, kommt nicht.

Dort wehren die 13. Gardeschützendivision und weitere Divisionen aus Sibirien immer wieder Vorstöße der Deutschen ab, indem sich die Einheiten in Gebäuden in der Nähe des Wolgaufers verschanzen. So halten kleine Trupps die »Traktorenfabrik Dserschinski«, wo der sowjetische Panzer T-34, den die Deutschen fürchten, gefertigt wird. Auch der Rüstungskomplex »Rote Barrikade« sowie das Hütten- und Stahlwerk »Roter Oktober« stehen unter sowjetischer Kontrolle. Die Kämpfer der russischen Armee legen zwischen den Hallen und Bürogebäuden zahlreiche Gräben an, in denen sie vor den feindlichen Panzern in Deckung gehen. Ihre Stäbe und Funkzentralen richten sie in Kellern und Tunneln ein. Pioniere bringen mit kleinen Booten den benötigten Nachschub nachts über die Wolga. Und Scharfschützen töten zahlreiche Gegner, vor allem deutsche Offiziere. Eine Kompanie des 295. Infanterieregiments braucht innerhalb von zwei Wochen an der Front in Stalingrad bereits den dritten Kommandeur.

Am Abend des 16. September 1942 ruft Generalleutnant Tschuikow bei Nikita Sergejewitsch Chruschtschow an, der zum Kriegsrat seiner Heeresgruppe gehört. Er macht eine alarmierende Meldung. »Genosse, noch ein paar Tage solche Kämpfe, und die Armee ist aufgerieben«, sagt Tschuikow. »Wir haben keine Reserven mehr. Ich benötige sofort zwei, besser noch drei frische Divisionen.« Chruschtschow, Mitglied des Politbüros der UdSSR, führt die Kommunistische Partei in der Ukraine und gilt als äußerst einflussreich. Er fordert beim sowjetischen Hauptquartier neue Kräfte für den Kampf um die Stadt an. Daraufhin entsendet Stalin zwei Eliteverbände aus seiner persönlichen Reserve. Eine Marine-Infanterie-Brigade und eine Panzerbrigade machen sich auf den Weg nach Stalingrad. Bereits am 17. September helfen die neuen Einheiten den Verteidigern dabei, den schnellen Fall der Stadt zu verhindern.

Um ein großes Getreidesilo am Fluss, mit Mauern so dick wie ein Bunker, kämpfen die Gegner verbissen. Weitere Bollwerke wie das Kaufhaus Univermag am Roten Platz, ein kleines Lagerhaus, das »Nagelfabrik« genannt wird, und ein dreistöckiges Gebäude in der Nähe verteidigen Einheiten der Roten Armee verbissen. Kaum ein sowjetischer Soldat flieht, sie halten vielerorts die Feinde auf.

Dennoch kommt es nach Einbruch der Dämmerung für die Russen beinahe zu einer Katastrophe. Deutsche Soldaten der 71. Infanteriedivision rücken in der Zarizaschlucht bis zum Gefechtsstand des Generalleutnants Tschuikow vor. Stabsoffiziere, Funker, Nachrichtenexperten und das Begleitkommando des Befehlshabers halten die Angreifer so lange auf, bis Geheimdokumente weggeschafft worden sind. Tschuikow selbst entkommt mit seinem engsten Stab durch einen zweiten Ausgang. Auf einem kleinen Boot setzt der General über die Wolga. Fast wäre er in die Hände der Deutschen gefallen.

Unweit von Stalingrad haben Fritz Hartnagel und seine Männer einen Platz gefunden, an dem sie ihr Lager aufschlagen wollen. Sie werden noch viele Monate in der Nähe der umkämpften Stadt bleiben, das steht fest. Denn sie haben den Befehl bekommen, alles für den Aufbau eines Winterquartiers vorzubereiten. Ohne zu wissen, ob dies schon der endgültige Standort sein wird, beginnen der Offizier und seine Männer, einfache Hütten und Bunker zu errichten.

Das Material für den Bau müssen die Soldaten selber beschaffen. Hartnagel prüft, ob im immer noch umkämpften Stalingrad Holz zu holen ist. Und tatsächlich: Deutsche Soldaten brechen dort die Reste von Häusern ab, um an Balken und Bretter zu kommen. Die Ruinen der Stadt dienen als Steinbruch. Wer feste Truppenunterkünfte bauen will, stellt er fest, dem bleibt nichts anderes übrig, als dort nach brauchbarem Baustoff zu suchen. Auch das Heizmaterial für die Öfen, Balken, Scheite und Äste muss wohl aus den Trümmern Stalingrads kommen, denn in der Gegend gibt es kaum Wald.

Bereits jetzt, Mitte September, wird es abends empfindlich kalt. Um gegen den scharfen Wind geschützt zu sein, graben

Hartnagel und seine Männer sich immer tiefer in den Boden ein. Noch lässt das Erdreich sich gut ausheben, wenn der Frost erst eingesetzt hat, wird der Bau von Bunkern oder Schützenlöchern zur Qual. Die Kompanie muss schneller als der Winter sein. Der Hauptmann greift selber zum Spaten, eine für einen Offizier nicht übliche Aufgabe. Auch wenn er Blasen an den Händen und Muskelkater hat, geht er mit gutem Beispiel voran. Seine Einheit braucht dringend bessere Unterkünfte. Abends findet Hartnagel es bereits zu kalt, im Zelt am Tisch zu sitzen. Immer früher flieht er in seinen Schlafsack.

Auf seinen Fahrten in der Umgebung seines Quartiers sieht er viel Leid. Ihn erschüttern das Elend und die Trostlosigkeit, auf die er in Russland stößt. Auf der Straße passiert er lange Kolonnen von Flüchtlingen. Tausende ziehen durch das Land, Frauen, Kinder, alte Männer. Ohne Unterkunft, ohne Essen marschieren sie durch die öde Steppe. Niemand hilft ihnen. Der deutsche Offizier nimmt einmal in seinem Wagen einen Greis mit, der nicht mehr laufen kann, dazu eine ältere und eine jüngere Frau. Hartnagel beobachtet die drei Passagiere. Er freut sich darüber, wie froh sie sind, einige Kilometer nicht mehr auf den eigenen Füßen bewältigen zu müssen. Während andere Offiziere in den Massenmord im Osten verstrickt sind, versucht Hartnagel leidenden Menschen in Russland zu helfen.

Als Sophie Scholl am 19. September 1942 endlich ihren Pflichtdienst in der Schraubenfabrik abgeleistet hat, muss sie erst mal den Kopf frei bekommen. Sie wandert mehrere Tage durch die Berge, entspannt in der Natur. Was ihr dort in den Sinn kommt, teilt sie ihrem Vater in einem Brief mit: »Beim Anblick der stillen Großartigkeit dieser Berge und ihrer Schönheit wollen einem die Gründe, die die Menschen für ihre unheilvollen Taten vorbringen, lächerlich und verrückt erscheinen, und man bekommt den Eindruck, sie wären gar nicht mehr Herr über sich und ihre Taten, sondern würden von einer bösen Macht getrieben.«

In der Nacht zum 20. September 1942 greifen Flugzeuge der Briten zum achten Mal München an. Es kommt zur bislang schwersten Attacke der Royal Air Force. Kurz vor Mitternacht wecken die Alarmsirenen die Einwohner. Gut 30 Maschinen der RAF werfen 55 Minenbomben ab. Sie beschädigen 4 179 Häuser, teilweise so schwer, dass sie nicht mehr bewohnbar sind. Nach dem Luftangriff melden sich 6 069 Personen obdachlos. 140 Tote und 413 Verletzte gibt es in dieser Nacht.

Von diesen und anderen Luftschlägen der Alliierten erfahren auch die Soldaten an der Front. Beunruhigt erkundigen sie sich per Feldpost, wie es den Familien zu Hause geht. Auch Fritz Hartnagel fürchtet um die Sicherheit seiner Familie in Ulm, um die der Scholls und natürlich am meisten um die seiner Freundin. Gleichzeitig sorgen sich Sophie Scholl und ihre Mutter um Hartnagel an der Ostfront. Doch der Hauptmann versucht ihre Ängste zu zerstreuen. Normalerweise sei er nicht mehr gefährdet als die Bewohner des Rheinlandes, die ständig von den Bombern der Alliierten bedroht würden.

Nach erbittertem Nahkampf stürmen deutsche Infanteristen das große Getreidesilo in Stalingrad, eines der markantesten Gebäude der Stadt. 58 Tage lang haben Soldaten der Roten Armee dort ausgeharrt und sich verteidigt, das Oberkommando der 6. Armee spricht von einem der »Hauptwiderstandsnester«. Am 21. September hat die Wehrmacht einen weiteren Komplex im Norden eingenommen, aber noch immer halten die Verteidiger einige Fabriken in dem Industriegebiet.

In seinem Bunker in der Nähe von Gshatsk hat Werner Scholl ein offizielles Schreiben aufgesetzt. Am 24. September schickt er ein Gnadengesuch für seinen Vater in die Heimat. Er hofft, dass das Wort eines Frontsoldaten bei der nationalsozialistischen Justiz etwas zählt. Sein Bruder Hans sieht sich zunächst außerstande, den für ein solches Gesuch richtigen Ton zu treffen, teilt er der Mutter mit. »Empörung und Aufruhr erfüllten mein Herz als ich Deine Worte las«, schreibt der älteste Sohn an Magdalena Scholl. »Es werden für Vater zunächst sehr harte Tage anbrechen, ich weiß es nur zu gut; so bar jeder Verbindung mit der Umwelt, nur mit sich allein zu leben in einem engen, grauen Raum.«

Briefe an die Front und von der Front werden von den Machthabern nur unter bestimmten Bedingungen gern gesehen. Für Goebbels und seine Propagandisten sind die Feldpostbriefe eine Waffe im Krieg, die sich leicht gegen die eigene Truppe richten kann. Immer wieder ermahnen sie die »Heimatfront«, die Männer im Einsatz nicht zu beunruhigen, sondern ihnen Mut zu machen. Umgekehrt sollen die Soldaten ihre Lieben daheim nicht unnötig verunsichern, wenn sie zu sehr ins Detail gehen. In den »Mitteilungen für die Truppe« der Abteilung für Wehrmachtspropaganda heißt es im September 1942 unter der Überschrift »Wenn aus der Heimat einmal sorgenvolle Briefe kommen«, die Post von zu Hause sei »für den Frontsoldaten« immerhin »fast genauso wichtig wie Lebensmittel und Munition«. Große Bedeutung habe für die Kämpfer ein tapferer Gruß der Lieben. »Es ist für die Männer vorn eine schwere Belastung, wenn sie Klagebriefe lesen müssen, die Sorgen bringen, statt sie zu erleichtern. In solchen Stunden muss man sich sagen, dass eben sehr viele beherzte Männer mit klarem Urteil zu Hause fehlen.« Und auch die Angehörigen der Wehrmacht sollten in ihren Schreiben nach Hause keine Ängste verursachen. »Ein echter Soldatenbrief, also ein Brief, aus dem harte Entschlossenheit spricht und die Einsicht, dass dieser schwere Krieg nun mal durchgepaukt werden muss, bis die Friedensstörer endlich klein beizugeben gezwungen sind, ein solch männlicher Brief wirkt Wunder«, heißt es in den »Mitteilungen« der Propagandisten. »Er wird nicht nur von dem Empfänger immer wieder gelesen, sondern sein Inhalt bildet bald das Gesprächsthema im Bekanntenkreis und hilft sehr vielen Menschen.« Am meisten hilft er natürlich den Propagandisten selbst.

Lange hat sich dieser Schritt schon angedeutet, nun muss ein weiterer Spitzenmilitär gehen. Am 24. September entlässt Adolf Hitler den Generalstabschef des Heeres. Auf Franz Halder folgt Generalmajor Kurt Zeitzler. Der 47-Jährige gilt riskanten Manövern gegenüber als deutlich aufgeschlossener als sein Vorgänger. Der Neue an der Spitze des OKH, hinter Hitler natürlich, wird gleich zum General der Infanterie ernannt und überspringt damit einen Rang. Halders Nerven seien verbraucht, konstatiert Hitler zu dessen Verabschiedung, außerdem sei es nötig, den Generalstab im fanatischen Glauben an die NS-Ideologie zu erziehen. »So spricht nicht ein von seiner militärischen Aufgabe und Verantwortung durchdrungener Feldherr«, stellt Halder später fest, »so spricht ein politischer Fanatiker.« Um zu dieser Erkenntnis zu gelangen, hat er mehrere Jahre an der Seite Adolf Hitlers gebraucht.

Die Abberufung Halders erschüttert General Paulus, der einen Mentor und Förderer verliert. »Ich habe heute mein Amt abgegeben«, schreibt der scheidende Generaloberst ihm. »Ihnen, lieber Paulus, darf ich danken für Ihre Treue und Freundschaft und Ihrem bewährten Führertum weitere glückhafte Erfolge wünschen.«

In Stalingrad gehen die erbitterten Gefechte um jedes Gebäude, jedes Stockwerk, jedes Fenster weiter. Über Berge aus Schrott und Schutt schieben sich die Panzer der Wehrmacht vor. Deutsche Sturmgeschütze feuern auf jeden Gegner, der sich zeigt, gleichzeitig schießen die sowjetischen Verteidiger aus schwer beschädigten Fabrikhallen und Ruinen mit Panzerkanonen zurück. Minen sind überall in der Stadt vergraben,

Menschen und Fahrzeuge werden zerfetzt, wenn die Zünder ausgelöst werden. Zur Wolga hin verlaufen steile Lössschluchten, die von deutschen Infanteristen in Sturmangriffen erobert werden müssen. Aus Höhlen und Tunneln nehmen sie dabei die Gegner unter Feuer. Die Männer der Wehrmacht, die seit Wochen um eine fast komplett zerstörte Stadt ringen, sprechen von der »Hölle Stalingrad«. Das ursprüngliche Ziel, Stalingrad als Industriezentrum auszuschalten, haben sie längst erreicht. Dennoch lässt Hitler den Angriff fortsetzen. Am 26. September erobern deutsche Infanteristen mehrere Parteigebäude an der Wolga. Sie hissen auf dem Dach die Hakenkreuzfahne. Ein Großteil der Altstadt steht nun unter der Kontrolle der Angreifer. Bei Kämpfen im Norden schießen sie 31 sowjetische Panzer ab, verkündet der Wehrmachtsbericht. Die eigenen Verluste werden verschwiegen. Denn diese sind gewaltig, einige Kompanien haben während der Kämpfe 80 bis 90 Prozent ihrer Soldaten verloren.

Hartnagel stößt ständig auf zerlumpte und fast verhungerte Menschen, die vor der Wehrmacht oder vor der Roten Armee fliehen. Lange Kolonnen von Kriegsgefangenen marschieren, streng bewacht von deutschen Soldaten, durch die Region, wer vor Erschöpfung nicht mehr weiterkann, wird erschossen. Am Straßenrand sieht Hartnagel einmal 15 bis 20 tote Russen in Uniform liegen, die vor Erschöpfung und Hunger zusammengebrochen und von ihren deutschen Bewachern offenbar getötet worden sind.

Die Deutschen plündern Gemüsegärten und schlachten das Vieh ab. Das Elend belastet den Offizier aus Ulm schwer. Am liebsten würde er die Augen davor verschließen. Er empfinde es als grauenhaft, dass auf beiden Seiten der Front Millionen von Soldaten damit beschäftigt seien, sich gegenseitig zu töten, dass Millionen von Familien getrennt und in tiefes Leid gestürzt würden, schreibt er an Sophie Scholl.

Auch Scholl und Schmorell leiden mit den Opfern dieses Krieges. Scholl notiert, dass er »Tag und Nacht das Stöhnen der Gequälten« höre. Das, was er im Osten erlebt, bestärkt ihn in seiner Religiosität. »Wenn Christus nicht gelebt hätte und nicht gestorben wäre, gäbe es wirklich keinen Ausweg«, schreibt er. »Dann müßte alles Weinen grauenhaft sinnlos sein. Dann müßte man mit dem Kopf gegen die nächste Mauer rennen und sich den Schädel zertrümmern. So aber nicht.«

Hartnagel übersteht eine weitere außerplanmäßige Landung mit einer Fieseler Storch. Dieses Mal war der Pilot bei einem Flug zu einem Gefechtsstand über die vorderste Frontlinie hinausgeflogen und in den Luftraum über russischen Einheiten geraten. Bevor sowjetische Infanteristen die Maschine abschießen konnten, wurde ihre Stellung von angreifenden Deutschen gestürmt. Dann setzte die Dunkelheit ein und der Flugzeugführer war gezwungen, zu Boden zu gehen. Eine Nacht lang musste Hartnagel in der Steppe überstehen, fast ohne Waffen, Verpflegung und warme Kleindung. Über ihm ein klarer Sternenhimmel, in der Ferne aufsteigende Leuchtspurmunition von Kämpfen, dazu das Knattern von Maschinengewehren.

Zurück bei seiner Einheit freut er sich am Sonntagmorgen über ungewohnten Luxus. Endlich gibt es mal wieder richtigen Bohnenkaffee für die Männer der Nachrichtenkompanie. Und mittags serviert das Küchenteam sogar Pudding. Aber dann endet plötzlich die Behaglichkeit. Es gibt Alarm. Ein deutsches Flugzeug wirft eine Meldung mit einer Warnung ab. Drei Kilometer von der Einheit entfernt sind einige bewaffnete Russen entdeckt worden. Hartnagel stellt einen Trupp von 40 Mann zusammen und führt ihn in Richtung der gesichteten Gegner. Sie stoßen auf eine Funkstelle, die gerade erst verlassen wurde. Aber die Russen entdecken sie nicht. Schweißüberströmt kehren die Deutschen in ihr Lager zurück.

Gegen die Produktionsanlagen in Stalingrad, in denen sich

die 62. Armee General Tschuikows verschanzt hat, lässt Paulus am 25. September drei deutsche Infanterie- und zwei Panzerdivisionen vorrücken. In den Barrikaden-Werken am Flussufer leisten die Russen besonders erbitterten Widerstand. Abermals kämpfen beide Seiten um jede Halle, um jedes Lagerhaus und jeden Keller.

Fünf Tage später spricht Adolf Hitler wieder öffentlich über die Lage in Stalingrad. In Berlin steht die übliche feierliche Eröffnung des »Winterhilfswerks« an. Im Sportpalast verspricht der »Führer«, die Wehrmacht werde Stalingrad berennen und es auch nehmen. Kein Mensch werde sie mehr von dieser Stelle wegbringen.

Im englischen Radiosender BBC meldet sich Thomas Mann in seiner Sendung »Deutsche Hörer« zu Wort. Er spricht von der »Ausrottung der Juden« und von 700 000 Morden. »Wißt ihr Deutsche das?«, fragt er seine Hörer. »Und wie findet ihr es?« Auch von der Tötung von 11 000 polnischen Juden in Gaswagen berichtet er. »Man hat die eingehende Beschreibung des ganzen Vorgangs, der Schreie und der Gebete der Opfer und des gutmütigen Gelächters der SS-Hottentotten, die den Spaß zur Ausführung brachten. Und da wundert ihr Deutschen euch, entrüstet euch sogar, dass die zivilisierte Welt beratschlagt, mit welchen Erziehungsmethoden aus den deutschen Generationen, deren Gehirne vom Nationalsozialismus geformt sind, aus moralisch völlig begrifflosen und missgebildeten Killern also, Menschen zu machen sind?«

Die Scholls verfolgen die Ansprachen des Literaturnobelpreisträgers gern im Radio – natürlich heimlich. Vieles, was Thomas Mann sagt, stimmt mit ihren Auffassungen überein. Ob sie seine Schilderung des Massenmordes an den Juden mitbekommen, ist nicht bekannt. Robert Scholl sitzt noch im Gefängnis und die anderen Familienmitglieder in Ulm sind vermutlich gerade jetzt sehr vorsichtig: Feindsender zu hören ist strafbar und die Gestapo wollen sie nicht wieder im Haus haben. Über die Verfolgung der Juden durch das NS-Regime sind der Familie ohnehin bereits viele Details bekannt. Dieses Wissen ist in die ersten vier Flugblätter der »Weißen Rose« eingeflossen.

Für die 6. Armee hat Hitler eine neue Order. Stalingrad soll nicht nur als Rüstungs- und Verkehrszentrum ausgeschaltet werden, der »Führer« verlangt am 6. Oktober 1942 nun die »völlige Inbesitznahme«. In der Innenstadt gibt es allerdings nicht mehr viel, was die Soldaten besetzen können. Dort stehen teilweise nur noch Gebäudefronten mit glaslosen Fenstern. Von schief stehenden Telegrafenmasten hängen Kabel herunter, Straßen sind verbarrikadiert, am Fahrbahnrand liegen Autoreifen. Deutsche Infanteristen machen gespenstische Fotos. Ihre Bilder, die in einer Akte des Armeeoberkommandos 6 festgehalten werden, zeigen auch Flüchtlinge, die zu Fuß mit Handkarren die Stadt verlassen. Leben kann dort eigentlich niemand mehr.

Endlich hat Hartnagel ein Winterquartier zugeteilt bekommen, wo seine Männer und er ein dauerhaftes Lager aufschlagen sollen. Es liegt zwischen Kalatsch und Stalingrad. Aber was haben sich seine Vorgesetzten dabei gedacht? Sie haben für die Luftwaffenkompanie eine Schlucht ausgewählt, die von der Frühjahrsschmelze regelrecht in die Steppe hineingespült wurde, eine Balka, oft mehrere Meter tief und breit. Dort steht nichts, kein Gebäude, kein Baum. Das bedeutet: Die Soldaten müssen sich auch hier wieder selber Bunker bauen und Erdlöcher graben. Aber sie haben dafür so gut wie kein Werkzeug und vor allem kein Material, keine Nägel, keine Hämmer, keine Zangen, kein Fensterglas, kein Stroh, keine Kohlen. Es bleibt also tatsächlich nur das, was sie in den zusammengeschossenen

Häusern in Stalingrad finden. Hartnagel hat 270 Soldaten unter seinem Kommando. Er will, dass alle den Winter überstehen. Dringend müssen die Bauarbeiten beginnen, bevor der Frost das unmöglich macht.

Am 21. Oktober erhalten die Medizinstudenten die Mitteilung, dass in wenigen Tagen ihr Einsatz in Russland enden wird. »Heute erfahren wir, dass es am 30. Oktober nach Wjasma und dann heimgehen soll«, schreibt Willi Graf nach Hause. »Mir gefällt es in diesem Land, an dessen Geschick ich großen Anteil nehme.« Während der Famulatur hat er sich viele Notizen in seinem Tagebuch gemacht. So schildert er, wie die Freunde aus München abends russischen Frauen beim Singen zuhören. Sie sitzen im Freien hinter Bäumen. Graf und die anderen summen die Bässe zu den unbekannten Liedern. »Es ist schön so, man spürt Russlands Herz, das wir lieben.«

Tags darauf kommen die Freunde aus München wieder am Hauptverbandsplatz im Wald zusammen. Ihr Dienst an der Ostfront endet nun bald. Scholl, Schmorell, Graf und Furtwängler verbringen ihre letzten Tage in Russland zusammen. Bis tief in die Nacht hinein diskutieren sie über ihre Erlebnisse an der Front. Willi Graf berichtet von intensiven Gesprächen, die ein »interessantes Ergebnis« gebracht hätten. Scholl und Schmorell haben ihn in Russland nicht nur in ihre Widerstandspläne eingeweiht, sondern ihn um Hilfe dafür gebeten.

Währenddessen gibt es in Stalingrad weiterhin schwere Verluste für die Angreifer. Dennoch schickt General Paulus einen Funkspruch ins Führerhauptquartier, in dem er die Einnahme der Stadt bis spätestens 10. November ankündigt. Daraufhin erteilt Hitler den Befehl, dass die 6. Armee und die 4. Panzerarmee sich vorbereiten sollen, nach dem Sieg bei Stalingrad entlang der Wolga weiterzuziehen.

Bei diesen Plänen ignorieren sowohl der Oberbefehlshaber der Wehrmacht als auch Generaloberst Paulus vor Stalingrad wichtige Meldungen der Luftwaffe. Die 4. Luftflotte unter dem Kommando von Generaloberst von Richthofen hat vor einem russischen Aufmarsch gewarnt. Piloten berichteten nach Aufklärungsflügen von einem getarnten Vorstoß der Roten Armee in Richtung der nördlichen Donschleife. Seit Tagen beobachten sie die sowjetischen Vorbereitungen für eine Offensive. Aber die Berichte führen nicht dazu, dass die Verantwortlichen des Heeres dieser Gefahr begegnen.

In Deutschland fällt es den Menschen immer schwerer, die Kämpfe in Stalingrad zu verfolgen. Die Wehrmachtsberichte werden immer kleinteiliger und spezieller. Bis auf eine Halle seien alle Fabrikanlagen des Werkes »Roter Oktober« in harten Einzelkämpfen eingenommen worden, außerdem die ausgebauten Stellungen und Häuserblocks des nördlichen Vororts Spartakowka bis auf einzelne Gebäude, heißt es am 25. Oktober 1942. Ohne es zu wollen, gibt das Oberkommando der Wehrmacht Hinweise darauf, wie mühsam und verlustreich es für die 6. Armee ist, die gesamte Stadt zu erobern. Aufopferungsvoll halten kleine Trupps sowjetischer Soldaten winzige Bereiche, bekämpfen deutsche Panzer mit Molotowcocktails, wie die mit Brandbeschleuniger gefüllten Flaschen genannt werden. Auf feindliche Flugzeuge feuern sie mit Maschinenpistolen oder Panzerbüchsen. Die Politkommissare verlangen eisern, dass der Befehl des Genossen Stalin umgesetzt wird: keinen Meter zurück.

Jeden Tag schaut Sophie Scholl in den Briefkasten, ob darin Feldpost von ihrem Fritz steckt. Und versucht ihrerseits, ihm Mut zu machen, trotz allem Chaos, aller Angst und allem Grauen um ihn herum durchzuhalten. Am 28. Oktober 1942 schickt sie ihm einige Gedanken, die ihr zu den Diskussionen, die er mit seinen Leutnants und den Besuchern aus der anderen Einheit geführt hat, durch den Kopf gegangen sind. »Ich wollte, ich könnte Dir in dem Streit, den Du oft in Gesprächen mit Deinen Offizieren führen mußt, mit dem, was ich weiß und bin, zur Seite stehen«, schreibt sie. »Weißt Du, dass sich nicht ihr ganzes Inneres gegen dieses Naturgesetz, den Sieg des Mächtigen über das Schwache, aufbäumt, scheint mir schrecklich und entweder entartet oder ganz und gar unempfindsam. Schon ein Kind ist mit Grauen erfüllt, wenn es den Sieg eines mächtigen Tieres über ein schwaches und dessen Untergang miterleben muß. Mich hat diese so ganz und gar unumgehbare Tatsache als Kind und auch später immer sehr bewegt und traurig gemacht.«

Sophie Scholl will nicht glauben, dass ein Mensch es gut finden kann, wenn ein schwaches Land von einem mächtigen Heer überfallen und zu Grunde gerichtet wird. »Die Herrschaft der brutalen Gewalt wird immer den Untergang des Geistes bedeuten, wollen sie das, sie, die mit Dir streiten?« In ihrem Brief irrt sie sich in einem Punkt. Russland ist nicht schwach, das wird sich noch zeigen. Und dass es Menschen gibt, die unterlegene Länder nicht nur zu Grunde richten, sondern deren Einwohner sogar vernichten wollen, das haben die Nationalsozialisten und ihre Handlanger bereits bewiesen.

In Ulm rücken die Frauen der Familie Scholl näher zusammen, versuchen sich zu stützen, gegenseitig Halt und Kraft zu geben. Hans und Werner Scholl sind in Russland, Robert Scholl wartet im Gefängnis darauf, dass seine Haft endlich vorüber ist. Überraschend werden die letzten beiden Monate seiner Strafe zur Bewährung ausgesetzt. Die Gnadengesuche seiner Söhne von der Front – Hans Scholl hat Anfang Oktober doch noch aus Russland an die Justiz geschrieben – und das Schreiben von Fritz Hartnagel haben wohl Wirkung gezeigt.

Unter großen Mühen errichten Fritz Hartnagel und seine Männer ihr Winterquartier. Viele Wagenladungen aus Stalingrad mit Holz und Steinen verbauen sie zu Bunkern. Noch immer sind sie nicht fertig, aber nun macht der Winter die Arbeit zur Qual. Hartnagel plant weitere Gebäude, darunter eine Sauna. Aber nun ist der Boden gefroren, hart wie gebrannter Ton, und darüber wächst festes Steppenkraut. Der Kompaniechef ärgert sich, dass sie bereits wochenlang an anderer Stelle Erdbunker gegraben haben. Diese Zeit fehlt ihnen jetzt.

In diesen Tagen tagträumt Hartnagel sich immer wieder aus Russland weg. Er macht sich Gedanken, was er nach dem Krieg machen soll. Vor Kurzem hat er erwogen, eine Hühnerzucht aufzumachen, und mit seiner Sophie per Brief darüber diskutiert. Seine Freundin schlug ihm vor, einen Bauernhof zu führen. Nun überlegt er, die Fabrik und den Versandhandel seines Vaters zu übernehmen. Könnte er mit der Produktion und dem Vertrieb von Schuhcreme und Schmierstoffen glücklich werden? Fest steht für ihn, dass er seine Zukunft gemeinsam mit Sophie Scholl verbringen wird.

6. KAPITEL

Verbündete und Gegner

Oktober bis Dezember 1942

Ende Oktober 1942 treten die Studenten die Heimreise an, nach mehr als drei Monaten in Russland geht es endlich wieder nach Hause. Sie alle haben überlebt, keiner wurde ernstlich verwundet. Aber ihr Einsatz in Russland hat sie radikalisiert. Hans Scholl und Alexander Schmorell planen, ihren Widerstand zu verstärken, ihn auszuweiten.

Zunächst fahren sie nach Wjasma, dann geht es von dort aus am 1. November dicht gedrängt in Viehwaggons bis Warschau. Trotzdem wird gefeiert: Heinrich Drexel, ein Freund von Willi Graf, hat Geburtstag. Hans Scholl schenkt ihm den Roman ›Die Brücke von San Luis Rey‹, versehen mit der Widmung »für Heini, zum Geburtstag / Im Viehwaggon durch Russland« und »anno diaboli / Hans«. In der polnischen Hauptstadt müssen sich die Angehörigen der 2. Studentenkompanie auf Urlauberzüge verteilen, voll besetzt mit Soldaten, die für einige Wochen von der Front nach Hause dürfen. Es herrscht ein unglaubliches Gedränge. Scholl, Schmorell, Graf, Furtwängler und Drexel gelingt es dennoch, gemeinsam ein Abteil zu belegen.

Kaum zehn Meter über dem Boden kreisen die Maschinen. Sie werfen Bomben ab, feuern aus ihren Maschinengewehren. 15 sowjetische Kampfflugzeuge überraschen Anfang November 1942 Hartnagels Kompanie. Der Offizier steht mit einem Hauptfeldwebel im Bunker an einem Tisch, sie sprechen über die Urlaubsliste für ihre Einheit. Da Hartnagel erkannt hat, dass die Schlacht um Stalingrad den Winter über weitergehen wird, möchte er möglichst vielen seiner Soldaten die Gelegenheit geben, in die Heimat zu ihren Familien zu reisen. Die Urlauber könnten wenigstens für eine kurze Zeit eine Pause von der Kälte und der Gefahr sowjetischer Angriffe erhalten.

Dann fallen vier Bomben ganz in der Nähe. Der Hauptmann und sein Untergebener springen beide unter den Tisch, suchen instinktiv nach einer Deckung, auch wenn die dünne Holzplatte über ihnen bei einem Volltreffer kaum helfen dürfte. Sie hören die Explosionen draußen. Der Hauptfeldwebel bleibt ganz gelassen. »Hoffentlich brauchen wir keinen von der Urlaubsliste zu streichen«, sagt er trocken. Aber die Männer haben Glück gehabt. Die Attacke der sowjetischen Piloten hat kaum Schaden angerichtet, niemand aus Hartnagels Kompanie wird ernsthaft verwundet.

In der Region um Stalingrad schneit es seit Anfang des Monats immer wieder heftig. Bald schon liegt der Schnee einen Meter hoch. Lastwagen, Krads und Pkw springen nicht mehr an, ihre Motoren müssen vor dem Anlassen mit Lötlampen erwärmt werden. Die Steppe um die Stadt herum gleicht einer weißen, unwirklichen Einöde, als läge ein riesiges Leichentuch über Stalingrad.

Sophie Scholl schreibt immer liebevoller an den Freund in der Ferne. »Und froh sind wir beide, was kommen mag, und der gemeinsame Grund, auf dem wir stehen, ist das stärkste Band, das uns zusammenknüpft«, heißt es in ihrem Brief vom 4. November 1942.

Zwei Tage später geht sie in Ulm spät abends durch eine düstere Gasse zum Bahnhof, um einen Brief für ihren Fritz einzuwerfen. Nachts ist in der Stadt alles verdunkelt, um feindlichen Fliegern kein Ziel zu bieten. Die Sterne, die am nächtlichen

Himmel blinken, hängen hinter Wolken und geben kaum Licht ab. Die ganze Zeit denkt Sophie Scholl an ihren Freund, eben, beim Klavierspielen bei Kerzenlicht, bei dem Geruch von Tanne in der Wohnung. Ihr Trost ist, dass dieselben Sterne, die auf sie heruntersehen, auch über Fritz Hartnagel im fernen Osten scheinen.

In der Nacht zum 7. November steigen Scholl, Schmorell und ihre Kameraden in München aus dem Zug. Sie sind schmutzig, verlaust und von Wanzen zerstochen. Schmorell lädt Scholl in das Haus seiner Eltern ein. Dort baden sie erst einmal ausgiebig, dann übernachtet Scholl auch dort. Am nächsten Morgen will er nach Ulm zu seiner Familie fahren.

Sophie Scholl freut sich auf ihn und auf die Freunde, aber sie spürt auch eine große psychische Belastung. »Die Unsicherheit, in der wir heute dauernd leben, die uns ein fröhliches Planen für den morgigen Tag verbietet und auf alle, die nächsten kommenden Tage ihren Schatten wirft, bedrückt mich Tag und Nacht und verläßt mich eigentlich keine Minute«, schreibt sie kurz vor dem Wiedersehen mit ihrem Bruder in einem weiteren Brief an Fritz Hartnagel. »Wann endlich wird die Zeit kommen, wo man nicht seine Kraft und all seine Aufmerksamkeit immer nur angespannt halten muß für Dinge, die es nicht wert sind, dass man den kleinen Finger ihretwegen krümmt.« Sie schildert den Druck, unter dem sie steht: »Jedes Wort wird, bevor es gesprochen wird, von allen Seiten betrachtet, ob kein Schimmer der Zweideutigkeit an ihm haftet. Das Vertrauen zu anderen Menschen muß dem Mißtrauen und der Vorsicht weichen. O es ist ermüdend und manchmal entmutigend. Doch nein, ich will mir meinen guten Mut durch nichts nehmen lassen, diese Nichtigkeiten werden doch nicht Herr über mich werden können, wo ich ganz andere unantastbare Freuden besitze.«

Solche Nöte vertraut sie nur ganz wenigen Menschen an, Fritz Hartnagel ist einer von ihnen. Sie hat schon so lange nichts mehr von ihrem Freund gehört, dass sie sich allerlei Gedanken macht. Wenn es ihm gut geht, dann wartet sie gern auf Post. Aber was ist, wenn nicht? Gerade jetzt würde sie ihn so dringend brauchen wie noch nie zuvor. Aber mehr als 3 000 Kilometer liegen zwischen ihnen. Fritz Hartnagel muss an der Ostfront ausharren.

Er schreibt ihr an diesem 7. November aus einem Bunker bei Stalingrad. Mit aller Härte hat der Winter begonnen. Für Hartnagels Kompanie kommt das zur Unzeit, denn noch längst haben sie ihr Winterquartier nicht fertiggestellt. Dabei soll der Winter in dieser Region noch heftiger sein als weiter im Norden, da der Ostwind ungebremst über die Steppe heranfegen kann.

Und den Kompaniechef betrübt noch etwas anderes. Sein Bursche wurde versetzt, zu einem Luftwaffensturmbataillon. Der junge Soldat hatte selbst darum gebeten, aus Abenteuerlust, wohl aber auch, weil er nicht ewig Hartnagels Dienstmädchen spielen wollte, wie der Offizier vermutet. Für ihn bedeutet es einen großen Verlust, den Vertrauten verloren zu haben.

Gedanken macht er sich auch um den Verlauf der Kämpfe in seiner Umgebung. »Die militärische Lage in Stalingrad ist mir selbst ein Rätsel«, gesteht er Sophie Scholl. »Die Russen haben nur noch wenige Quadratkilometer entlang der Wolga in Besitz, und in diesen Trümmerhaufen schleudern ununterbrochen unsere Stukas und die Artillerie ihre Bomben und Granaten hinein, daß man nicht glauben kann, daß sich noch irgendein menschliches Wesen darin hält.« Stukas, die Kurzform von Sturzkampfbomber, haben schon viele Städte im laufenden Krieg zerstört. Gegnerische Soldaten fürchten die Maschinen, die mit einem grauslichen Geheul auf ihre Ziele am Boden niederstoßen. Aber den Widerstand in Stalingrad können auch sie nicht brechen.

Wochenlang werde nun schon um diesen kleinen Flecken gekämpft, wundert sich Hartnagel weiter. »Man möchte fast annehmen, ein zweites Verdun.« Mit dem Namen dieser französischen Festung an der Maas ist eine der erbittertsten Schlachten im Ersten Weltkrieg verbunden. Bei dem Kampf um Verdun verloren 1916 die Deutschen 337 000 Mann, die Franzosen zählten sogar 377 000 Tote, Vermisste, Verwundete und Gefangene. Fritz Hartnagel deutet in seinem Brief an, dass Stalingrad ein ähnliches Symbol für den Zweiten Weltkrieg werden könnte.

Nach ihrer Rückkehr von der Front müssen sich die Medizinstudenten erst wieder an das Zivilleben gewöhnen. Willi Graf macht zwei Wochen Urlaub, besucht Familie und Freunde in Saarbrücken und Bonn. Schmorell entspannt sich einige Tage bei seinem Vater und der Stiefmutter in München, dann will er bei Hans Scholl in Ulm vorbeischauen. Der Freund fährt schon einmal zu seinen Eltern und den Geschwistern.

Viel Zeit zum Ausruhen gönnen sich die Soldaten nicht. Nachdem die Famulatur abgeschlossen ist, konzentrieren sich Hans Scholl und Alexander Schmorell auf neue Widerstandsaktionen. Willi Graf und Sophie Scholl gehören nun zum festen Kern, Christoph Probst ist eingeweiht. Aber sie planen, noch weitere Mitstreiter zu rekrutieren und ein schlagkräftiges Netzwerk aufzubauen. Alle Deutschen sollen erfahren, was sie über den Vernichtungsfeldzug der Wehrmacht und von den Verbrechen an der Ostfront mitbekommen haben.

Was die jungen Männer im Osten gesehen, was sie erlebt haben, das prägt sie. Ihre Erfahrungen befeuern ihren Widerstand. Und sie teilen ihre Eindrücke mit den Freunden und Verwandten, die zu Hause geblieben sind. Hans Scholl und Alexander Schmorell verbringen in der zweiten Novemberhälfte ein paar gemeinsame Tage in Ulm. Dort lebt »Shurik« einige Tage in der Wohnung der Familie Scholl am Münsterplatz. Vermutlich nutzen er und sein Freund die Ruhe der Donaustadt, um weitere Aktionen zu planen.

Sophie Scholl verwaltet die Finanzen des Kreises. Um Vervielfältigungsapparate, Papier, Umschläge und Briefmarken zu kaufen und die Reisen zu finanzieren, brauchen die Mitglieder der »Weißen Rose« Geld, denn nicht für alle Ausgaben können die Studenten selber aufkommen. Hans Scholl will bald Eugen Grimminger um Hilfe bitten, den Freund und Kollegen des Vaters.

Gemeinsam mit Traute Lafrenz kauft Sophie Scholl größere Mengen an Umschlägen, Briefmarken und Papier ein. Die Freundin der Scholls gehört nicht zum festen Kern, sie wird nicht in alle Aktionen eingeweiht, aber sie sorgt dafür, dass Flugblätter der »Weißen Rose« nach Wien und Hamburg gelangen. In beiden Städten hat sie Verwandte und Bekannte, sie sucht nach möglichen Unterstützern. Auch einen Vervielfältigungsapparat versucht sie zu besorgen. Erfolg hat Lafrenz dabei nicht. Schließlich gelingt es Willi Graf, ein solches Gerät zu organisieren.

Während die Sanitätsfeldwebel sich von ihrem Einsatz erholen, erhalten ihre Kameraden in Gshatsk, die sie erst vor wenigen Tagen verlassen haben, einen neuen Auftrag. Seit dem 8. November 1942 müssen die Soldaten der 252. Infanterie-Division dafür sorgen, dass alle Jugendlichen ab 14, Männer bis 65 und Frauen bis 60 Jahre Zwangsarbeit für die Wehrmacht leisten. Die russische Bevölkerung sei »eine weitgehende und rücksichtslose Heranziehung zur Arbeit gewöhnt«, schreibt der Kommandeur in seinem Divisionsbefehl dazu.

Wie jedes Jahr am Vorabend des 9. November, des Jahrestages des gescheiterten Putsches von 1923, spricht Hitler in München vor »alten Kämpfern«. Da der Bürgerbräukeller 1939 bei Georg Elsers Anschlag auf den Diktator schwer beschädigt wurde, muss er auf den Löwenbräukeller ausweichen. Der »Führer« sieht abgekämpft aus, erst gestern ist er mit einem Sonderzug in der Ukraine aufgebrochen. Er spricht fast eine Stunde lang, besonders ausführlich über Stalingrad, die Stadt, in der gerade so erbittert gekämpft werde. »Zufälligerweise trägt sie den Namen von Stalin selbst«, sagt Hitler. Aber das sei nicht der Grund, warum er dorthin marschiert sei. Stalingrad sei »ein ganz wichtiger Punkt«, ein »gigantischer Umschlagplatz. Den wollte ich nehmen und – wissen Sie – wir sind bescheiden, wir haben ihn nämlich! Es sind nur noch ein paar ganz kleine Plätzchen da. Nun sagen die anderen: ›Warum kämpfen sie dann nicht schneller?‹ – weil ich dort kein zweites Verdun haben will, sondern es lieber mit ganz kleinen Stoßtrupps mache. Die Zeit spielt dabei gar keine Rolle. Es kommt kein Schiff mehr die Wolga hoch. Und das ist das Entscheidende!«

Doch Hitlers großsprecherische Behauptung, die Wehrmacht habe Stalingrad bereits erobert, hat mit der Realität vor Ort nichts zu tun. Die Lage gleicht eher einer Pattsituation. Nach wie vor kämpfen die Soldaten einen verlustreichen und kräftezehrenden Häuserkampf.

Ob seine Zuhörer bereits wissen, welches Ungemach den Achsenmächten in Nordafrika bevorsteht? US-Truppen haben an diesem Tag mit der Invasion begonnen, unterstützt von britischen Einheiten. Bald wird das deutsche Afrikakorps nicht nur gegen die Briten, sondern auch gegen Soldaten aus den Vereinigten Staaten kämpfen müssen. Aber Adolf Hitler tut die Landung der Alliierten in Marokko und Algerien als nicht sonderlich bedrohlich ab.

Sein kleiner Ofen glüht, in der Dunkelheit des Bunkers sieht er aus wie ein dunkelroter Lampion. Hartnagel sitzt am Abend des 9. November 1942 im Schlafanzug davor. Er hat sich endlich einmal wieder gründlich gewaschen, von Kopf bis Fuß. In den vergangenen Wochen hatte er oft kaum genug Wasser, um den Staub der Landstraße abzuspülen. Nun freut er sich über das Gefühl, richtig sauber zu sein. Und er denkt an die Tage mit seiner Sophie in Freiburg zurück, wo beide ausgiebig gemeinsam gebadet haben. Er nascht einige Süßigkeiten, die seine Freundin ihm per Päckchen nach Russland geschickt hat. Hartnagel pickt eine Haselnuss heraus und genießt kauend den Geschmack. Leider hat er die meisten Köstlichkeiten bereits verspeist.

Nur zwei Tage später trifft das nächste Päckchen von Sophie Scholl bei ihm ein. Schokolade ist unter anderem darin. Rare Schätze an der Ostfront. Dort wird die Versorgung der Soldaten immer schlechter. Zwar sind vor Kurzem bei Hartnagels Kompanie 100 Zentner Kartoffeln eingetroffen, doch wenn es den Männern nicht gelingt, rasch einen Lagerkeller zu bauen, erfriert der kostbare Vorrat. Das Thermometer zeigt bereits häufig minus 20 Grad an, und jeden Tag wird die Arbeit schwerer. Der Boden ist so hart gefroren, dass er erst mit Spitzhacken aufgelockert werden muss, bevor man zur Schaufel greifen kann.

In München weihen Hans Scholl und Alexander Schmorell eine Freundin in ihre Widerstandsarbeit ein. Lilo Berndl will ihnen helfen. Sie verspricht, einen Kontakt zu Falk Harnack herzustellen, dessen Bruder Arvid in Berlin gemeinsam mit dem Oberleutnant Harro Schulze-Boysen ebenfalls eine Gruppe aufgebaut hat, die sich gegen das Regime auflehnt. Die Gestapo und die Funkabwehr nennen den losen Zusammenschluss von Freunden »Rote Kapelle«. Sie unterstellen ihm, ein Spionagenetzwerk der Sowjetunion zu sein.

Tatsächlich übermittelt die »Rote Kapelle« einige Informationen an den sowjetischen Geheimdienst. Deren Aktivisten verstehen sich aber nicht als russische Agenten. Sie wollen die Unabhängigkeit Deutschlands erhalten und keinen Stalinismus einführen. Wie die »Weiße Rose« verfassen auch die Mitglieder der »Roten Kapelle« Flugblätter, die der Bevölkerung die wahre Situation des Landes vor Augen führen sollen: Die Zeit der »großen militärischen Erfolge der ersten Kriegsjahre« sei vorbei, schreiben sie: »Ein Endsieg des nationalsozialistischen Deutschlands ist nicht mehr möglich.« Damit klingt die Gruppe ganz ähnlich wie der Münchner Widerstandskreis.

Arvid Harnack und seine aus den Vereinigten Staaten stammende Frau Mildred sind beide hochgebildet, idealistisch und vom Sozialismus begeistert. Im Amerikareferat des Reichswirtschaftsministeriums tätig, trat Harnack 1937 zur Tarnung in die NSDAP ein, doch seit der Machtübernahme Hitlers gehören er und seine Frau zur Opposition. Mildred Harnack nutzt dabei ihre guten Kontakte zur US-Botschaft und zu Landsleuten, um Menschen zu helfen, die aus rassistischen oder politischen Gründen verfolgt werden. Am 7. September 1942 nahmen Polizisten das Ehepaar fest. Es sitzt nun in Berlin im Gefängnis und soll bald vor das Reichskriegsgericht kommen.

Falk Harnack, Regisseur und Drehbuchautor, will sich trotz der Gefahr, ebenfalls von der Gestapo aufgespürt zu werden, mit Hans Scholl und Alexander Schmorell treffen. An einem Wochenende im November 1942 fahren die beiden extra nach Chemnitz. Falk Harnack ist für sie nicht nur wegen seiner Kontakte zur sogenannten »Roten Kapelle« interessant, er kennt auch noch andere Widerstandsgruppen. Sein Vetter ist der Theologe Dietrich Bonhoeffer und dessen Schwager wiederum Hans von Dohnányi, der zum Widerstandskreis in der Abwehr, dem militärischen Geheimdienst, gehört. Doch Harnack, den die beiden Münchner um weitere Namen aus dem Widerstand bitten, schweigt sich zu seinen Kontakten aus. Er will niemanden gefährden. Immerhin vereinbaren sie ein Treffen mit anderen Regimegegnern im Februar in Berlin. Harnack will ihnen Dietrich Bonhoeffer vorstellen.

Hans Scholl ist dankbar für derartige Begegnungen, gleichzeitig fürchtet er, auf diese Weise stärker ins Visier der Verfolger zu geraten. Zu Lilo Berndl sagt er: »Lilo, ich will meinen Kopf nicht verlieren.« Aber auch die Freundin geht ein hohes Risiko ein. In ihrer Wohnung und in ihrem Keller lagert Alexander Schmorell Flugblätter und versteckt Material, das vervielfältigt werden soll.

Mitte November 1942 besucht Christoph Probst in München Hans Scholl in seiner Wohnung. Sie sprechen über den Kriegsverlauf, auch über Stalingrad. Scholl bittet den Gast schließlich um einen Flugblattentwurf – obwohl er und die anderen den jungen Vater aus ihren Aktionen heraushalten wollten. Und allein den Entwurf für ein Flugblatt zu verfassen, kann drastische Strafen nach sich ziehen. Probsts Manuskript soll dem deutschen Volk die Augen öffnen, eine Niederlage sei nur noch abzuwenden, wenn sich Deutschland an Amerika und England annähere. Das soll zum Thema eines der nächsten Flugblätter werden.

Sophie Scholl steht gehörig unter Druck: Studium, Sorgen um den Freund, Arbeit im Widerstand. Für die junge Frau kommt in diesem Herbst viel zusammen. Am 18. November berichtet sie Fritz Hartnagel von ihren Nöten und bittet ihn, dass sie über die Ferne hinweg gemeinsam beten. »O Fritz, wenn ich Dir jetzt nichts anderes schreiben kann, so doch bloß deshalb, weil es erschreckend lächerlich ist, wenn ein Versinkender, anstatt um Hilfe zu rufen, beginnt über irgendein wissenschaftliches Thema sich auszulassen, dieweil die unheimlichen Schlingarme der Wesen auf dem Meeresgrunde ihm Beine und Arme umklammern, und die Wogen über ihm zusammenschlagen; bloß deshalb, weil ich Angst in mir habe und nichts als Angst und mich nach dem sehne, der mir diese Angst abnimmt.« So emotional hat Sophie Scholl sich selten an Hartnagel gewandt. Was genau sie so einschüchtert, schreibt sie nicht. Hätte Hartnagel diesen Brief gelesen, hätte er sich bestimmt große Sorgen gemacht, doch die Post erreicht ihn nicht.

Im Morgengrauen des 19. November 1942 eröffnet die Rote Armee ihre Gegenoffensive am Don, fünf Armeen stehen für die »Operation Uranus« bereit. Sowjetische Panzer, Infanteristen und Kavallerieeinheiten rücken zunächst über den Don nach Norden vor, wenig später beginnen die Sowjets einen weiteren Angriff südlich von Stalingrad – ein effektiver Zangengriff. Vor allem die sowjetischen Panzer, die nun mit bis zu 53 Stundenkilometern auf Stalingrad zurollen, gelten als leistungsstark. Der T-34, der seit dem Herbst 1941 eingesetzt wird, ist den deutschen Panzerkampfwagen vom Typ III und IV in mehrfacher Hinsicht überlegen.

Während eines Schneesturms greifen die russischen Soldaten die Deutschen und ihre Verbündeten an unterschiedlichen Orten überraschend an. An der Südwestfront von Stalingrad durchbrechen zwei sowjetische Armeen die Verteidigungslinien der Rumänen und dringen 40 Kilometer ins Hinterland vor. So entsteht eine für die Deutschen bedrohliche Lage.

Adolf Hitler und die führenden Köpfe des Oberkommandos der Wehrmacht bekommen davon nichts mit, sie erholen sich im Alpenvorland bei Berchtesgaden. Dann trifft dort auf dem Berghof eine alarmierende Nachricht aus dem Osten ein. Generalstabschef Zeitzler teilt per Telefon aus Rastenburg mit, dass eine überwältigend starke Panzerstreitmacht nordwestlich von Stalingrad die Verteidigungslinie der 3. rumänischen Armee durchbrochen habe, im Süden der Stadt die 4. Panzerarmee der Wehrmacht unter Druck geraten und die 4. rumänische Armee so gut wie in die Knie gezwungen sei. Gezielt greift die Rote Armee die Frontabschnitte der Rumänen an, weil diese schlechter bewaffnet und ausgerüstet sind als die Wehrmacht.

Zeitzler ahnt, was die Russen vorhaben. Er weiß von einer Meldung des militärischen Nachrichtendienstes, der zufolge der Gegner im Süden 13 Armeen mit Abertausenden von Panzern aufgestellt hat. Das Ziel der Roten Armee kann nur sein, mit starken Kräften gleichzeitig von Nord und Süd auf Stalingrad vorzustoßen, um dort die 6. Armee einzuschließen. Daher empfiehlt er Hitler, die Truppen aus der Stadt herauszuziehen und an die Donschleife zu verlegen. Dort solle Paulus dann verhindern, dass die Front komplett zusammenbricht. Doch dieser Vorschlag erbost den obersten Befehlshaber. »Ich gehe nicht von der Wolga zurück«, brüllt er den Generalstabschef des Heeres nieder.

In Ulm leidet Robert Scholl einmal mehr unter der Diktatur. Am 19. November 1942 entzieht ihm der NS-Rechtswahrerbund die Zulassung als Steuerberater – wegen fehlender politischer Zuverlässigkeit. Seinen Beruf darf er nun nicht mehr ausüben. Lediglich als Buchhalter kann er noch tätig sein. Vergeblich haben sich 30 seiner Mandanten für Robert Scholl eingesetzt, darunter sogar lokale NSDAP-Größen. Für die Familie ist das eine bedrohliche Entwicklung. Nach der Haftstrafe ist es der zweite Schlag des Regimes gegen den Vater wegen seiner Zweifel am »Endsieg«.

Sophie Scholl empfindet immer stärkeren Zorn auf diesen Staat, der so ungerecht agiert. Sie verspricht ihrem Vater, »nicht das kleinste Wort derer« zu vergessen, »die es soweit gebracht haben«. Sie zweifelt, ob ihre Eltern dann noch in der Lage sein werden, das Studium zu finanzieren. Diese Sorge nimmt ihr Fritz Hartnagel. Schon mehrfach hat er finanzielle Hilfe angeboten, zugesagt, dass er die Miete ihres Zimmers übernehmen könne. Er ist bereit, mit einem Großteil seines Soldes, den er im

Krieg kaum ausgeben kann, seine Freundin und ihre Familie zu unterstützen.

Robert Scholl sagt nach seiner Entlassung aus dem Gefängnis zu seiner Familie manchmal nur »Allen«, um seiner Frau, den Kindern und sich selbst Mut zu machen. Damit verweist er auf das Motto der Scholls: »Allen Gewalten zum Trutz sich erhalten«. Ein Goethe-Zitat aus dem Gedicht ›Feiger Gedanken‹, das als Codewort dient. Sich erhalten, sich der Diktatur nicht geistig unterwerfen. Eben aufrecht durchs Leben gehen.

Die ganze Strophe lautet:

Allen Gewalten
Zum Trutz sich erhalten,
Nimmer sich beugen,
Kräftig sich zeigen,
Rufet die Arme
Der Götter herbei.

Wo genau sich die Russen in der Umgebung von Stalingrad positioniert haben, wissen die Deutschen nicht. Mit Aufklärungsflügen finden sie heraus, dass die sowjetischen Truppen einen Kreis um die 6. Armee in Stalingrad ziehen, also mit einer Methode vorgehen, die sie selber oft angewandt haben. Sie kesselt den Feind ein.

Diese Information übermitteln die Generäle von der Ostfront nach Berchtesgaden. Nun herrscht Aufregung in Hitlers Umfeld. Wie Zeitzler vorausgesagt hat, vereinigen sich in Kalatsch, einem Ort, der 60 Kilometer entfernt liegt, die beiden Angriffskeile der Sowjets. Zahlreiche deutsche Einheiten werden von dem schnellen Vormarsch überrascht, Piloten und die Bodencrew müssen am 20. November den Flugplatz Kalatsch räumen, Stukas und andere Maschinen, die nah am Rollfeld standen, heben ab.

Auch Hartnagel und seine Männer packen hektisch zusammen, beladen die Fahrzeuge mit Funktechnik und einigen Vorräten. Fluchtartig verlassen sie ihre Hütten und Erdbunker, die sie so mühsam errichtet haben. Unter Beschuss erreicht die Kompanie das westliche Ufer des Don und zieht sich dann auf die andere Seite des Flusses zurück. Dabei verliert sie einen Großteil ihrer Fahrzeuge und das meiste Gerät. Im Kessel bekommt Hartnagel als einer der dienstältesten Offiziere der Nachrichtentruppe der Luftwaffe den Befehl, aus den Resten verschiedener Einheiten innerhalb von sechs Stunden ein Infanteriebataillon zusammenzustellen, um einen Verteidigungsabschnitt zu halten. Das steht nun unter seinem Kommando den Russen gegenüber.

Am 21. November beruft Hitler einen von ihm geschätzten Generalfeldmarschall zum Kommandeur der neugeschaffenen Heeresgruppe Don. Erich von Manstein soll die 6. Armee befreien, indem er mit Truppen bis Stalingrad vorstößt und die Russen zurückschlägt. Manstein kennt die Rote Armee gut. 1931 wurde der Offizier nach Moskau geschickt, um Lehrgänge zu besuchen. Die Reichswehr, die Vorgängerin der Wehrmacht, kooperierte damals mit den sowjetischen Streitkräften im Zuge einer geheimen Aufrüstung mit Panzern, Flugzeugen und chemischen Waffen, die sie laut Versailler Vertrag gar nicht hätte haben dürfen. Auch Wilhelm Keitel, der aktuelle Chef des Oberkommandos der Wehrmacht, und Generaloberst Walter Model, den Hitler an der Ostfront oft da einsetzt, wo die Lage besonders schlecht aussieht, lernten so die UdSSR kennen. Dennoch unterschätzen die meisten Generäle die Schlagkraft der Russen.

Der neue Oberbefehlshaber der Heeresgruppe Don kann den Befehl Hitlers nicht erfolgreich ausführen, das weiß er bereits vor dem Beginn der Mission. Er schlägt daher vor, den russischen Belagerungsring von der 6. Armee in westlicher Richtung durchschlagen zu lassen. Das kann allerdings nur dann gelingen, wenn die 4. Panzerarmee und andere Einheiten gleichzeitig Druck auf die Russen ausüben. Das lehnt Hitler ab. Von der Wolga will er keine Einheiten abziehen, die 6. Armee und die Truppen der Verbündeten sollen in Stalingrad bleiben und zur Stadt durchbrechen. Manstein bereitet nun eine Mission vor, von deren Gelingen er selbst nicht überzeugt ist.

Per Telefon warnt Generalleutnant Martin Fiebig von der Luftwaffe am Morgen des 22. November den Generalstabschef der 6. Armee, Arthur Schmidt, dass eine Versorgung des Kessels mit Flugzeugen nicht möglich sei: »Unberechenbar sind Feind und Wetterlage des russischen Winters.«. Er lässt keinen Zweifel daran, dass die Luftversorgung nicht funktionieren wird: Die Wehrmacht verfügt über zu wenige Transportmaschinen, es gibt in Stalingrad und Umgebung nicht ausreichend geeignete Flughäfen und es fehlt auch am Bodenpersonal.

Am Abend meldet General Paulus dann per Funkspruch, dass seine 6. Armee von den Russen vollständig eingeschlossen sei. Zwanzig deutsche und zwei rumänische Divisionen sind nun eingekesselt. Hitler lässt ihm sofort eine Antwort schicken. Sein Befehl lautet, Paulus solle sein Quartier nach Stalingrad hineinverlegen und eine »Igel-Stellung« aufbauen. Damit meinen Militärs eine wehrhafte Verteidigungsposition. Die Armee, so sichert ihm der »Führer« zu, werde komplett aus der Luft versorgt.

Den Sinn dieses Befehls bezweifelt Paulus. Er hat bereits mit Generaloberst Hoth von der Panzertruppe gesprochen und überlegt, wo sie mit vereinten Kräften einen Korridor freikämpfen könnten. Daher schickt er in der Nacht zum 23. November an das »Führerhauptquartier« abermals die Bitte, seine Armee zurückzunehmen. Er will mit seinen Männern aus der Umklammerung der Russen ausbrechen.

Ohne die Antwort Hitlers abzuwarten, erteilt er den Soldaten im Kessel die Order, alles für einen Ausbruch vorzubereiten. Ausrüstung, die hierfür nicht benötigt wird, aller Ballast soll zerstört werden, nichts Brauchbares dem Feind in die Hände fallen. Panzer, die nur leichte Schäden aufweisen, Kraftwagen, die ohne Treibstoff liegengeblieben sind, hochwertige, aber schwere Funkgeräte gehen in Flammen auf oder werden gesprengt. Mäntel, Uniformen, Schreibmaschinen, Akten und überzählige Lebensmittelrationen landen im Feuer. Generaloberst Paulus verbrennt selbst persönliche Gegenstände. Dann warten er und seine Männer auf den Befehl, zum Angriff übergehen zu dürfen, um sich den Weg aus dem Kessel freizukämpfen.

Schließlich trifft die Antwort aus dem »Führerhauptquartier« ein: Die 6. Armee soll in ihrer »Igel-Stellung« bleiben. Paulus, der eigenmächtig bereits den Ausbruch vorbereitet hat, teilt daraufhin seinen Vorgesetzten mit, dass seine 300 000 Männer als Nachschub 300 Tonnen Treibstoff, 30 Tonnen Munition, Ersatzteile, Werkzeuge, Kleidung und 150 Tonnen Verpflegung bräuchten – täglich und sehr konservativ geschätzt, zudem müssten auch Feldpost und Medikamente mit Flugzeugen gebracht werden.

Die Luftwaffe scheint nicht in der Lage zu sein, eine solche Masse zu transportieren. Eine Ju 52 kann pro Flug maximal zwei Tonnen Fracht befördern, 240 dieser Transportflugzeuge müssten also täglich in Stalingrad landen, Pannen, Materialverschleiß, Verluste durch Abschüsse und sonstige Ausfälle mitberücksichtigt sogar 720. Da die deutschen Streitkräfte jedoch insgesamt nur über 750 dieser Transporter verfügen, wovon 280 das Afrikakorps mit Nachschub versorgen, andere für die Ausbildung gebraucht werden, in Griechenland, Frankreich, Norwegen und zahlreichen anderen besetzten Gebieten stehen, kann der Plan rein rechnerisch nicht aufgehen. Auch fehlt es am Flughafen von Pitomnik an einer ausreichenden Zahl von Landebahnen sowie an Maschinen zum Ausladen der Flugzeuge. Alles muss von der Bodencrew und den Besatzungen per Hand erledigt werden. Viel zu viel kostbare Zeit geht so verloren.

Göring, der Chef der Luftwaffe, verspricht Hitler dennoch, dass seine Flieger die in Stalingrad eingeschlossenen Truppen versorgen werden. Dabei weiß er, dass er nicht über genügend Transportflugzeuge verfügt. Dazu kommen weitere Hindernisse wie das stürmische und eisige Wetter, das Flüge häufig verhindert, und die russischen Jagdflieger, die stärker werden und immer mehr deutsche Maschinen vom Himmel schießen.

Das alles weiß auch General Paulus. Die einzige Chance für seine Truppen, der Umklammerung zu entgehen, wäre, sich nach Südwesten zurückzuziehen. Das ist nun nicht mehr möglich. Denn gegen eine direkte Anweisung Hitlers will Paulus nicht verstoßen. Er lebt das Prinzip »Befehl und Gehorsam«. Also verlegt der Befehlshaber seinen Stab nach Gumrak in den Kessel hinein.

Mit dem »Führerfunkspruch Nr. 1368« wendet Adolf Hitler sich an die eingekesselten deutschen Soldaten: »Ich kenne die 6. Armee und ihren Oberbefehlshaber und weiß, daß sie sich in dieser Lage tapfer halten werden. Die 6. Armee muß wissen, daß ich alles tue, ihr zu helfen und sie zu entsetzen.« Er gibt also sein Versprechen, die eingeschlossenen Einheiten zu retten.

Wie schlimm die Lage des Verbandes in Stalingrad ist, erfahren die Deutschen an der sogenannten Heimatfront nicht. Allerdings klingen die Berichte in den nationalsozialistischen Zeitungen nun sehr viel weniger euphorisch. Wer zwischen den Zeilen lesen kann, ahnt sicher, dass die Wehrmacht in die Defensive gedrängt wird. »Seit einigen Tagen greift der Feind wieder an, aber nicht im Stadtgebiet, sondern gleichzeitig weiter südlich in der Kalmückensteppe und nördlich am oberen Rand des großen Donbogens«, heißt es am 24. November im ›Völkischen Beobachter‹. »Das Ziel dieser beiden Angriffe ist offenbar, den großen Frontvorsprung, an dessen östlichster Stelle Stalingrad liegt, einzudrücken.«

An diesem Tag kommandiert Adolf Hitler seine Truppen wieder aus dem »Führerhauptquartier« in Rastenburg. Generalstabschef Zeitzler ringt um seine Zustimmung, endlich die 6. Armee abzuziehen. Hartnäckig beharrt er darauf, dass der Verband nach Westen ausbrechen müsse, weil es den Soldaten an Nachschub fehle und sie der Kälte ausgesetzt seien. Auch aus dem Kessel selbst kommt ein weiterer dringender Appell. »Die Armee geht in kürzester Zeit der Vernichtung entgegen, wenn nicht unter Zusammenfassung aller Kräfte der von Süden und Westen angreifende Feind vernichtend geschlagen wird«, teilt Paulus mit. »Hierzu ist die Herausnahme aller Divisionen aus Stalingrad und starker Kräfte aus der Nordfront erforderlich.« Erneut fordert er einen konzentrierten Durchbruch seiner Armee durch die russischen Linien.

Auch der Kommandierende General des LI. Armeekorps, Walther von Seydlitz, fordert in einer Denkschrift die »unverzügliche Einleitung der Ausbruchsoperation«. Seydlitz gilt als »Kesselexperte«. Er hat bei Demjansk von Russen eingeschlossene deutsche Truppen im Frühjahr 1942 befreit. Damals steckten sechs Divisionen mit insgesamt 95 000 Soldaten in einem Kessel fest. Nun sieht die Lage deutlich bedrohlicher aus. »Hebt das Oberkommando des Heeres den Befehl zum Ausharren in der Igelstellung nicht unverzüglich auf, so ergibt sich vor dem eigenen Gewissen gegenüber der Armee und dem deutschen Volk die gebieterische Pflicht, sich die durch den bisherigen Befehl verhinderte Handlungsfreiheit selbst zu nehmen und von der heute noch vorhandenen Möglichkeit, die Katastrophe durch eigenen Angriff zu vermeiden, Gebrauch zu machen.

Die völlige Vernichtung von 250 000 Kämpfern und ihrer gesamten Materialausstattung steht auf dem Spiel. Es gibt keine andere Wahl.«

Paulus folgt dieser Forderung nicht. Er gilt als stiller, empfindlicher, eher leiser Oberbefehlshaber, er ist kein Draufgänger. Sich einem Mann wie Hitler zu widersetzen, dafür fehlt ihm das Naturell. Sein Vorgesetzter Manstein vertritt ohnehin die Meinung, als Befehlshaber der 6. Armee sei Paulus nicht dafür verantwortlich, was mit seinen Männern passiere, wenn die letzte Patrone verschossen sei. Schließlich befolge er nur den Befehl Hitlers. So scheint auch der Befehlshaber der 6. Armee sein Dilemma zu lösen, er befolgt die Order seines Oberkommandierenden. Und auch sein Stabschef, Generalmajor Arthur Schmidt, sieht das so: »Wir haben uns nicht den Kopf des Führers zu zerbrechen und General von Seydlitz nicht den seines Oberbefehlshabers!« Daran hält sich Paulus nun. Mit der Parole »Drum haltet aus, der Führer haut uns raus!« versucht er seinen Männern neuen Mut zu machen. Sein Gehorsam wird belohnt: Hitler befördert ihn zum Generaloberst, der zweithöchste Rang, den ein Soldat in der Wehrmacht erreichen kann.

Sophie Scholl verlässt mit einem Adventskranz im Gepäck und einigen leckeren Sachen Ulm und folgt ihrem Bruder Hans, der schon einige Tage zuvor nach München aufgebrochen ist. Sie haben ihren Eltern versprochen, schon bald wiederzukommen. Weihnachten wollen sie zu Hause feiern.

Währenddessen wird im Oberkommando der Wehrmacht mit Zahlen jongliert. Am 27. November heißt es im Kriegstagebuch: »Nur 27 Ju 52 sind gestern in den Raum Stalingrad eingeflogen. Vorhanden sind 298 Ju 52, die täglich etwa 600 Tonnen Versorgungsgut nach Stalingrad schaffen könnten; gebraucht werden vorläufig 700 Tonnen täglich, später nach Verbrauch der vorhandenen Verpflegungssätze 1 500 Tonnen.« Am 29. und 30. November kommen von 38 gestarteten Ju 52 nur 12 durch.

Schon länger wollen Sophie und Hans Scholl zusammenwohnen. Nun haben sie eine gemeinsame Bleibe gefunden: in der Franz-Joseph-Straße 13. Am 1. Dezember 1942 ziehen die Geschwister dort ein. Ihre nebeneinanderliegenden Zimmer werden zum Treffpunkt des Widerstandskreises, auch mit Kurt Huber tauschen sich die Freunde nun häufiger privat aus.

Christoph Probst sehen sie nur noch selten, er wird zu einer Studentenkompanie nach Innsbruck versetzt. Vor seiner Abreise diskutieren die Freunde über die Ausweitung des Widerstandes. An möglichst vielen Universitäten sollen Gruppen entstehen. So planen die Freunde, einen Bekannten in Berlin anzusprechen. Willi Graf will Unterstützer an verschiedenen Hochschulen für den Kampf gegen das NS-Regime werben. Er notiert in seinem Tagebuch viele Ereignisse in einer Art Code: »Gedanken über den Aufbau«, schreibt er, »Arbeit am Plan« oder »Gespräche über den Aufbau, manche Gedanken sind mir neu«. Die Freunde organisieren ihre Widerstandsarbeit.

Am 3. Dezember landet kein einziges Flugzeug in Stalingrad. Eisregen, dichtes Schneetreiben und Nebel verhindern das. 38 Maschinen vom Typ Ju 52 hat die Luftwaffe bereits verloren, elf weitere sind beschädigt, 100 Mann der fliegenden Besatzung gestorben. Und so kommen keine neue Munition, kein Essen, keine Medikamente zu den Soldaten, die pausenlos angegriffen werden. Seit dem 8. Dezember erhält jeder Mann im Kessel nur noch 200 Gramm Brot.

Der Lärm der russischen Geschütze betäubt die Ohren. Fritz Hartnagel und seine Infanteristen stehen unter heftigem sowjetischen Feuer. Im Gegensatz zur Wehrmacht muss die Rote

Armee nicht mit Munition sparen. Und ein weiterer Umstand kommt ihr zugute: Es ist so kalt, dass die Wolga vollständig zufriert. Die Eisdecke ist so fest, dass sie auch mit schwerem Kriegsgerät wie Panzern und Geschützen über den Fluss kommt. Für die Deutschen, die ihre Stellungen in Stalingrad verteidigen sollen, ist das keine gute Nachricht.

Hartnagel muss nun ständig kämpfen. Er kauert sich am 8. Dezember in ein Schützenloch. Plötzlich landet ein kleiner Vogel in seiner Nähe, sitzt fast neben ihm. Ganz sicher nimmt Hartnagel an, dass dies ein Gruß seiner Sophie sein muss. Nun verschwindet seine Angst, er fühlt sich in seinem Loch, das ihn vor Granaten kaum schützt, so sicher, als ob ihm nichts auf dieser Welt ein Leid antun könne.

In München werben die Scholls und ihre Freunde um einen weiteren Mitstreiter. Am 17. Dezember 1942 kommt Kurt Huber zu einem Treffen mit den Studenten in die Wohnung der Scholls. Auch Willi Graf ist dabei und freut sich über das »sehr interessante Gespräch« mit dem Professor, wie er hinterher im Tagebuch notiert. Noch gehört Huber nicht zur Gruppe, man tastet sich ab, erwägt, wie man zusammenarbeiten könnte. Nun aber scheint der Professor sich durchzuringen, das Risiko für seine Familie und sich einzugehen. Nachdem Huber sich verabschiedet hat, sitzen die Freunde noch sehr lange zusammen.

Grafs Schwester Anneliese ist in München zu Besuch. Sie wohnt bei den Scholls. Ihren Bruder sieht sie nur selten in diesen Tagen. Er hat so viel zu tun, plant mit den anderen die Widerstandsaktionen, probt mit dem Bach-Chor, besucht Jugendfreunde. Immerhin findet er Zeit, mit seiner Schwester essen zu gehen. Willi Graf reißt ein enormes Pensum ab. Am 19. Dezember notiert er im Tagebuch: »Anneliese ist wohl schon weggefahren.« Am nächsten Tag hört er den ›Messias‹, leider nur vom Stehplatz aus. Das Konzert macht einen sehr großen Eindruck auf ihn, vor allem die Arie: »Ich weiß, daß mein Erlöser lebt.«

Hitler erwartet in Rastenburg einen wichtigen Besucher: Graf Galeazzo Ciano, den italienischen Außenminister und Schwiegersohn des »Duce«. Benito Mussolini wollte ursprünglich selbst kommen, aber er glaubt nicht mehr an einen Sieg der »Achsenmächte« über Stalin, außerdem hat er Magenprobleme. An der weiten Reise ist ihm nicht gelegen.

Das Gespräch zwischen dem Grafen und Hitler gestaltet sich schwierig. Ciano äußert Zweifel an einem Erfolg an der Ostfront und sieht in einem Waffenstillstand mit Stalin eine Option. Danach könnten die Verbündeten aus Deutschland und Italien ihre Truppen aus der Sowjetunion abziehen, um damit Nordafrika, den Balkan und Westeuropa zu sichern. Hitler weist die Vorschläge seines Verbündeten verächtlich ab. Er versichert Ciano, er könne jederzeit Truppen von der Ostfront nach Nordafrika verlegen, sollte dies nötig sein. Doch sein betont zuversichtliches Auftreten täuscht nicht über die gedrückte Stimmung im »Führerhauptquartier« hinweg. »Die Atmosphäre ist lastend«, notiert Ciano in seinem Tagebuch. »Als ich ankam, hat man weder mir noch meinen Mitarbeitern das Unbehagen über die Nachrichten des Durchbruchs an der russischen Front verhehlt. Man versucht ganz offen, uns dafür die Schuld zuzuschieben.«

Am 19. Dezember sollen Hartnagel und seine Männer einen neuen Frontabschnitt verteidigen. Dort geraten sie abermals unter heftigen Beschuss. Viele seiner Infanteristen überleben ihn nicht, die Verluste sind ungeheuerlich. Hartnagels Bataillon, das gut 1 000 Soldaten stark sein müsste, schrumpft auf die Größe einer Kompanie, rund 150 Mann. Aber die Rote Armee bricht nicht durch. Der Tod verliert für Hartnagel allmählich seinen Schrecken.

Die Stärke der 6. Armee beträgt in diesen Tagen noch fast 250 000 Mann. Aber durch die ständigen Angriffe der Roten Armee fallen immer mehr aus. Dazu kommen Hunger und Kälte. Dennoch schöpfen die eingeschlossenen Soldaten neue Hoffnung. Vom äußeren Verteidigungsring aus meinen sie über die verschneite Steppe hinweg Lichtsignale zu sehen. Einige Männer im Kessel glauben sogar, dass sie deutsche Motoren in der Ferne hören. »Haltet aus, wir kommen«, funkt General Hoth an Paulus. Tatsächlich haben sich die Kameraden von der 4. Panzerarmee bis auf 50 Kilometer an die eingekreiste Stadt herangekämpft. Nun könnte ein Ausbruch der 6. Armee erfolgen. Attackiert von zwei Seiten müssten die russischen Belagerer sich dann vielleicht zurückziehen. Diese Operation ist bereits unter dem Namen »Donnerschlag« geplant. Aber Adolf Hitler besteht auf seiner Strategie, Stalingrad zu halten. Die eingeschlossenen Soldaten sollen dort bleiben, ein Abzug kommt nicht in Frage.

Drei Tage vor Heiligabend plant Willi Graf seine Heimreise. Die Festtage möchte er bei der Familie verbringen und auch alte Freunde aus der Bündischen Jugend treffen. Als er gerade seinen Koffer packt, schrillen die Sirenen. Luftalarm. München wird abermals von den Alliierten angegriffen, 15 britische Flugzeuge werfen Luftminen und Stabbrandbomben ab, 21 Menschen sterben.

Graf bricht ins Saarland auf. Mit Hans Scholl hat er abgesprochen, dass er unterwegs nach Unterstützern suchen will, und tatsächlich gewinnt er die Brüder Heinz und Willi Bollinger. Auch wenn sie es für nicht sehr wahrscheinlich halten, dass ihre Aktionen gegen den NS-Staat Erfolg haben werden, haben sie in Freiburg bereits Gleichgesinnte um sich geschart. Zu ihnen gehört auch Helmut Bauer. Willi Bollinger ist in Saarbrücken als Sanitätssoldat im Lazarett eingesetzt. Er erklärt sich bereit, Urlaubs- und Militärfahrscheine zu fälschen, was künftig Reisen mit Flugblättern im Gepäck für die Münchner Widerständler sicherer machen wird. Auch will er sich selber am Verteilen der Flugblätter beteiligen.

Beim Rekrutieren von Mitstreitern muss Graf vorsichtig sein. Die Gestapo hat viele Spitzel und Informanten und Denunzianten gibt es zuhauf. Zunächst klopft er die jungen Männer, die er in Erwägung zieht, vorsichtig ab, die Namen seiner Mitstreiter nennt er nicht. Erst wenn er das Gefühl hat, mit einem Gesprächspartner auf einer Wellenlänge zu sein, wird er konkreter.

Dennoch reagiert Graf enttäuscht über die vielen Absagen alter Weggefährten aus der Bündischen Jugend. Obwohl sie gegen den NS-Staat eingestellt sind, lehnen sie die Mitarbeit ab – sei es, weil sie den Aktionen der »Weißen Rose« keine Erfolgschance zugestehen, sei es aus Angst vor der Verfolgung. In München etwa weigert sich Fritz Leist, ein alter Freund und Initiator des »Grauen Ordens«, sich auf die Sache einzulassen. Leist hat die Methoden der Gestapo und deren Gefängnisse bereits kennengelernt und versucht, seinen Jugendfreund von seinem gefährlichen Weg abzuhalten. Seine Warnung beeindruckt Willi Graf jedoch nicht. Er hat sich für den Widerstand entschieden und bleibt dabei.

Seine Familie weiß nichts von Grafs Mission. Als er bei einem Spaziergang mit seinem Vater zu dessen Entsetzen die Notwendigkeit betont, aktiven Widerstand zu leisten, bittet der seinen Sohn eindringlich, sich zurückzuhalten. Er selbst habe doch auch zahlreiche Kompromisse mit dem Regime schließen müssen. So war er schließlich in die NSDAP eingetreten. Doch wie damals, als er seinen Sohn überreden wollte, in der HJ mitzumachen, um nicht negativ aufzufallen, prallt er auch jetzt mit seinen Appellen ab. »Es muss doch etwas getan werden«, antwortet Willi Graf ihm nur, »auch wenn es den Kopf kosten sollte.«

Trotz aller Rückschläge geben die Männer der 6. Armee die Hoffnung nicht auf. Die zu ihrer Rettung entsandten Truppen rücken weiter vor, drei Tage vor Heiligabend sind sie nur noch 45 Kilometer von den südlichen Vororten Stalingrads entfernt. Dann aber kommen sie nicht mehr voran. Der Widerstand der Roten Armee ist zu stark und den Deutschen fehlt es, wie bereits prophezeit, an Nachschub, Munition, Treibstoff und Ersatzteilen.

General Hoth, der Kommandeur der 4. Panzerarmee, möchte nicht noch mehr Männer und Panzer verlieren. Seine Einheiten sind nicht stark genug, um die Stadt zu erreichen. Er sieht in einem Ausbruch der 6. Armee die letzte Möglichkeit, die eingeschlossenen Soldaten zu retten. Doch im Grunde ist es dafür zu spät. Generaloberst Paulus weiß, dass seine Armee zu wenig Treibstoff hat, dass die wenigen noch einsatzbereiten Fahrzeuge nur wenige Kilometer aus Stalingrad herauskommen und dann liegenbleiben würden. In der eisigen Steppe wären sie leichte Beute für die feindlichen Kampfflugzeuge und die schnellen Bodentruppen der Russen. Außerdem weigert sich Adolf Hitler weiterhin, Stalingrad aufzugeben.

Während Hoth auf weitere Befehle wartet, wird die Lage immer brenzliger. Bereits vor einigen Tagen waren die Russen in die Verteidigungslinie der Italiener eingebrochen, die donauaufwärts bei Bogutschar die »Donfront« hätten halten sollen. Nun fliehen die Soldaten Mussolinis ebenso wie die benachbarte 3. rumänische Armee. Die gesamte »Heeresgruppe Don« steht kurz vor dem Kollaps.

Generalstabschef Zeitzler fleht Hitler an, endlich den Ausbruch zu genehmigen. Nun sei der letzte Moment gekommen, die mehr als 200 000 Mann der Paulus-Armee zu retten. Er schildert die fatalen Zustände in der »Festung« Stalingrad, die Verzweiflung der Soldaten, das schwindende Vertrauen in ihre Vorgesetzten, die unzureichende Versorgung der Verwundeten, den Erfrierungstod Tausender. Hitler hört zu. Aber er gibt nicht nach. Einen Abzug der 6. Armee genehmigt er nur, wenn die Stadt gleichzeitig gehalten wird – also andere Truppen in Stalingrad einrücken.

Gefangen im Kessel denkt Fritz Hartnagel in den Tagen vor Weihnachten an seine Sophie. Die Entbehrungen, all das Leid, das ihn umgibt, verschweigt er in seinem Brief. Er merkt nur an, dass die äußeren Umstände in einem krassen Gegensatz zu einer weihnachtlichen Stimmung stünden.

Hartnagel weiß, dass in seiner Heimatstadt abends immer die Glocken läuten. Er erinnert sich an deren Klang. Bestimmt bereitet sich die Familie seiner Freundin in Ulm gerade auf den Heiligen Abend vor. Doch auch dort will die gewohnt feierliche Stimmung nicht aufkommen. Werner Scholl ist nach wie vor an der Ostfront, und auch die Zukunft der Familie sieht nach dem Berufsverbot für den Vater schwierig aus. Ob sie die Wohnung am Münsterplatz behalten können, ist fraglich.

In der Nacht zum 23. Dezember 1942 erhält Hoth einen Anruf von seinem Vorgesetzten. Manstein teilt ihm militärisch knapp mit, dass er sich auf neue Befehle vorbereiten müsse. Für die Männer in Stalingrad bedeutet das eine Katastrophe. Sie haben schon Funkkontakt zu den Panzern vor der Stadt hergestellt, nun aber muss der Vormarsch gestoppt werden. Eine seiner drei Panzerdivisionen wird zur Donfront abgestellt, mit den verbleibenden Einheiten soll Hoth bleiben, wo er ist, und sich so gut es geht gegen die russische Gegenoffensive verteidigen. Der Versuch, die in Stalingrad gefangenen Deutschen zu retten, ist gescheitert.

Heiligabend in Stalingrad. Die Soldaten frieren bei bis zu minus 30 Grad. Kein Transportflieger landet heute im Kessel. Das Wetter lässt keine Starts zu, Schneetreiben und Nebel behindern die Piloten. Am Boden gibt es keine 100 Meter Sicht. Außerdem rückt die Rote Armee auf zwei Flughäfen im Hinterland zu, von denen aus Transportmaschinen die eingeschlossenen Truppen bislang noch versorgt haben. Die Deutschen müssen die Landebahnen aufgeben.

Künftig wird es also noch schwieriger, Stalingrad zu versorgen. Seit fünf langen Wochen sind die Männer der 6. Armee bereits in der Stadt eingekesselt. Viele leiden an Erfrierungen, so mancher Soldat versucht sich gegen die Kälte zu schützen, indem er Stiefel und Kleidung mit Stroh und Lumpen umwickelt. Wer genügend Brot, Konserven oder Dauerwurst findet, um sich einmal satt zu essen, schätzt sich glücklich. Fast alle ihre Pferde haben die Eingeschlossenen bereits geschlachtet und aufgegessen. Von den Tieren blieben nur Knochen und abgeschlagene Hufe übrig. In manchen Kompanien verteilt der Chef an Weihnachten einige Zigaretten und ein wenig Schokolade an die Männer. Es gibt wohl kaum einen Soldaten der 6. Armee, der nicht an zu Hause denkt, an die Festtage in Friedenszeiten, Kerzen am Baum, köstliches Essen, Geschenke, Freude im Familienkreis. Gedanken wie aus einer anderen Welt. In Stalingrad kauern die Männer, die nicht Wache stehen, in engen, stickigen Bunkern. Einfache Öfen verbreiten ein wenig Wärme. Zum Singen von Weihnachtsliedern fehlt so manchem Infanteristen die Kraft.

Im »Großdeutschen Rundfunk« läuft die »Weihnachtsringsendung 1942«. Sie soll die Soldaten an der Front mit der Heimat verbinden, es gibt sogar direkten Sprechkontakt zwischen ausgewählten Armeeangehörigen und ihren Angehörigen zu Hause. Auch im Kessel verfolgen einige der Männer vor Rundfunkgeräten die Übertragung. Plötzlich hören sie: »Hier Stalingrad«. Angeblich meldet sich ein Kamerad aus der Stadt. Die hoffnungslose Lage, Hunger und Angst erwähnt er mit keinem Wort. Was für ein Zynismus der Propaganda.

Aus dem Kessel von Stalingrad erreichen weiterhin verzweifelte Appelle die Heeresgruppe Don und das Oberkommando des Heeres. Die Eingeschlossenen können nicht verstehen, dass sie ihrem Schicksal so gnadenlos überlassen werden. »Ich habe den Eindruck, daß über unsere Versorgungslage, besonders über den körperlichen Zustand der Männer, kein klares Bild besteht«, schreibt ein Oberst aus dem Armee-Oberkommando 6 an den Generalquartiermeister. »Wenn nicht in den nächsten Tagen die Verpflegungssätze erhöht werden können, muß in zunehmendem Umfang mit Todesfällen wegen Erschöpfung gerechnet werden. Ein Halten der Stellung gegen ernsten Feindwiderstand oder gar ein Ausfall wird von Tag zu Tag wegen Nachlassen der Widerstandskraft schwieriger.«

Mit dem Abzug der 4. Panzerarmee aus der Umgebung der Stadt bleiben in Stalingrad Abertausende Soldaten auf sich allein gestellt. Wie viele der einst 200 000 Mann noch am Leben sind, wie viele noch kämpfen können oder in Kellerlazaretten vor sich hinvegetieren, weiß niemand genau. Vor Ort nicht und schon gar nicht zu Hause. Wie schlimm es in Stalingrad tatsächlich um die Soldaten der Wehrmacht und um ihre Verbündeten steht, versucht das NS-Regime weiterhin zu vertuschen. Dennoch können viele Deutsche anhand von Briefen und Informationen feindlicher Sender das Ausmaß des Elends erahnen.

An den Weihnachtstagen denkt Sophie Scholl besonders intensiv an ihren Fritz. Sie hat länger keinen Brief mehr von ihm erhalten und weiß nichts von den schweren Gefechten, in denen Hartnagel steht. Sie wünscht sich so sehr, dass er gesund wiederkommt.

Wie der Widerstand auf weitere Städte ausgedehnt werden kann, beschäftigt sie und ihren Bruder ohne Unterlass. Als Hans Hirzel in diesen Tagen die Familie am Münsterplatz besucht, unterhält sich Hans Scholl mit ihm über mögliche Aktionen in Ulm. Hirzel erklärt sich bereit, beim nächsten Flugblattverteilen mitzumachen.

Der Schüler stammt aus einem konservativen Elternhaus, der Vater, ein Pfarrer, denkt »deutschnational«, hatte sich im Ersten Weltkrieg freiwillig zum Heer gemeldet und selbst nach einer schweren Verwundung auf seiner Rückkehr an die Front bestanden. Dort wurde er noch einmal verletzt. Trotz seiner nationalistischen Haltung lehnt Hirzel senior Kadavergehorsam und ewiges Strammstehen ab, uniformierte Redner, die schreiend ihre Parolen verkünden, verachtet er, ebenso marschierende Viererreihen zu Propagandazwecken. Die Hirzels sind nicht unbedingt Demokraten, aber sie missbilligen den NS-Staat.

Und die Familie hat bereits zwei Söhne, die Soldaten sind. Sie wissen, wie schlecht die Männer der Wehrmacht ausgerüstet sind, was ihnen der »Führer« abverlangt. Peter Hirzel dient in der motorisierten Artillerie. Von November 1941 bis Mai 1942 war er bei Rostow eingesetzt. Er und seine Kameraden hausten dort in Erdhöhlen, die sie aus dem Boden gesprengt hatten. Durch Erfrierungen, Flecktyphus und Gefechte waren zahlreiche Männer der Einheit ums Leben gekommen, von ursprünglich 250 waren im Frühjahr nur noch 35 übrig. All dies prägt den Blick der Hirzels auf den Krieg – zumal ihr Sohn Hans das nächste Familienmitglied sein dürfte, das zur Truppe eingezogen wird, in wenigen Wochen wird er mit dem bestandenen Abitur das Gymnasium verlassen.

Die russische Offensive bei Stalingrad bedroht auch die deutschen Truppen im Kaukasus. Auch sie könnten eingekreist werden. Wenn die Rote Armee an der Stadt vorbeistößt und Rostow am Asowschen Meer erreicht, wäre die »Heeresgruppe A« von einem Rückzug nach Westen abgeschnitten. Nach den Weihnachtstagen drängt Zeitzler Hitler zu einer Entscheidung: »Entweder befehlen Sie jetzt den Rückzug aus dem Kaukasus oder wir haben bald ein neues Stalingrad.« Hitler stimmt nach einiger Bedenkzeit zu. Er wirkt verzweifelt. Denn die sowjetische Rüstungsproduktion läuft auf Hochtouren und der Armee gelingt es, immer weitere neue Divisionen auszuheben.

Ständig rufen Propagandaeinheiten der Roten Armee die Soldaten der Wehrmacht zum Überlaufen auf. Nun schlagen die Deutschen an der »Propagandafront« zurück. Am 27. Dezember 1942 schließt sich der sowjetische General Andrej Andrejewitsch Wlassow, der die Seiten gewechselt hat, mit anderen Militärs und auch mit Politikern zum »Smolensker Komitee« zusammen. Mit einer Armee von Kriegsgefangenen aus der UdSSR will Wlassow die Kommunisten schlagen, Stalin absetzen und freie Republiken errichten. Ob er weiß, was Adolf Hitler von diesem Plan hält? Während seine deutschen Partner weitere »Freiwillige« in ihren höllischen Gefangenenlagern rekrutieren, rufen Wlassow und seine Mitstreiter ihre Landsleute zur Zusammenarbeit mit der Wehrmacht auf. In Smolensk kommen die Kollaborateure nicht zusammen. Sie müssen sich in Berlin treffen, wo Wlassow in einem goldenen Käfig, einer repräsentativen Villa, festgehalten wird.

Am 29. Dezember erhält General Kleist die Weisung, seine Heeresgruppe zurückzuziehen. Er hatte mit der 17. Armee und der 1. Panzerarmee den Auftrag, die Ölquellen von Grosny einzunehmen. Auch dieses zweite Ziel der deutschen Sommeroffensive ist gescheitert. Erstmals hat Adolf Hitler in diesem Krieg zwei schwere Rückschläge innerhalb von nur wenigen Wochen erlitten. Sein Nimbus als genialer Stratege ist dahin. Das zeigen auch die geheimen Lageberichte des SD, die über die Stimmung im Volk berichten. Die Deutschen machen sich Sorgen. In den Tageszeitungen nehmen die Todesanzeigen einen breiten Raum ein, die hinteren Seiten sehen aus wie Friedhöfe. Der Mythos von der unbesiegbaren Wehrmacht ist erschüttert.

Gemeinsam fahren Sophie und Hans Scholl Ende Dezember 1942 nach Stuttgart. Während ihr Bruder bei Eugen Grimminger vorspricht, dem Freund des Vaters, trifft Sophie Scholl ihre alte Freundin Susanne Hirzel, die in der Stadt am Neckar Musik studiert. Die jungen Frauen spazieren durch die Innenstadt. In der Römerstraße sagt Sophie Scholl: »Wenn jetzt Hitler käme, und ich eine Pistole hätte, würde ich ihn erschießen. Wenn es die Männer nicht machen, muss es eben eine Frau tun.« Ihre offenen Worte zeigen, wie sehr sie ihrer Freundin vertraut. Für diese Äußerung käme sie sicher ins Zuchthaus oder ins Konzentrationslager, würde sie denunziert werden. Susanne Hirzel reagiert bestürzt. Wenn Hitler erschossen würde, meint sie, dann stünde Himmler da. Aber damit findet sich Sophie Scholl nicht ab. Sie erwidert: »Wenn jeder nur eine Meinung hat gegen dieses System, aber nicht handelt, so macht er sich schuldig. Diese ganze Katastrophe ist nur möglich, weil keiner schreit, und die Soldaten draußen, wie die Leute drinnen, brav arbeiten und dadurch ihr Leben einsetzen für diesen Staat. Ich jedenfalls will nicht schuldig werden.« Auf Susanne Hirzel wirkt sie, als würde sie sich verantwortlich fühlen für die fatalen Verhältnisse in Deutschland. Dennoch versucht sie, ihre Freundin zu besänftigen, sie zu warnen, nicht voreilig zu handeln.

Eugen Grimminger gibt seinem jungen Besucher Geld und verspricht, dessen Aktionen in München zu finanzieren. In euphorischer Stimmung bricht Hans Scholl in die Innenstadt auf, dort ist er mit seiner Schwester und deren Freundin im »Rosenstöckl« verabredet. Er hat nun genügend Geld eingeworben, um etwas Großes zu machen, den Widerstand auszuweiten. Wie seine Schwester ist er entschlossen, ein Zeichen gegen Hitler und seine Gefolgsleute zu setzen. Den beiden Frauen kann er in dem Café in der Calwer Straße keine Details berichten, aber an seinem breiten Grinsen sehen sie, dass er erfolgreich war.

An Silvester bekommen die Soldaten der 29. Division in Stalingrad ein Kochgeschirr voll mit Grießsuppe, die aus viel Wasser, ein wenig Salz und kaum Grieß besteht. Das ist aber schon besser als die Versorgung an den Tagen zuvor. Lebensmittelvorräte gibt es kaum noch, wenn überhaupt können die Köche wenige Hülsenfrüchte in heißem Wasser erwärmen, ohne Fett und Fleisch. Diese Wassersuppe macht nicht satt, sie schafft es nicht einmal, eine Speise zu simulieren. Dabei ist sie eine Art Henkersmahlzeit, denn die 29. Division, die Ende Dezember 1942 als einziger noch kampfkräftiger Verband im Kessel von Stalingrad gilt, wird in den Westen der Stadt verlegt, wo die Rote Armee besonders heftig gegen die Feinde vorgeht. Die Soldaten werden in den nächsten Tagen also die gefährlichsten Stellungen übernehmen. Was wünschen sie sich für das neue Jahr?

7. KAPITEL

Zuversicht und Zweifel

Januar 1943

Neujahr. Sophie und Hans Scholl brechen am ersten Tag des Jahres 1943 nach Geislingen an der Steige auf, gut 30 Kilometer von Ulm entfernt. Der Ort liegt in der Schwäbischen Alb, im Tal der Fils. In der Winterlandschaft packt sie der Übermut, sie toben und tollen umher wie Kinder. Wann waren sie das letzte Mal so unbeschwert?

Am 3. Januar 1943 schreibt Sophie Scholl an Fritz Hartnagel: »Hoffentlich geht es Dir recht gut, dass Dich auch der Kriegslärm und das Elend nicht aus Deiner geraden Bahn bringen können. O ich glaube wohl, daß das Elend stumpf machen will, doch denke daran: Un esprit dûr, du coeur tendre!«

Hinter den Zeilen des französischen Philosophen Jacques Maritain steckt ihr Lebensmotto: Man muss einen harten Geist und ein weiches Herz haben. Sophie Scholl schätzt die Gedanken der sozialkritischen katholischen Bewegung »Renouveau catholique«, die einen christlichen Existenzialismus vertritt. Für sie erwächst daraus die Pflicht, sich dem Zeitgeist zu widersetzen und ihm zu widerstehen. Ihrem Freund will sie mit dem Zitat Mut machen, nicht dem grausamen Trott des Krieges zu verfallen. Sie bittet ihn, auf sich aufzupassen. Und sie schreibt ganz anders als noch vor einigen Jahren, voller Zuneigung, ja Liebe.

Weiter heißt es in ihrem Brief: »Oftmals bin ich unglücklich, daß alles Leid nicht durch mich geht, so wenigstens könnte ich einen Teil meiner Schuld abtragen an denen, die unverdient so viel mehr leiden müssen als ich. In Gedanken bin ich jetzt so viel bei Dir, daß ich oft meine, wir müßten uns begegnen. Doch frage ich mich immer wieder mit Sorge, wie es Dir jetzt ergehen mag. Du weißt, wie schwer ein Menschenleben wiegt, und man muß wissen, wofür man es in die Waagschale wirft.«

Hans Scholl kehrt am 4. Januar nach München zurück. Mit seiner älteren Schwester Inge hat er vor der Abreise noch ein ernstes Gespräch geführt. »Es muß ein sichtbares Zeichen des Widerstandes von Christen gesetzt werden«, ist seine feste Überzeugung. »Sollen wir am Ende dieses Krieges mit leeren Händen vor der Frage stehen: Was habt ihr getan?« Dieses Bekenntnis bedeutet: Hans Scholl will schon bald zur Tat schreiten. Seine jüngste Schwester und Mitbewohnerin trifft kurz nach ihm in der bayerischen Landeshauptstadt ein.

Spät am Abend des 5. Januar spricht Willi Graf mit seinen beiden Schwestern. Er berichtet ihnen bis in die Morgenstunden von den Gräueltaten der Deutschen in Russland und wird dabei so wütend, dass er mit dem Kopf mehrfach gegen den Türpfosten stößt und ruft: »Ihr werdet sehen – es wird etwas geschehen.« So haben die Schwestern ihren Bruder noch nicht erlebt.

Am nächsten Tag kehrt Graf nach München zurück. Er hetzt in die Kaserne, zum Appell in der »Bergmannschule«. Später besucht er Hans Scholl zu Hause. In seinem Tagebuch notiert er unter anderem: »Die Tage über das Fest sind zu Ende, die Anstrengung war groß, wird es auch wieder in München bleiben.« Seine Prognose stimmt. Fieberhaft arbeiten er und die Freunde daran, den Widerstand auszuweiten. Es gilt, ein neues Flugblatt, Nr. V., zu erdenken, zu verfassen und zu vervielfältigen – und über weitere Aktionen zu diskutieren.

Scholl und Schmorell beginnen noch am selben Tag am Text

zu arbeiten. Diesmal sollen von der Schrift mehrere Tausend Exemplare produziert werden. Die Blätter allein mit der Post zu verschicken, wie sie es bisher getan haben, kommt für diese Menge nicht in Frage. Sie müssen sich neue Verteilverfahren überlegen.

Aus dem Kessel von Stalingrad kommen immer lautere, verzweifeltere Hilferufe. »Armee hungert, friert, hat nichts zu schießen und kann ihre Panzer nicht mehr bewegen«, berichtet der Stab von General Paulus am 6. Januar an das Oberkommando des Heeres. Offiziere, die in Stalingrad eingeschlossen sind, missachten mittlerweile die Befehlskette und bitten bei Bekannten in Kommandostäben der Wehrmacht um Brotlieferungen und anderen Nachschub. Adolf Hitler schickt stattdessen Orden in den Kessel. So erhält der Stabschef der 6. Armee, Generalmajor Arthur Schmidt, das Ritterkreuz des Eisernen Kreuzes verliehen.

Ein Mediziner äußert sich zur gesundheitlichen Lage der Männer im Kessel: »Seit Anfang Dezember macht die Armee ein Hungerexperiment großen Stils durch«, schreibt Generalstabsarzt Otto Renoldi in einem Bericht aus Stalingrad. »Die damals festgelegten – noch heute gültigen – Portionssätze enthalten eine Nahrungsmenge, die knapp die Hälfte dessen beträgt, was der arbeitende Erwachsene braucht.« Eine Zeitlang könne eine solche Ernährung einem Soldaten zugemutet werden, aber nun sei das Limit erreicht. Es mehrten sich Todesfälle durch Unterernährung und generell sei allgemeine Müdigkeit, Schlappheit und Gleichgültigkeit bei der Truppe weit verbreitet. Eine Abhilfe dieser Zustände bringe nur eine »Besserung der Ernährung«. Wenige Wochen zuvor hat ein deutscher Pathologe im Kessel bereits festgestellt, dass mindestens die Hälfte der verstorbenen und von ihm untersuchten Soldaten verhungert sind.

In Berlin erlässt der Reichsführer-SS und Chef der deutschen Polizei, Heinrich Himmler, am 6. Januar 1943 eine »Durchführungsbestimmung für Exekutionen«. Darin regelt er genau, wie diese »Sonderbehandlungen« genannten Hinrichtungen abzulaufen haben. »Die Exekutionen erfolgen bei deutschen Häftlingen in der Regel im KL, und zwar grundsätzlich im Lager, das dem Haftort des Delinquenten am nächsten liegt«, schreibt der Nationalsozialist. »Bei ausländischen Häftlingen werden sie aus Abschreckungsgründen auch in der Nähe des Tatortes vorgenommen.« KL steht für Konzentrationslager. Die Justiz behält aber ihre eigenen Hinrichtungsstätten in Gefängnissen.

Am Morgen des 8. Januar kommen drei russische Soldaten auf die deutschen Frontlinien am Nordrand Stalingrads zu. Sie überbringen Friedrich Paulus eine Botschaft des russischen Oberbefehlshabers der Don-Truppen, Generalleutnant Konstantin Rokossowski. »Die Lage Ihrer eingekesselten Truppen ist schwer«, heißt es darin. »Sie leiden unter Hunger, Krankheiten und Kälte. Der grimmige russische Winter hat kaum erst begonnen. Starke Fröste, kalte Winde und Schneestürme stehen noch bevor.« Die Lage der Deutschen sei hoffnungslos, Widerstand sinnlos. Um weiteres Blutvergießen zu vermeiden, biete Rokossowski den Deutschen an, zu kapitulieren und so einem Sturmangriff zu entgehen. Alle Gefangenen würden »normale Verpflegung« und medizinische Hilfe bekommen, sie dürften ihre Rangabzeichen, Orden und persönlichen Wertsachen behalten. Paulus hat 24 Stunden Zeit für eine Antwort.

Am nächsten Tag werfen sowjetische Maschinen den Text des Kapitulationsangebotes tausendfach als Flugblatt über dem Kessel ab. Paulus und seine Offiziere wüssten genau, dass es keine realistische Möglichkeit mehr gebe, den Kessel zu durchbrechen. Und auf Deutsch wenden sich in die UdSSR geflohene Kommunisten mit Lautsprecherdurchsagen an ihre

Landsleute im Kessel. Walter Ulbricht, Willi Bredel und Erich Weinert fordern die Soldaten der 6. Armee zur Übergabe der Stadt auf.

Das Oberkommando der Wehrmacht versucht weiterhin, die Lage in Stalingrad zu beschönigen. »Zwischen Kaukasus und Don, bei Stalingrad und im Dongebiet halten die schweren Kämpfe an. Die erbittert angreifenden Sowjets wurden überall zurückgeschlagen«, heißt es im Wehrmachtsbericht vom 9. Januar. »Die an vielen Stellen sofort zum Gegenstoß antretenden deutschen Truppen fügten dem Gegner hohe blutige Verluste zu und vernichteten zahlreiches Kriegsmaterial. Eine eingeschlossene feindliche Kräftegruppe wurde aufgerieben. 18 Panzer wurden vernichtet. Kampf- und Nahkampffliegerverbände griffen in die Abwehrkämpfe mit Erfolg ein und zersprengten feindliche Kavallerie- und motorisierte Kolonnen sowie Bereitstellungen.«

Doch Joseph Goebbels, der Reichspropagandaminister, ahnt, dass die Deutschen sich nicht ewig täuschen lassen. Schließlich wird Stalingrad bald fallen, das ist auch den nationalsozialistischen Machthabern klar. Die Journalisten werden daher aufgefordert, ihre Sprache zu ändern, die deutschen Soldaten nun als heroische Verteidiger darzustellen, die einem überlegenen Feind standhalten. Bis vor Kurzem erschienen die Soldaten der Wehrmacht noch als kühne Eroberer, die niemand stoppen konnte.

Die Freunde binden Kurt Huber nun fest in den Widerstand ein. Seit Sommer 1942 kennt der Professor die Studenten besser. Sie laden ihn zu Leseabenden und Diskussionen ein. Aber erst jetzt weihen sie ihn in die geplanten Aktionen ein. Hans Scholl und Willi Graf besuchen ihn am 9. Januar 1943 zu Hause in Gräfelfing bei München. Die Hubers haben so wenig Heizmaterial, dass sie nur das Kinderzimmer warm halten. Dort spricht der Professor mit seinen Gästen. Seine Tochter Birgit hört zu, wie die drei Erwachsenen sich über mögliche Widerstandsaktionen unterhalten. Hans Scholl sagt, sein Kreis wolle unblutig vorgehen. Huber erwidert ganz ernst und entschieden: »Ohne Blut geht es nie.«

Dann diskutieren sie darüber, wie sinnvoll Flugblattaktionen sind. Hans Scholl will die Schriften gleichzeitig in verschiedenen Städten im Süden verteilen, um so den Eindruck zu erwecken, dahinter stehe eine breit gefächerte Organisation. Dank Willi Graf und Traute Lafrenz dürften zudem Verteilaktionen im Rheinland und in Norddeutschland möglich werden. Huber fürchtet jedoch, dass diese Methode durch zahllosen Missbrauch in der Vergangenheit erheblich an Akzeptanz eingebüßt hat. Auch warnt der Professor vor der Gefahr, beim Verteilen erwischt zu werden. Er müsse noch einmal über die ganze Sache nachdenken, sagt er zum Abschied. Dann brechen die Studenten auf.

Nach dem Besuch kommt der Vater zu seiner Tochter und bestimmt mit großer Schärfe: »Du hast nichts gehört und du redest mit niemandem darüber.« Huber weiß genau, wie gefährlich allein der Plan ist, gegen den Staat aktiv zu werden.

Weitere Hilfe erreicht den Kreis aus Stuttgart. Grimminger, der Steuerberater und Revisor, übergibt Hans Scholl und Alexander Schmorell bei einem Treffen mehr als 1 000 Reichsmark. Außerdem händigt er ihnen Papier und Briefumschläge aus. Grimminger bittet auch Bekannte um Geld für den Widerstand, wie deutlich er dabei wird, ist unklar. Fest steht, dass er die »Weiße Rose« nicht erwähnt. Eine Kinobesitzerin aus Crailsheim gibt ihm 1 000 Mark für die Aktionen. Tilly Hahn, eine Sekretärin Grimmingers, wirft mehrfach Umschläge mit Geld in den Briefkasten der Scholls in München ein. Sie tritt öfters als Sängerin in der bayerischen Landeshauptstadt auf und kann so einigermaßen unauffällig Kurierdienste übernehmen. Ohne

Grimminger als Finanzier könnte der Scholl-Schmorell-Kreis den Widerstand nicht so schnell ausweiten und Flugblätter in größeren Auflagen herstellen.

In Stalingrad läuft die Frist der Roten Armee aus. Generaloberst Friedrich Paulus lässt das Kapitulationsangebot der Russen verstreichen. Daraufhin geht die Rote Armee am 10. Januar 1943 zu einem Generalangriff auf die 6. Armee über. Sie eröffnet ihre Offensive auf Stalingrad mit heftigem Artilleriebeschuss. 5 000 Geschütze feuern auf die Stadt und kündigen so den vermutlich finalen Vorstoß an. Mit einer Entscheidungsschlacht wollen die Sowjets die Eingeschlossenen zur Aufgabe zwingen.

Wie es in dieser Phase um die Eingeschlossenen steht, verrät ein Funkspruch aus dem Kessel, der am 12. Januar an die »Heeresgruppe Don« und an das Oberkommando des Heeres hinausgeht. »Reserven jetzt nicht mehr vorhanden, auch nicht mehr zu bilden. Munition reicht noch für drei Tage, Betriebsstoff ist zu Ende. Schwere Waffen können nicht mehr bewegt werden. Hohe Verluste und mangelhafte Versorgung, verbunden mit Kälte, haben außerdem Widerstandskraft [der] Truppe erheblich absinken lassen.« Nur noch wenige Tage könne der Feind abgewehrt werden. Dann werde die Verteidigung in Einzelkämpfe zerfallen.

In München gehen endlich wieder die Vorlesungen los. Viel Zeit werden die Scholls und ihre Freunde für ihr Studium allerdings nicht haben. Ihnen sind ihre geplanten Widerstandsaktionen wichtiger. Dafür erhalten sie erneut eine Basis in Schwabing. Im Atelier von Manfred Eickemeyer, das Hans Scholl während dessen achtwöchiger Abwesenheit nutzen darf, bringt er den Vervielfältigungsapparat sowie die Schablonen für angedachte Malaktionen unter. In dieser Zeit wohnt auch der Kunstmaler Wilhelm Geyer, ein langjähriger Freund der Scholls, dort. Alle Familienmitglieder hat er porträtiert. Nach München ist er gekommen, um ein großes Glasfenster für die Pfarrkirche St. Margareta zu entwerfen. Seine Kunst gilt den Nationalsozialisten als »entartet«. Öffentlich darf Geyer seine Bilder nicht zeigen. Ihm fällt auf, dass die Geschwister angespannt wirken. Sie sagen ihm, dass sie sich beobachtet fühlen, den wahren Grund ihrer Sorge verraten sie Geyer aber nicht.

Am 13. Januar 1943 steht aus Anlass des 470-jährigen Bestehens der Ludwig-Maximilians-Universität eine offizielle Feierstunde an. Der geschäftsführende Gauleiter von München und Oberbayern, Paul Giesler, hält eine Rede im Kongresssaal des Deutschen Museums. Für alle Studenten besteht eine Anwesenheitspflicht, nur diejenigen, die einen Nachweisstempel in ihrem Studienbuch haben, dürfen sich für das nächste Semester einschreiben. Dennoch versäumen einige junge Leute bewusst die Feier. Zu ihnen gehören Hans und Sophie Scholl, Alexander Schmorell sowie Willi Graf.

Auf die Frage des Malers Wilhelm Geyer, warum sie nicht teilnähmen, antworten die Geschwister, dass sie nicht hingingen, weil sie bereits innerhalb der Studentenschaft und in der Studentenkompanie der Gestapo als politisch verdächtig gälten. Sollte es dort Ärger geben, wollten sie nicht dabei sein. Und tatsächlich reagieren viele zwangsverpflichtete Hörer ungehalten auf das Brimborium im Festsaal. Sie empfinden die ganze Veranstaltung als Farce. Das bekommt Giesler bald zu spüren.

Der Nationalsozialist fordert die Studentinnen auf, lieber dem »Führer« ein Kind zu schenken, als sich an den Universitäten herumzudrücken. Mädels, die nicht hübsch genug seien, einen Freund zu finden, würde er einen seiner Adjutanten zuweisen. Viele Zuhörerinnen lassen sich das nicht gefallen. Auch einige ihrer männlichen Kommilitonen begehren auf. Sie rufen

»Buh« und »Pfui«. Giesler muss seine Rede unterbrechen. Seit Langem ist im »Dritten Reich« kein NS-Spitzenfunktionär so unter Druck geraten.

Als einige Studentinnen von SS-Männern und anderen Uniformierten abgeführt werden, protestieren viele junge Leute. Es kommt zu Rangeleien. Die Festgenommenen werden in die Zentrale der Geheimen Staatspolizei gebracht. Dort nehmen Beamte ihre Personalien auf und verhören sie. In der Nacht kommen alle wieder frei.

Anneliese Graf, die nun auch in München studiert, war unter den Zuhörern. Auch sie ist aufgebracht über die offen zur Schau gestellte Frauenverachtung des NS-Funktionärs und über die Festnahmen. Obwohl sie gemeinsam mit ihrem Bruder bei der Wirtin Lösch-Berrsche in der Mandlstraße wohnt, wo auch Sophie Scholl noch vor wenigen Monaten gelebt hat, weiß sie nichts von dessen Widerstandsaktivitäten. »Ein wahrer Erfolg für uns«, notiert sie abends in ihrem Tagebuch. »Ich wurde von einer wilden Begeisterung gepackt wie noch nie zuvor.« Und weiter: »Wenn ich bisher nicht daran geglaubt hatte, daß das Dritte Reich bald zusammenbrechen wird, an diesem Abend war es mir unbedingt klar geworden, als ich erlebte, welche Stimmung und Atmosphäre sich kundtaten, welche Meinungen laut wurden.« Willi Graf hat seine Schwester noch nie so empört erlebt. Für ihn ist das ein gutes Zeichen, zeigt es doch, dass auch sie nicht bereit ist, alle Schikanen der Diktatur einfach so zu ertragen.

Tatsächlich gab es seit der Machtübernahme der Nationalsozialisten an der Münchner Universität noch nie öffentliche Proteste. Heinrich Himmler, der Reichsführer-SS, tut den Aufruhr spöttisch als »Studentenwirbel« ab. Die Scholls und ihre Freunde jedoch wollen die rebellische Stimmung nutzen und sich rasch mit ihrem V. Flugblatt an junge Münchner wenden. Noch am selben Tag treffen sich die Geschwister, Schmorell und Graf mit Professor Kurt Huber in der Wohnung in der Franz-Joseph-Straße. Sie diskutieren die Textentwürfe, feilen an ihrem Aufruf. Huber hat sich nun dafür entschieden, den Freundeskreis im Widerstand zu unterstützen. Ihn hat vor allem die sich abzeichnende Niederlage der Wehrmacht in Stalingrad dazu gebracht, selber aktiv zu werden, nicht mehr nur in der inneren Emigration zu verharren.

Hans Scholl liest den Entwurf für ihren »Aufruf an alle Deutsche!« vor, wie das nächste Flugblatt heißen soll. Von der »Freiheit der Rede« und der »Freiheit des einzelnen Bürgers vor der Willkür« ist darin die Rede. Der Professor macht einige stilistische Anmerkungen und kritisiert ein paar Passagen, die ihm zu kommunistisch klingen. Am Inhalt hat er ansonsten nichts auszusetzen. Hans Scholl und Alexander Schmorell wollen die endgültige Version erstellen und die Verbesserungsvorschläge umsetzen. Willi Graf notiert nach dem Abend: »Wir beginnen mit der Arbeit, der Stein kommt ins Rollen.«

Sie tippen die Flugschrift auf einer Remington Portable, Nr. NL 82533M, »made in USA«, einer schwarz lackierten Reiseschreibmaschine, deren Buchstaben von langen metallenen Stangen aufs Papier gedrückt werden. Alexander Schmorell hat sie von einem Nachbarn geborgt. Der gehört der SS an und weiß nicht, wofür der Student den Apparat benötigt.

In Stalingrad hofft Hartnagel auf ein baldiges Kriegsende. Ihm ist längst klar geworden, dass der von Adolf Hitler befohlene Feldzug gegen Russland ins Verderben führt. Die Wehrmacht wird den Koloss Sowjetunion nicht bezwingen, da ist sich der Offizier sicher. Er denkt darüber nach, zu den Russen überzulaufen. Dazu ruft die sowjetische Propaganda die deutschen Soldaten immer wieder auf. Aber er bringt es nicht fertig. Er will nicht in russische Kriegsgefangenschaft, er will endlich nach Hause, zu seiner Sophie.

Am 15. Januar 1943 lässt Reichspropagandaminister Joseph Goebbels eine positive Botschaft verbreiten: »Das Ringen um Stalingrad nähert sich seinem erfolgreichen Ende.« Fakt ist jedoch, dass die Deutschen keineswegs einem Sieg entgegensehen, sondern dem Ende ihrer Kräfte. Daran möchte Winrich Behr, den Generaloberst Paulus direkt aus dem Kessel ins »Führerhauptquartier« zu Hitler geschickt hat, heute keinen Zweifel lassen. Der Hauptmann trägt einen der höchsten deutschen Orden, das Ritterkreuz, verliehen für Tapferkeit im Wüstenkrieg in Nordafrika.

Er nimmt an zwei Lagebesprechungen mit Hitler teil. Sein Gastgeber erzählt dem 24-jährigen Frontoffizier, der seit Wochen in und um Stalingrad dient, wie die Lage im Kessel ist. Behr wird ungeduldig. er will den Verantwortlichen klar machen, dass ihr Bild von der Realität abweicht. Als ein Oberst der Luftwaffe verkündet, dass 200 Flugzeuge für die Versorgung der Stadt bereit gemeldet seien, kann sich der Gast nicht mehr beherrschen. Behr unterbricht den ranghöheren Offizier energisch: »Für die 6. Armee ist nicht wichtig, was einsatzbereit gemeldet wird, sondern was wirklich und tatsächlich in den Kessel gelangt. Nach den bisherigen Erfahrungen erfüllt immer nur ein Teil der einsatzbereit gemeldeten Flugzeuge ihren Auftrag.«

Winrich Behr hat sich gut vorbereitet. Er zieht eine Liste hervor, mit der er belegen kann, wie viele Maschinen in den vergangenen Tagen angekündigt wurden und wie viele tatsächlich in Stalingrad ankamen. Die Diskrepanz ist enorm. Hitler hört ruhig zu. Dann verspricht er dem Hauptmann, den eingeschlossenen Einheiten zu helfen, er werde nachdenken. »Grüßen Sie Paulus!«, sagt er zum Abschied, »ich tue alles für ihn, was ich kann.«

Erstmals deutet der Wehrmachtsbericht vom 16. Januar 1943 an, dass die 6. Armee schon seit Wochen eingekesselt ist. Um das herauszuhören, muss man allerdings genau lesen: »Im Raum von Stalingrad schlugen unsere Truppen, die dort seit Wochen im heldenmütigen Abwehrkampf gegen den von allen Seiten angreifenden Feind stehen, auch gestern starke Angriffe feindlicher Infanterie- und Panzerverbände unter großen Verlusten für die Bolschewisten ab. Führung und Truppe gaben damit wiederum ein leuchtendes Vorbild heroischen deutschen Soldatentums.« Von allen Seiten angreifend: eine Umschreibung des Kessels, das heroische Soldatentum im Abwehrkampf: die verlustreichen Gefechte. Nähere Informationen verschweigen Propagandisten und Militärs nach wie vor.

Der Flugplatz Pitomnik steht im Fokus einer weiteren russischen Offensive. Von dort wurden bisher wichtige Transportflüge für Stalingrad abgewickelt, doch nun können hier keine Flugzeuge mehr starten oder landen, zu nah sind die Soldaten der Roten Armee mittlerweile vorgerückt.

Als der Pilot der letzten He 111, die in Pitomnik abheben wird, seine Maschine bereit macht, schießen die Russen bereits auf den Flugplatz. Einheiten der Roten Armee haben das Außengelände erreicht. Panisch stürzen deutsche Soldaten auf den Bomber zu, um die letzte Möglichkeit zu nutzen, der Gefangennahme zu entgehen. An Bord der Maschine drängen sich aber schon zu viele Verwundete, die Crew hat das erlaubte Zuladungsgewicht längst überschritten. Mit guten Worten kommt die Besatzung nicht mehr weiter. Sie muss Gewalt anwenden, um zu verhindern, dass sich ihre Kameraden an das Fahrgestell hängen. Traurig und voller Schuldgefühle startet die Mannschaft der He 111. Sie lässt viele verzweifelte Deutsche unten am Boden zurück.

Nachdem der Flugplatz Pitomnik von der Roten Armee besetzt ist, bauen sowjetische Spezialisten dort eine Falle auf. Die Russen nehmen die Platzbefeuerung wieder in Betrieb und täuschen damit vor, dass die Landebahn noch von der deutschen

Luftwaffe kontrolliert wird. Mehrere Piloten der Wehrmacht fallen in der Nacht darauf herein. Sie steuern den Flugplatz an, um weiteren Nachschub für die Eingeschlossenen zu bringen – und landen beim Feind.

Nun bittet General Paulus seinen Oberbefehlshaber um Erlaubnis, dass einzelne Einheiten auf eigene Faust versuchen dürfen, die russischen Linien zu durchbrechen oder sich hindurchzuschleichen. Aber aus dem »Führerhauptquartier« kommt eine ablehnende Antwort. Stalingrad muss gehalten werden, bis zum letzten Mann. Verzweifelt versuchen die Deutschen im Kessel, ein Flugfeld bei Gumrak, gut 15 Kilometer von Pitomnik entfernt, so zu befestigen, dass dort Versorgungsmaschinen landen können.

Bei Stalingrad räumen die Transportflieger mit ihren Ju 52 rasch einen weiteren Flugplatz. Ihr bisheriger Standort Salsk gilt nicht mehr als sicher, zu nah sind die russischen Panzer mittlerweile. Die Piloten verlegen ihre Maschinen nach Swerowo, wo ein abgeerntetes Maisfeld als Startbahn dient. Doch die sowjetische Luftwaffe hat den Umzug der Transportgeschwader mitbekommen. Bei einem überraschenden Bombardement auf das Flugfeld verliert die deutsche Luftwaffe auf einen Schlag 50 Ju 52. Zwölf brennen völlig aus, der Rest ist so beschädigt, dass die Maschinen nicht mehr fliegen können. Ein dramatischer Verlust, der für die Versorgung des Kessels fatale Folgen hat. Nun fehlen noch mehr Flugzeuge. Feldpost an die eingeschlossenen Soldaten wird nur noch aus der Luft abgeworfen. Briefe aus Stalingrad kommen nur noch selten mit.

Am 17. Januar schreibt Fritz Hartnagel an seine Freundin: »Seit 8 Tagen sind wir hier in ständigem Rückzug auf Stalingrad. Seit 8 Tagen sind wir bei 30°C Kälte im Freien gelegen, ohne eine Möglichkeit uns aufzuwärmen. Mein Btl. ist vollkommen aufgerieben. Ich selbst habe beide Hände erfroren, davon 2 Finger mit Erfrierungen 3. Grades.« Und weiter: »Ich weiß nicht, wie nun alles weitergehen wird. Die Lage ist hier ziemlich hoffnungslos.« Hartnagel schickt Sophie Scholl, die er manchmal seine Verlobte oder seine Braut nennt, einen Abschiedsbrief. Was auch immer die nächsten Tage für ihn und seine Männer bringen werden: Er erwartet nichts Gutes. Kriegsgefangenschaft oder Tod scheinen die einzigen Optionen zu sein.

Auch an den Fersen hat er Erfrierungen erlitten. Seine Füße sind so geschwollen, dass er die Stiefel aufschneiden und ausziehen musste. Er umwickelt sie mit Lappen, damit er überhaupt gehen kann, auch wenn ihm das sicherlich ungeheure Schmerzen verursacht. Hartnagel schleppt sich zu einem Hauptverbandplatz, will von einem Arzt behandelt werden. Aber dort werden nur absolute Notfälle angenommen. Erfrierungen gehören nicht dazu. Endlich findet er einen freundlichen Kameraden, der ihn in seinen warmen Bunker aufnimmt.

Verpflegung erhalten die Männer im Kessel kaum noch. Vielen Soldaten gelingt es nicht mehr, sich aufrecht zu halten. Der Hunger ist so groß, dass manche Eingeschlossene sich aus gefrorenen Pferdekadavern mit dem Messer Stücke herausschneiden und sie roh verschlingen. Es geht sogar das Gerücht, dass Hungernde Teile menschlicher Leichen verspeist hätten.

Nicht nur in der Region um Stalingrad läuft es schlecht für die Deutschen. Die Rote Armee durchbricht am 18. Januar 1943 den deutschen Belagerungsring um Leningrad. 16 Monate lang haben Einheiten der Wehrmacht die frühere russische Hauptstadt, die einst St. Petersburg hieß, eingeschlossen, ausgehungert und mit Artillerie beschossen. Nun haben sowjetische Soldaten einen Korridor zur Metropole an der Newa freigekämpft, über den wieder Lebensmittel und Nachschub für die Truppen hineingelangen. Leningrad hat in der Sowjetunion einen ähnlichen Stellenwert wie Stalingrad. Von der »Heldenstadt« spricht die russische Propaganda. Die Belagerung der Deutschen ist noch nicht vorbei, der Fall der Stadt wirkt nun aber sehr unwahrscheinlich.

Sophie Scholl belastet das Doppelleben als Studentin und Widerstandskämpferin. Dazu kommen die Sorgen um Fritz Hartnagel. Am 19. Januar 1943 schreibt sie Otl Aicher, dass es ihr nicht gut gehe. »Ich bin gerade nicht beieinander«, berichtet sie. »Meine Gedanken springen hierhin und dahin, ohne daß ich richtig über sie gebieten könnte, ich habe ziemliche Kopfschmerzen, das mag schuld daran tragen, wenigstens ein Teil.« Sie hoffe, dass diese Krankheit bald vorüber sei. Vielleicht beklagt sie aber auch die Symptome ihrer Erschöpfung und des Schlafmangels, unter dem sie und ihre Mitstreiter wegen der Flugblattproduktion gerade leiden.

Mit einem Vervielfältigungsapparat und dem V. Flugblatt im Gepäck bricht Willi Graf am 20. Januar 1943 zu einer zweiten Tour in den Westen auf, um weitere Unterstützer zu rekrutieren. In Köln trifft er am Vormittag in der Pfarrei St. Gereon den Kaplan Franz Tack. Heinz Bollinger hat den Kontakt hergestellt. Graf und Tack sind sich weitgehend einig, dass etwas getan werden muss. In Bonn allerdings stößt Graf bei alten Kameraden aus der »Bündischen Jugend« abermals auf Ablehnung. Mit einem Freund diskutiert er fast die ganze Nacht, gewinnt ihn aber nicht als Mitstreiter. »Es ist hier doch schwieriger«, notiert Graf in seinem Tagebuch. Am folgenden Tag kommt er in Saarbrücken an. Da seine Familie von seiner Tour nichts mitbekommen soll, übernachtet er nicht bei den Eltern, sondern bei Willi Bollinger. Ihm übergibt er den Vervielfältigungsapparat. Bollinger stellt ihn in der Schreibstube des Reservelazaretts »Heilig Geist« auf. Dort will er in den nächsten Tagen 200 Abzüge des V. Flugblattes herstellen.

Generaloberst Paulus versucht einmal mehr, die Moral seiner Männer zu heben. Im Stil der üblichen Durchhaltepropaganda wendet er sich mit einer Botschaft an seine schrumpfende Armee: »Wenn wir wie eine verschworene Schicksalsgemeinschaft zusammenhalten und jeder den fanatischen Willen hat, sich bis zum äußersten zu wehren, sich unter keinen Umständen gefangen zu geben, sondern standzuhalten und zu siegen, werden wir es schaffen.«

Doch mit solchen Parolen erreicht der Befehlshaber seine Männer kaum noch. Sie sind ganz auf das eigene Überleben konzentriert. Fritz Hartnagel wankt am 22. Januar zum Flugfeld. Ihm geht es so schlecht, dass er versuchen will, an Bord einer Maschine zu kommen, die verletzte und kranke Soldaten evakuiert. Ein Stabsarzt hat ihm eine Verwundetenkarte um den Hals gehängt. Damit hat er einen Anspruch darauf, ausgeflogen zu werden. Das könnte seine letzte Chance sein.

Als er drei Flugzeuge sieht, die auf der Startpiste stehen, glaubt Hartnagel nicht, dass er es an Bord schaffen wird. Auf dem improvisierten Flugfeld warten Hunderte verwundete Soldaten darauf, einsteigen zu können. Sie alle wollen so schnell wie möglich den Kessel verlassen. Auch einige gesunde Männer versuchen, an Bord zu gelangen. Niemand kümmert sich mehr um die Schwerverletzten, niemand achtet darauf, dass nur Berechtigte in die Laderäume gelangen, niemand schützt die Schwachen.

Die Flugzeuge sind von so vielen verzweifelten Männern umgeben, dass die Piloten befürchten, Maschinen und Menschen könnten zu Schaden kommen. Sie starten die Propeller mit Höchstleistung. Und Hartnagel erlebt eine Art Wunder. Als die Crew des Flugzeugs vor ihm die Motoren anwirft, werden viele kräftigere Männer, die ihm den Weg versperrt haben, regelrecht umgeweht. Nun kann er auf die Maschine zuhumpeln – und gelangt an Bord. Männer, die auf Liegen zum Flugplatz gebracht wurden, haben keine Chance. Gerettet wird nicht derjenige, dem es am schlechtesten geht, sondern derjenige, der es ins Flugzeug schafft.

Dramatische Szenen spielen sich ab, Soldaten klammern sich an das Fahrgestell der Heinkel, alle wollen raus. Die Crew hat Angst, dass ihre He 111 nicht hochkommt. Mit Gewehrkolben stoßen sie durch die Bombenschächte die verzweifelten Männer weg. Schließlich hebt das Flugzeug ab. Es ist eine der letzten Maschinen, die Stalingrad verlässt. Sowjetische Jäger und Flugabwehrgeschütze erwischen die He 111 nicht. Die Piloten steuern den nächsten sicheren Flughafen an. Sie bringen Hartnagel und die anderen Geretteten aus dem Kessel nach Stalino.

Noch einmal geben die Russen den Deutschen in Stalingrad eine Chance, lebend aus der Stadt herauszukommen – als Kriegsgefangene. Erneut übergeben sowjetische Parlamentäre ein Kapitulationsangebot an die Deutschen. Paulus fühlt sich hin- und hergerissen zwischen seinem Eid auf den »Führer«, der ihn und seine Männer hier verrecken lässt, und der Fürsorgepflicht als Vorgesetzter gegenüber seinen Soldaten. Abermals siegt die Loyalität gegenüber Adolf Hitler. Er entscheidet nicht selber über das Angebot der Russen. Paulus schickt ein Telegramm an das »Führerhauptquartier«. Er meldet, dass seine Truppen ohne Munition und Verpflegung sind: »18 000 Verwundete ohne Mindesthilfe an Verbandszeug und Medikamenten«, berichtet der General. »Weitere Verteidigung sinnlos. Zusammenbruch unvermeidbar. Armee erbittet, um noch vorhandene Menschenleben zu retten, um sofortige Kapitulationsgenehmigung.«

Aber für Hitler zählen die Leben der eigenen Soldaten nichts. »Kapitulation ausgeschlossen«, lässt er antworten, »Truppe verteidigt sich bis zuletzt.«

Für Willi Graf geht es von Saarbrücken aus weiter nach Freiburg. Dort hofft er Heinz Bollinger zu treffen. Da der gerade in Ulm ist, schlendert Graf durch die Stadt im Breisgau, geht Kaffee trinken und tauscht sich am Abend mit Helmut Bauer aus, der durch Bollinger über geplante Aktionen informiert wurde. Sie teilen die Meinung, dass das Flugblatt in möglichst vielen Städten seine Leser finden soll.

Am 24. Januar fährt Graf weiter nach Ulm. Unterwegs kommt er in eine Kontrolle. Wehrmachtsangehörigen ist es nicht erlaubt, sich ohne Genehmigung mehr als 50 Kilometer von ihrem Standort zu entfernen. Vermutlich fährt er mit einem von Willi Bollinger gefälschten Urlaubsschein. Zumindest bekommt der Soldat keine Probleme, »die Klippe einer Kontrolle« gut überstanden, notiert er im Tagebuch. Das Fahren mit dem Zug bedeutet für Graf durchaus ein Risiko. Denn er hat das V. Flugblatt bei sich.

In Ulm übergibt er es an Heinz Bollinger. Nun zögert der aber, es zu verteilen. Von einem guten Freund habe er erfahren, dass der Krieg sicher noch lange dauern werde und die süddeutsche Rüstungsindustrie trotz der vielen Luftangriffe sehr leistungsfähig sei. Es müssten wohl noch mehr Bomben fallen, bis das blöde Volk etwas kapiere. Das Flugblatt aber nimmt er dennoch mit und zeigt es seinen Freiburger Freunden. Sie diskutieren darüber, ob sie es verteilen.

Am selben Tag ist auch Sophie Scholl für den Widerstand aktiv. Sie fährt nach Augsburg, wo Fritz Hartnagel stationiert war, als sie sich näher kennenlernten, fünfeinhalb Jahre ist das her. Es wirkt wie eine Ewigkeit. In Augsburg wirft sie bereits frankierte und adressierte Umschläge mit dem Flugblatt darin ein. Dann bricht sie nach Ulm auf, wo sie Hans Hirzel die restlichen, für Stuttgart bestimmten Flugblätter übergeben will. Sie sind abends am Bahnhof verabredet, aber der Abiturient kommt nicht. Hat ihn die Angst vor der eigenen Courage gepackt?

Sophie Scholl gibt nicht so leicht auf. In der Wohnung der Hirzels trifft sie den Freund an. Die Studentin überlässt dem Schüler gut 2 000 Flugblätter. Er soll sie in Briefumschläge stecken und von Stuttgart aus verschicken. In Ulm wollen die Scholls und Hirzel weiterhin nicht aktiv werden, um ihre Familien nicht zu gefährden. Als Sophie Scholl gegangen ist, liest Hirzel das Flugblatt und bekommt Zweifel. Einige Passagen gefallen ihm nicht. So findet er, dass der Text Russland zu wohlwollend beschreibt. Die Bolschewiken lehnt er ab. Soll er das Blatt dennoch verteilen? Schließlich ringt er sich dazu durch, es zu versenden. Er fragt seine Schulfreunde Heinrich Guter und Franz Müller, ob sie ihm beim Eintüten und Aufkleben von Briefmarken helfen. Guter hält die Aktion für viel zu gefährlich. Er will damit nichts zu tun haben. Müller aber verspricht, Hirzel zu unterstützen.

Am Sonntag, dem 24. Januar 1943, scheint das Ende des deutschen Widerstandes in Stalingrad gekommen zu sein. Sowjetische Truppen stoßen von Westen her in Richtung Wolga vor. Ein Funkspruch der 6. Armee schildert schonungslos die Situation im Kessel: »Im engeren Stadtgebiet von Stalingrad grauenhafte Zustände. Etwa 20 000 unversorgte Verwundete suchen in Häuserruinen Obdach; dazwischen ebenso viele Ausgehungerte, Frostkranke und Versprengte meist ohne Waffen.«

Der General der Artillerie, von Seydlitz, lässt am nächsten Tag den Offizieren seines LI. Armeekorps verkünden, dass sie nun selber die Entscheidung für ihre Einheiten treffen dürfen. »Meine Herren, Sie können von jetzt alles tun und lassen, was Sie wollen«, erklärt der Chef des Stabes den versammelten Offizieren. »Die Schlacht ist verloren – ich wünsche Ihnen alles Gute.« Diesen Schritt hat Seydlitz mit seinem Vorgesetzten Paulus nicht abgestimmt. Aber was soll ihm nun noch passieren? Ihm steht ohnehin der Tod oder eine Gefangenschaft bei den »Bolschewiken« bevor. Paulus enthebt ihn tatsächlich seines Kommandos. Sein Nachfolger kündigt an, dass jeder, der versucht zu kapitulieren, erschossen wird. Als Seydlitz gemeinsam mit weiteren hochrangigen Offizieren dennoch die Waffen niederlegt und von sowjetischen Soldaten weggeführt wird, feuern ihre Kameraden aus den eigenen Stellungen auf sie. Seydlitz entkommt in die Kriegsgefangenschaft.

Während Willi Graf noch im Rheinland unterwegs ist, sind die Münchner Freunde dabei, das V. Flugblatt zu verteilen. In München werfen Hans Scholl und Alexander Schmorell einige hundert Briefumschläge mit ihrer Schrift darin in Postkästen ein. »Der Krieg geht seinem sicheren Ende entgegen«, lautet der erste Satz. Dann heißt es weiter: »Wie im Jahre 1918 versucht die deutsche Regierung alle Aufmerksamkeit auf die wachsende U-Bootgefahr zu lenken, während im Osten die Armeen unaufhörlich zurückströmen, im Westen die Invasion erwartet wird. Die Rüstung Amerikas hat ihren Höhepunkt noch nicht erreicht, aber heute schon übertrifft sie alles in der Geschichte seither Dagewesene.« Die Botschaft ist klar. Deutschland wird den Krieg verlieren. Nur ein rasches Ende der Diktatur kann das Land vor einer Katastrophe bewahren.

In Stalingrad rückt die Rote Armee am 25. Januar weiter vor, sie treibt einen Keil in die deutschen Verteidigungslinien und spaltet die 6. Armee. Das XI. Armeekorps ist nun im Norden auf sich allein gestellt. Der Oberbefehlshaber der 6. Armee, Generaloberst Paulus, verharrt mit dem größeren Rest seines einstigen Großverbands im Süden und verbreitet weiterhin Durchhalteparolen. Noch immer geben die Deutschen nicht auf.

Paulus erleidet an diesem Tag eine leichte Kopfverletzung, als eine Bombe in der Nähe explodiert. Er steht kurz vor dem Zusammenbruch. Das erfahren auch seine Gegner aus Verhören von gefangengenommenen Offizieren. Ihr größter Fang bislang ist Generalstabsarzt Renoldi, der über die verhungernden Soldaten einen Bericht verfasst hat und auch den Gesundheitszustand seines Befehlshabers gut kennt.

Die vorrückenden Russen sind nicht die einzige Sorge von Generalfeldmarschall von Manstein. Er verfasst einen Befehl an alle Offiziere im Kommando der »Heeresgruppe Don«. Es sei selbstverständlich, dass die Entwicklung bei der 6. Armee mit leidenschaftlicher Anteilnahme verfolgt und auch, dass im Kameradenkreis über die Ursachen dieser Katastrophe debattiert werde, schreibt er. »Ebenso versteht es sich von selbst, daß jeder, der mit Führung oder Versorgung zu tun hat, sich Rechenschaft ablegt und aus diesem Ereignis seine Lehren zieht. Im Übrigen aber haben Erörterungen über die Verantwortung für das Geschehene zu unterbleiben. Sie ändern an den Tatsachen nichts mehr und können nur schaden, indem sie das Vertrauen gefährden.« Der Generalfeldmarschall verhängt eine Schweigepflicht über die Ereignisse in Stalingrad. Sein Befehl klingt so, als ob der Kampf um die Stadt vorbei sei: »In Briefen hat jede Erörterung über die Ursache des Untergangs der 6. Armee zu unterbleiben.« Noch besteht der eingekesselte Verband aus fast 100 000 Mann. Für Manstein sind die Soldaten bereits untergegangen.

Gerettet hingegen sind die Männer der Roten Armee, die sich nördlich des Mamajew-Hügels in der Nähe des Stahlwerks »Roter Oktober« seit so vielen Wochen verschanzt haben. Im Morgengrauen des 26. Januars erreichen ihre Kameraden, die den Feind in Stalingrad vollkommen in die Enge getrieben haben, ihre Stellungen. In fast fünf Monate andauernden Gefechten hat die 62. Armee verhindert, dass die Wehrmacht Stalingrad komplett einnehmen konnte. »Die Augen der kampfgehärteten Soldaten, die zusammentrafen, füllten sich mit Freudentränen«, beschreibt General Tschuikow den Moment. Befreier und Befreite feiern gemeinsam und stoßen auf den baldigen Sieg an.

Alexander Schmorell reist nach Österreich. Am 26. Januar bricht er in München mit einem mit mehr als 1700 Flugblättern gefüllten Koffer auf. Die verteilt er in Salzburg, Wien und Linz. Er wirft zudem 300 Briefumschläge ein, die nach Frankfurt am Main sollen. Das Porto von dort ist billiger als von München aus. Sophie Scholl, die für die Finanzen zuständig ist, hält alle zum Sparen an.

In Eickemeyers Atelier treffen sich tags darauf Freunde aus dem Scholl-Schmorell-Kreis, also Menschen, die sich gegenseitig vertrauen und in deren Anwesenheit alle offen sprechen können. Auch Harald Dohrn, der Schwiegervater von Probst, und der Maler Wilhelm Geyer gehören dazu. Den Künstler haben die Nationalsozialisten schon lange mit einem offiziellen Ausstellungsverbot belegt. Aber das kümmert die Scholls wenig. Sophie und Hans Scholl haben eine kleine Auswahl seiner Werke zusammengestellt und im Atelier aufgehängt.

Hans Scholl spricht die Situation in Russland an, meint, dass der Krieg verloren, all die zahlreichen Opfer umsonst gewesen seien und die Niederlage bei Stalingrad bevorstehe. Christoph Probst hört gut zu. Er will über die verlorene Schlacht und die monströsen Entscheidungen Hitlers in seinem nächsten Flugblatt schreiben.

Im Keller des Univermag-Warenhauses in Stalingrad sitzt General Paulus am 28. Januar in einer dunklen Ecke auf seinem Feldbett. Er wirkt wie ein gebrochener Mann. Das Gebäude über ihnen ist zerstört, die Armee weitgehend vernichtet. Aber immer noch fallen Schüsse in den Ruinen der Stadt, immer noch kämpfen Deutsche und Russen zwischen Schutt und Trümmern. Göring schickt einen Funkspruch an Paulus: »Vom

Kampf der 6. Armee wird es einmal stolz heißen, an Todesmut ein Langemarck, an Zähigkeit ein Alkazar, an Tapferkeit ein Narvik, an Opfer ein Stalingrad«, fabuliert der Reichsmarschall. Diese Zeilen dürften die Überlebenden in den improvisierten Bunkern und Löchern der Stadt kaum aufmuntern.

Hartnagel wird von Stalino, wohin er ausgeflogen wurde, weiter ins Hinterland transportiert. Dafür steht die Eisenbahn zur Verfügung, aber kein Lazarettzug, wie er ihn aus Bildern der Wochenschau oder aus Illustrierten kennt. Die Verwundeten werden in schlichte Viehwaggons gelegt. Dabei hat Adolf Hitler erst Ende 1942 befohlen, 600 weitere Behelfslazarettzüge mit verstärkten Böden, Wänden und Decken zur besseren Kälteisolierung in Betrieb zu nehmen. Hartnagel und die anderen Verwundeten profitieren nicht davon. Sechs Tage lang fahren die Männer, die auf engstem Raum zusammengepfercht sind, nach Westen. Ihr Ziel soll Lublin sein. Es regnet in Strömen und es tropft durch das Dach hindurch in den Waggon hinein. Nun liegen die Patienten im Nassen. Sie beschweren sich so lange, bis ihre Fahrt in Lemberg frühzeitig endet und sie vom Bahnhof in ein Lazarett verlegt werden. Hartnagel gelangt in das »Bergsanatorium«.

Am 28. Januar 1943 treffen sich um 23 Uhr Hans Scholl, Willi Graf und Alexander Schmorell in der Wohnung der Scholls. In dieser Nacht wollen sie Flugblätter in München verteilen. Graf nimmt eine prall gefüllte Aktentasche und bricht in die Gegend um das Sendlinger Tor auf. Dort legt er die Blätter auf Briefkästen und Splitterschutzsockel. Nach gut zwei Stunden ist er fertig und geht zu Fuß zurück. 15 bis 18 Kilometer haben er und die beiden Mitstreiter bewältigt und dabei gut 1 500 Flugblätter verteilt.

Christoph Probst feilt an seinem Entwurf für ein weiteres Flugblatt. Aufgewühlt von den verlustreichen Kämpfen bei

Stalingrad will er mit diesem Aufruf den Deutschen zeigen, dass Hitler kein so brillanter Kriegsherr ist, wie es der aktuelle Wehrmachtsbericht behauptet. »In Stalingrad ist der heroische Widerstand der Verteidiger ungebrochen«, teilt das Oberkommando der Wehrmacht mit. »Anstürme der Sowjets gegen die West- und Südfront brechen unter schweren Verlusten für den Feind zusammen.«

Solche Lügen sind für ihn, der über die Situation vor Ort informiert ist, schwer zu ertragen. Probst klagte einmal gegenüber seiner Frau Herta, dass er nicht verstehe, wie das Regime mehr als 80 000 Soldaten dem Chaos und dem Tod ausliefern könne. Nichts sei geschehen, um die eingeschlossene Armee zu befreien. Das Leid seiner Kameraden in Stalingrad setzt ihm zu. Von englischen Radiosendern, die er heimlich hört, erfährt Probst, wie fatal es um die eingekesselten Soldaten in Stalingrad steht. Diese Berichte klingen ganz anders als die offiziellen Meldungen in Deutschland. Als seine Frau wissen will, woran er arbeitet, weicht er ihr aus und räumt die Blätter weg. Zu einer Mitwisserin will er sie nicht machen. Er setzt seine Familie ohnehin schon einer großen Gefahr aus.

In der Stadt an der Wolga ergeht am selben Tag ein brutaler, unmenschlicher Befehl des 6. Armeeoberkommandos. Es meldet der Heeresgruppe Don: »Nach starken Feindangriffen mit überlegener Artillerie und Salvengeschützen wurde die Zarizafront westlich der Eisenbahn durchbrochen, nachdem dort die letzte Munition verschossen war. Die Verpflegungslage zwingt dazu, an Verwundete und Kranke keine Verpflegung mehr auszugeben, damit Kämpfer erhalten bleiben.« Wofür? Für Gefechte ohne Munition.

Helfen kann den Eingeschlossenen und Geschwächten nun niemand mehr. Ihr »Führer« hat die Männer längst geopfert. Sie müssen weiterleiden, damit die Rote Armee vor Stalingrad gebunden bleibt. Aus der Luft gelangen fast gar keine Vorräte mehr an ihr Ziel, ohnehin gibt es zunehmend weniger Transportflugzeuge. Bislang hat die Luftwaffe 330 Maschinen bei Flügen nach Stalingrad verloren, 791 Angehörige des fliegenden Personals haben dabei ihr Leben gelassen.

Die Arbeit für den Widerstand laugt die Freunde aus. Sie investieren viel Zeit, um die Flugblätter zu schreiben, zu drucken, zu verteilen und für den Versand fertig zu machen. All dies geschieht meist nachts, da sie, um nicht aufzufallen, tagsüber studieren und sich mit Bekannten treffen, die nichts mit ihrem Kreis zu tun haben. Darüber hinaus löst die permanente Angst, von der Gestapo erwischt zu werden, einen extremen psychischen Druck aus. Sophie Scholl reagiert darauf mit depressiven Gedanken: »Sobald ich allein bin, verdrängt eine Traurigkeit jede Lust zu einer Tätigkeit in mir«, schreibt sie in ihr Tagebuch. »Wenn ich ein Buch zur Hand nehme, dann nicht aus Interesse, sondern so, als ob es ein anderer täte. Über diesen entsetzlichen Zustand kann nur eines helfen. Die schlimmsten Schmerzen, und wären es bloß körperliche, sind mir tausendmal lieber als diese leere Ruhe.« Hans Scholl stürzt sich in immer neue Aufgaben, um dem Druck zu widerstehen, und Willi Graf notiert in seinem Tagebuch, er müsse wieder einen Halt bekommen. Er könne nicht dauernd so herumfahren und Betrieb machen. Auf allen lastet eine enorme Anspannung.

Am 29. Januar 1943 erhält Kriminalsekretär Robert Mohr von einem Vorgesetzten den Befehl, alle andere Arbeit an Kollegen zu übertragen oder liegen zu lassen und sich ausschließlich darum zu kümmern, wer hinter diesen Flugblättern steckt. Sie hätten größte Beunruhigung hervorgerufen, so dass höchste Stellen von Partei und Staat an einer möglichst baldigen Aufklärung interessiert seien. Mohr werden mehrere andere Beamten unterstellt, mit denen er eine Sonderkommission bildet.

Der Polizist gehört seit dem 1. Mai 1933 der NSDAP an, außerdem zahlreichen Organisationen der Partei wie dem NSKK, der NS-Volkswohlfahrt, dem Reichsbund der Deutschen Beamten und dem Reichsluftschutzbund. Auch das SA-Sportabzeichen hat er erhalten. Nun also soll er die Sonderkommission leiten, die Jagd auf die Verfasser der Flugblätter macht. Der Druck ist hoch. Ständig fragen einflussreiche Persönlichkeiten nach dem Stand seiner Ermittlungen.

Mohr schreibt in diesen Tagen an das Reichssicherheitshauptamt in Berlin. Er berichtet über die Flugblattaktion in München. Woher der oder die Täter kommen, ob sie in München leben oder irgendwo anders und nur zum Verteilen ihrer Schriften an die Isar kommen, das wissen die Ermittler nicht.

Aus Stalingrad schickt Generalfeldmarschall Paulus am selben Tag ein Telegramm an Adolf Hitler. Er gratuliert seinem »Führer« zum morgigen Jahrestag der »Machtergreifung«. Das eigene Ende unmittelbar vor Augen, verkündet er Durchhalteparolen. »Noch weht die Hakenkreuzflagge über Stalingrad«, lässt der Befehlshaber der 6. Armee funken. »Unser Kampf möge den lebenden und den kommenden Generationen ein Beispiel dafür sein, auch in der hoffnungslosesten Lage nie zu kapitulieren, dann wird Deutschland siegen.«

Beim Formulieren des Textes hat wohl der Chef des Stabes mitgemischt. Paulus leidet an einer Ruhrerkrankung, wirkt auf seine Begleiter dauerhaft niedergeschlagen und demoralisiert. Der Befehlshaber der 6. Armee ist am Ende. Einem Ende der Kämpfe, um wenigstens noch einige Leben zu retten, stimmt er dennoch weiterhin nicht zu. Nicht ohne die Erlaubnis seines »Führers«.

Am nächsten Tag lässt Hitler ihm ein Antworttelegramm

senden: »Mein Generaloberst Paulus. Schon heute blickt das ganze deutsche Volk in tiefer Ergriffenheit zu dieser Stadt.« Hitler lässt es an Pathos nicht fehlen: »Wie immer in der Weltgeschichte wird auch dieses Opfer kein vergebliches sein. Das Bekenntnis von Clausewitz wird seine Erfüllung finden. Die deutsche Nation begreift erst jetzt die ganze Schwere dieses Kampfes und wird die größten Opfer bringen. In Gedanken immer bei Ihnen und Ihren Soldaten.«

Den Tag der Machtübernahme vor zehn Jahren will Adolf Hitler ungetrübt begehen können, eine Kapitulation in Stalingrad würde die Festivitäten doch erheblich stören. Deswegen sollen die Männer in den beiden ständig kleiner werdenden Kesseln noch ein wenig länger aushalten.

Generalfeldmarschall Erhard Milch, der von Adolf Hitler an die Stalingrad-Front entsandt wurde, um die Versorgung der Eingeschlossenen zu verbessern, will ebenfalls zum zehnten Jahrestag der »Machtergreifung« ein Zeichen setzen. Deutsche Kampfflugzeuge sollen über Stalingrad operieren. »Widersprüche werden nicht geduldet«, gibt er in einer Lagebesprechung seinen Untergebenen mit. Zwölf Fernjäger mit Zusatztanks erfüllen diesen Auftrag, der als ein Geschenk an den »Führer« gilt. Über Stalingrad gibt es keinen Feindkontakt, auf dem Rückflug schießen die Jäger zwei feindliche Maschinen ab. Ein deutsches Flugzeug geht verloren. Und alle Zusatztanks mussten die Besatzungen abwerfen. Nun stehen die Flieger erstmal nicht mehr für notwendige Ferneinsätze bereit. Aber Milch kann seinem »Führer« einen Einsatz über dem Kessel vermelden.

Die »Parole der Woche«, die als Wandzeitung überall im Deutschen Reich an öffentlichen Plätzen, in Behörden und Dienststellen hängt, zeigt ein Porträt Adolf Hitlers. Ernst schaut er dem Betrachter entgegen, hinter ihm schwebt ein Reichsadler. »Freiheit das Ziel. Sieg das Panier. Führer befiehl. Wir folgen Dir«, steht neben seinem Konterfei.

Zum zehnten Jahrestag der »Machtergreifung« spricht Hermann Göring im Rundfunk. Bislang hat Adolf Hitler stets selber die Ansprache am 30. Januar gehalten, Jahr für Jahr, doch diesmal schickt er den Chef der Luftwaffe, Reichsminister und preußischen Ministerpräsidenten vor. Zu Stalingrad will der »Führer« lieber nichts mehr öffentlich sagen. Das »Heldenlied«, das Göring im »Ehrensaal« des Reichsluftfahrtministeriums auf die 6. Armee anstimmt, ist in Wahrheit ein Abgesang. »Was dort unsere Grenadiere, Pioniere, Artilleristen, Flakartilleristen und wer sonst noch in dieser Stadt ist, vom General bis zum letzten Mann, leisten, ist einmalig. Mit ungebrochenem Mut, und doch zum Teil ermattet und erschöpft, kämpfen sie gegen eine gewaltige Übermacht um jeden Block, um jeden Stein, um jedes Loch, um jeden Graben«, tönt der Reichsmarschall. »Wir kennen ein gewaltiges Heldenlied von einem Kampf ohnegleichen, es heißt der Kampf der Nibelungen. Auch sie standen in einer Halle voller Feuer und Brand, löschten den Durst mit dem eigenen Blut, aber sie kämpften bis zum Letzten. Ein solcher Kampf tobt heute dort, und noch in tausend Jahren wird jeder Deutsche mit heiligem Schauer von diesem Kampf in Ehrfurcht sprechen und sich erinnern, dass dort trotz allem Deutschlands Sieg entschieden worden ist.«

Görings Ansprache hören auch Soldaten in Stalingrad, die immer noch dort ausharren, weil Adolf Hitler es so will. Sie begreifen, dass von ihnen bereits in der Vergangenheit gesprochen wird. Nun versteht auch der Letzte, dass es keine Rettung geben wird. Die Moral der Soldaten im Kessel fällt auf einen Tiefpunkt. Viele sind erschüttert und empört über den »Führer«, der sein Versprechen, sie rauszuhauen, nicht gehalten hat. Und über Hermann Göring, der eine Leichenrede hält, bevor sie tatsächlich in »Stalingrab« beerdigt wurden.

Am selben Tag lässt Paulus eine kurze Nachricht an Hitler funken: »Zusammenbruch ist keine 24 Stunden mehr aufzuhalten.« Daraufhin ernennt ihn sein Oberbefehlshaber zum Generalfeldmarschall – ebenfalls per Funk. Den Marschallsstab bekommt er nicht, was sollte Paulus in den Ruinen auch damit anfangen? Warum Hitler diese Beförderung vornimmt, verschweigt er seinen Vertrauten nicht. Zu Alfred Jodl, dem Chef des Wehrmachtführungsstabes im OKW, sagt er, noch nie sei ein deutscher Feldmarschall in Gefangenschaft gegangen. Der »Führer« will also, dass Paulus entweder im Kampf stirbt oder sein Leben selber beendet.

Außerdem versetzt der Oberbefehlshaber vom »Führerhauptquartier« aus 117 weitere Offiziere in den nächsthöheren Dienstgrad. Eine Beförderungswelle ist seine Antwort auf die Nachricht, dass der Todeskampf in Stalingrad seinem Ende entgegengeht.

Der neue Generalfeldmarschall versteht durchaus, was Hitler mit seiner Rangerhöhung bezweckt. Zu Vertrauten sagt Paulus allerdings, dass er ihm diesen Gefallen nicht tun werde. Der Aufforderung zum Selbstmord folgt er nicht und er verbietet auch den Angehörigen seiner Armee, sich absichtlich vom Feind erschießen zu lassen.

Elisabeth Scholl kommt Ende Januar nach München. Sie besucht ihre Geschwister, bleibt gut zehn Tage in deren Wohnung, begleitet sie zu Treffen mit Freunden und Lesungen. Sie merkt, dass ihre Schwester und ihr Bruder sehr viel zu tun haben, aber sie schöpft keinerlei Verdacht. Auch bei ihrem zweitägigen Frühjahrsputz, den sie anbietet, um die Wohnung auf Vordermann zu bringen, kommt ihr nichts Verdächtiges in die Hände. Sophie Scholl achtet penibel darauf, dass nichts Belastendes offen in der Wohnung liegen bleibt, sollte es zu einer Hausdurchsuchung kommen. So versteckt sie in einem Wäschekorb die Listen mit den Adressaten der Flugblätter. Dort wird das Material sicherlich nicht so schnell gefunden.

Richtig aufgebracht ist sie daher, als sie einen Militärfahrschein entdeckt, den Alexander Schmorell achtlos liegengelassen hat. Elisabeth Scholl wundert sich über den heftigen Ausbruch ihrer Schwester.

Ende Januar 1943 tauchen Flugblätter der »Weißen Rose« in Stuttgart auf. Hans Hirzel hat mit seinem Schulfreund Franz Müller mit der Schreibmaschine Hunderte Adressen auf Umschläge geschrieben, die Schriften hineingefaltet und Briefmarken aufgeklebt. Seine Schwester Susanne hat die brisante Post dann in Briefkästen geworfen.

Für Hans Hirzel hat diese Tat Folgen. In Stuttgart erstatten Wolfgang Tröster und Gerhard Munz, zwei Bekannte aus der Hitlerjugend, die er unvorsichtigerweise um eine Adressliste gebeten hat, Anzeige gegen ihn bei der dortigen Stapo-Leitstelle. Sie beschuldigen den Schüler, Flugblätter mit staatsfeindlichem Inhalt verteilt zu haben. Kriminalinspektor Johannes Kohler, Leiter des Sachgebiets Hochverrat/Bekämpfung des Kommunismus, schickt die Anzeige an die Außenstelle Ulm. Obwohl er sein Schreiben an die Kollegen mit dem Stempel »Eilt sehr« versieht, lassen sich die Beamten um Anton Rechsteiner viel Zeit mit der Bearbeitung des Falls.

8. KAPITEL

Katz und Maus

31. Januar bis 17. Februar 1943

Ein weiterer Funkspruch aus Stalingrad trifft sehr früh am 31. Januar 1943, einen Tag nach den Feiern zur »Machtergreifung«, im »Führerhauptquartier« ein: »Die 6. Armee hat getreu ihrem Fahneneid für Deutschland bis zum letzten Mann und bis zur letzten Patrone eingedenk ihres hohen und wichtigsten Auftrages die Position für Führer und Vaterland bis zuletzt gehalten«, schreibt Paulus.

Mit weitaus weniger Pathos meldet sich danach ein Funker des Oberkommandos der 6. Armee: »Russe steht vor der Tür. Wir bereiten Zerstörung vor.« Eine Stunde später: »Wir zerstören.« Er fügt noch das Zeichen CL hinzu. In der internationalen Funksprache bedeutet das »Close«, diese Station wird nicht mehr senden.

Kurz darauf steht ein Trupp russischer Soldaten vor der dunklen Kellerhöhle, in die sich Paulus und der Rest seines Stabes verkrochen haben. Ein junger Offizier der Roten Armee fordert die Deutschen zur kampflosen Übergabe auf. Der Chef des Stabes der 6. Armee, Generalmajor Arthur Schmidt, nimmt an. Sein Vorgesetzter, Paulus, sitzt regungslos auf seinem Feldbett. Er ist zu erschöpft, zu niedergeschlagen, um auf Fragen zu antworten oder gar eine Entscheidung zu fällen. Paulus und Schmidt gehören nun zu den höchstrangigen Gefangenen, die die Russen bislang gemacht haben. Um

7:45 Uhr kapitulieren die Deutschen im Südkessel von Stalingrad.

Paulus und sein Stabschef dürfen ihre Privatsachen mitnehmen. Begleitet werden sie von zwei Ordonanzoffizieren, einem Adjutanten und einem Burschen, gegen 11 Uhr brechen sie mit einem Wagen auf. Eskortiert von sowjetischen Soldaten, werden sie nach Beketowka, zum Stabsquartier der 64. Armee gebracht. General Michail Stepanowitsch Schumilow, ein erfahrener Frontoffizier, empfängt die Gäste und bewirtet sie mit Wodka. »Trinken wir auf die tapferen Gegner, die sich in Stalingrad gegenüberlagen«, sagt er, bevor alle ihre Gläser leeren.

Mittags, um Viertel nach eins, gibt Generalfeldmarschall von Manstein den Befehl, eine kurze Botschaft nach Stalingrad hineinzufunken. »Kameraden der 6. Armee«, lautet sie, »unser Dank für Eure heldenhafte Aufopferung wird der Kampf um die Erfüllung des Vermächtnisses sein, das Ihr uns hinterließt.« Doch die Adressaten erreicht sie nicht. »Nicht mehr an 6. Armee herausgegangen«, vermerkt jemand per Hand auf dem Funkspruch, »da keine Verbindung mehr.«

Am Nachmittag stehen viele Überlebende der 6. Armee im Südkessel auf dem Roten Platz in Stalingrad. Seit dem 19. November 1942 haben sie in der Stadt und ihrer Umgebung ausgehalten. Bewacht von Soldaten der Roten Armee, müssen sie einige Reden von hochrangigen deutschen Kommunisten über sich ergehen lassen. Wilhelm Pieck, Walter Ulbricht und andere lobpreisen die Errungenschaften der Sowjetunion. Dann reihen sich die ehemaligen Stalingradkämpfer in einen langen Zug ein. Zu Fuß marschieren sie ihren Gefangenenlagern entgegen.

Noch am selben Tag ordnet Adolf Hitler an, dass die 6. Armee mit allen ihren Divisionen »wiederauferstehen« muss. Der Großverband soll neu aufgestellt werden, mit frischen, neu ausgehobenen oder versetzten Soldaten unter dem alten

Namen. »Arbeits- und Abwicklungsstäbe für Stalingrad« kümmern sich um Ansprüche der Angehörigen, die im Kessel oder in der Gefangenschaft Väter und Ehemänner verloren haben. Der Schock der Niederlage soll so schnell es geht überwunden werden.

In München kommt Christoph Probst am 31. Januar zu Hans Scholl in die Wohnung. Er hat auf einer Durchreise einen Stopp in München eingelegt. Seine Uniform legt er für den kurzen Aufenthalt ab und tauscht sie gegen Zivilkleidung. Da Elisabeth Scholl zu Besuch ist, ziehen die beiden Männer sich in ein Zimmer zurück und schließen die Tür. Probst übergibt seinen Flugblattentwurf an den Freund. »Da schau das mal an«, sagt er zu ihm. Scholl erwidert nur: »Mal sehen.« Danach trinken alle zusammen Tee. Probst erzählt, dass seine Frau nach der Geburt des dritten Kindes mit Wochenbettfieber in einer Klinik liegt.

Probst hat einen Text geschrieben, der das Regime und das Militär hart angreift. »Stalingrad! 200 000 deutsche Brüder wurden geopfert für das Prestige eines militärischen Hochstaplers. Die menschlichen Kapitulationsbedingungen der Russen wurden den geopferten Soldaten verheimlicht«, heißt es in seinem Entwurf. »Hitler verbot den Eingekesselten sich zu den rückwärtigen Truppen zurückzuziehen. Nun klagt das Blut von 200 000 dem Tod geweihten Soldaten den Mörder Hitler an.«

Die Kriminalpolizei in München wendet sich an ihre Kollegen in Stuttgart, Karlsruhe, Nürnberg, Augsburg, Regensburg und Würzburg. Die Beamten berichten von den Flugblattaktionen in ihrer Stadt. Sie bitten um Hilfe, um gemeinsame Fahndungen und Kontrollen in Zügen.

Ihr Befehlshaber ist bereits ein Gefangener der Russen, der Südkessel gefallen, jeder Widerstand absolut zwecklos. Dennoch harrt in Stalingrad immer noch ein Trupp deutscher Soldaten aus, der aus den Resten von zwei Panzer- und vier Infanteriedivisionen besteht. Die Männer sind in der Umgebung der »Traktorenfabrik Dserschinski« eingekesselt. Am 1. Februar ergeht an sie ein Funkspruch des »Führers« mit dem Appell, weiter durchzuhalten. »Ich erwarte, daß der Nordkessel von Stalingrad sich bis zum Letzten hält«, fordert Hitler von ihnen. »Jeder Tag, jede Stunde, die dadurch gewonnen wird, kommt der übrigen Front entscheidend zugute.«

Noch eine Nacht halten die verbliebenen aktiven Truppen aus. Am nächsten Morgen erkennen dann auch die Soldaten in der Fabrik, dass ihr letztes Opfer keinen Sinn mehr ergibt. Sie funken kurz vor Mittag an ihren Obersten Befehlshaber: »XI. Armeekorps hat mit seinen sechs Divisionen in schwerstem Kampf bis zum letzten Mann seine Pflicht getan. Es lebe Deutschland.«

So endet nach 76 Tagen der Kessel von Stalingrad. Um 14.46 Uhr meldet ein deutsches Aufklärungsflugzeug, das in großer Höhe die zerstörte Stadt überfliegt, per Funk: »In Stalingrad keine Kampftätigkeit mehr.« Und Meteorologen funken lapidar: »Wolkenhöhe fünftausend Meter – Sicht zwölf Kilometer – klarer Himmel – vereinzelt kleine Wölkchen – Temperatur einunddreißig Grad minus – über Stalingrad Nebel und roter Dunst – Wetterstelle meldet sich ab. Gruß an die Heimat.«

Etwa 150 000 deutsche Soldaten kamen in dem Kessel ums Leben, gut 91 000 deutsche Kriegsgefangene gehen in langen Kolonnen, bei 24 Grad unter null, fast verhungert, mit Wunden und Erfrierungen einem ungewissen Schicksal entgegen. Von diesem Rest der 6. Armee, die einst aus etwa 300 000 Mann bestanden hat, sind viele Männer fast am Ende.

Ihr Opfer gilt bei Adolf Hitler wenig. Er sitzt in seinem gut geheizten Bunker im »Führerhauptquartier« in Ostpreußen und schimpft auf die Militärs, die Stalingrad aufgegeben haben. 24 Generäle haben die Russen in der Stadt gefangengenommen. Sie hätten es nicht verstanden, auf anständige Art und Weise zu sterben, empört er sich. »Sie haben kapituliert – formell und bedingungslos. Statt die Reihen zu schließen, eine Igelstellung zu bilden und sich mit der letzten Patrone selbst zu erschießen.« Besonders wütend ist er auf Paulus, dem er Feigheit vorwirft. Hitler ahnt, dass der gerade ernannte Generalfeldmarschall nach Moskau gebracht und von den Russen der Weltöffentlichkeit präsentiert werden dürfte. Es werde keine Woche vergehen, so zetert er, bis Paulus im sowjetischen Rundfunk spricht. Die alten Heerführer hätten sich in ihre Schwerter gestürzt, wenn sie sahen, dass ihre Sache verloren war. Auch Varus habe seinen Sklaven befohlen, ihn zu töten. Adolf Hitler hetzt und tobt.

Er erkennt nicht die Ironie, die in dieser Szene liegt. Schließlich ist er der oberste Heerführer, er allein verantwortet die Niederlage. Aber wie immer sucht der »Führer« die Schuld nicht bei sich. Für ihn steht als Verantwortlicher der Katastrophe Friedrich Paulus fest. Dennoch kann er den Generalfeldmarschall nicht öffentlich beschuldigen. Schließlich feiert ihn die Propaganda seit Tagen als Helden von Stalingrad. Auch am folgenden Tag, so legen es Hitler und der Generalstabschef des Heeres, Zeitzler, fest, soll der Befehlshaber der 6. Armee im Wehrmachtssonderbericht lobend erwähnt werden.

Sowjetische Soldaten feiern ihren Sieg in Stalingrad. Sie schießen Leuchtspurmunition als eine Art Feuerwerk in den Himmel, stoßen mit Wodka an und versorgen die wenigen russischen Zivilisten, die fünf Monate lang in Kellern und Löchern die Schlacht überlebt haben, mit frischen Brotlaiben und Konserven. Ungeheure Verluste hat die Rote Armee beim Kampf um die Stadt erlitten. Während der Operationen um und in Stalingrad hat sie 1,1 Millionen Mann verloren, darunter 485 751 Gefallene.

Sophie Scholl steht so stark unter Druck, dass ihr Körper rebelliert. Sie ist zerstreut, spürt eine lähmende Müdigkeit und rasche Stimmungsschwankungen. Zudem überfällt die junge Frau häufig eine heftige Traurigkeit. Vermutlich kommt alles zusammen: die Angst um Fritz Hartnagel, die Ungewissheit, wie es mit dem Krieg weitergeht, die nächtlichen Luftangriffe, der wenige Schlaf, die gefährliche Widerstandsarbeit, die Sorge, dass ihr Bruder Hans, sie und die anderen von der Gestapo erwischt werden.

Am 2. Februar bekommt sie endlich eine Nachricht, die sie aufrichtet. Aus Ulm ruft sie ihre Mutter an. Magdalena Scholl hat von den Hartnagels erfahren, dass ihr Fritz am Leben und dem Kessel entkommen ist. Vielleicht müssen dem Hauptmann die erfrorenen Finger amputiert werden, aber er lebt, er ist gerettet. Gott sei Dank.

Über das Schicksal ihrer Angehörigen in Stalingrad wissen viele Familien nichts, Nachrichten über die Gefangennahme von Soldaten werden unterdrückt. Lediglich über die »Feindsender« dringen erschreckende Informationen nach außen, »Radio Moskau« etwa nennt die Namen von Gefallenen und Gefangenen der Wehrmacht. Da das Empfangen von Nachrichten ausländischer Radiostationen illegal ist und hart bestraft wird, gibt kaum jemand zu, Radio Moskau oder die BBC zu hören. Zeitungen, der Rundfunk und Vertreter des Regimes warnen immer wieder vor der »Hetze aus England« oder der »Gräuelpropaganda aus London«.

Fritz Hartnagel hat am 4. Februar 1943 Geburtstag. 26 Jahre wird er alt. Was hat er schon alles erlebt und überlebt. Sein größtes Geschenk hat er bereits erhalten: als einer der letzten Stalingradkämpfer ausgeflogen worden zu sein. Im Lazarett kommt Hartnagel in den Operationssaal. Chirurgen amputieren die beiden erfrorenen Finger. Das ist zwar medizinisch nötig, aber wahrlich kein schönes Geburtstagsgeschenk.

Erstmals im Zweiten Weltkrieg, nach dreieinhalb Jahren voller Siegesnachrichten, verkündet der »Großdeutsche Rundfunk« am 3. Februar eine Niederlage. Mit dumpfem Trommelwirbel und Militärmusik wird die Nachricht eingeleitet. Dann verliest ein Sprecher einen Wehrmachtssonderbericht: »Der Kampf um Stalingrad ist zu Ende. Ihrem Fahneneid bis zum letzten Atemzug getreu ist die 6. Armee unter der vorbildlichen Führung des Generalfeldmarschalls Paulus der Übermacht des Feindes und der Ungunst der Verhältnisse erlegen.« Das Opfer sei nicht umsonst gewesen. Als Bollwerk der historischen europäischen Mission habe die 6. Armee viele Wochen hindurch den Ansturm der sowjetischen Gegner gebrochen. Es folgt die Ankündigung, dass Theater und Kinos für drei Tage geschlossen bleiben. Die Sendung endet mit Ludwig van Beethovens 5. Sinfonie.

Propagandaminister Goebbels musste Hitler von der Notwendigkeit überzeugen, das Desaster in Stalingrad über die Medien zu vermelden. Auch aus Sicht der Propaganda ist die verlorene Kesselschlacht eine Katastrophe. Mal wurde den Deutschen der baldige Sieg angekündigt, dann wieder von schwersten Opfern gesprochen. Und auch weiterhin gibt es keine konsequente Linie in Goebbels' Ministerium, denn zunächst erwecken die veröffentlichten Berichte den Eindruck, die 6. Armee sei komplett untergegangen. Im ›Völkischen Beobachter‹ etwa klingt das am 4. Februar so: »Der Kampf der 6. Armee um Stalingrad ist zu Ende. Sie starben, damit Deutschland lebe.« Gefeiert werden »die Helden«, die »getreu ihrem Fahneneid« zwei Mal die »Aufforderung zur Übergabe stolz abgelehnt« hätten. Die mehr als 90 000 deutschen Kriegsgefangenen werden verschwiegen.

In Deutschland führen die Verluste an der Wolga bei vielen zu einer Schockstarre – und zur Furcht vor einer militärischen Gesamtniederlage. Stalingrad ist schließlich der erste große

Rückschlag für das deutsche Heer überhaupt. Und auch die deutschen Soldaten an den Fronten des Weltkriegs reagieren verunsichert. Hitlers Nimbus als »größter Feldherr aller Zeiten« ist dahin, das zeigen die Lageberichte des Sicherheitsdienstes der SS, die eine Erschütterung in allen Volksschichten melden. Diese Reports dienen der NS-Spitze dazu, sich ein Bild von der Haltung und Meinung der Bevölkerung zu machen. Abertausende Spitzel, vermutlich an die 30 000 Agenten und Vertrauensleute, sammeln überall im Land Informationen, berichten, was in Gaststätten, im Tratsch unter Nachbarn oder auf der Straße gesagt wird. Nun müssen die führenden Nationalsozialisten lesen, dass die Menschen kritisieren, dass die Eingekesselten nicht kapitulierten, dass sie nicht befreit wurden.

»Viele ziehen in Zweifel, daß die Verteidiger von Stalingrad bis zuletzt starke Kräfte des Feindes gebunden haben«, stellen die SD-Mitarbeiter fest. »Allgemein ist die Überzeugung vorhanden, daß Stalingrad einen Wendepunkt des Krieges bedeute und die labileren Volksgenossen sind geneigt, im Fall von Stalingrad den Anfang vom Ende zu sehen.« In Deutschland gibt es in diesen Tagen eigentlich nur ein Gesprächsthema: Stalingrad.

Die Niederlage an der Wolga bringt Hans Scholl und Alexander Schmorell zu neuen Aktivitäten. In der Nacht vom 3. auf den 4. Februar brechen sie in der Wohnung in Schwabing auf. Zu Elisabeth Scholl sagen sie zum Abschied, sie müssten dringend zur Frauenklinik. Kurz darauf kommt Willi Graf vorbei. Als er das Ziel seiner Freunde erfährt, lacht er und sagt, ohne ihn gingen sie dort bestimmt nicht hin. Er eilt los, weiß genau, wo er die beiden finden kann. Vermutlich holen sie in Eickemeyers Atelier die Eimer mit der Teerfarbe und die Schablonen, die Schmorell in der Wohnung von Lilo Berndl hergestellt hat.

Das Trio geht zur Universität. Dort malen sie in großen Lettern Parolen an Wände: »Freiheit«, »Nieder mit Hitler« und »Hitler ist ein Massenmörder« steht nun am Gebäude. Dann ziehen sie weiter und schlagen an 19 weiteren Stellen in der Innenstadt zu. So beschriften die Freunde einige Litfaßsäulen in der Ludwigstraße und die Mauern der Universitätsgebäude. Und sie schmieren durchgestrichene Hakenkreuze an die Wände. Scholl, Schmorell und Graf wollen nun im Zeichen von Stalingrad die Bevölkerung aufrütteln. Das Schicksal der Soldaten, die in der Stadt verheizt wurden, wühlt sie auf. Alle sollen davon erfahren.

Die Idee dazu geht vielleicht auf Sophie Scholl zurück. Sie verlässt mit ihrer Schwester Elisabeth ebenfalls die Wohnung in der Franz-Joseph-Straße, die beiden schlendern zum Englischen Garten, gehen in tiefer Dunkelheit spazieren. Sie sind allein in dem Park, können offen reden. Die Jüngere sagt, man müsse Freiheitssprüche auf Mauern schreiben, die Ältere flüstert, sie habe einen Bleistift in der Tasche. Sophie Scholl lacht und sagt, dafür brauche man schon Teerfarbe. Auf Elisabeths Einwand, das klinge aber gefährlich, antwortet sie nur: »Die Nacht ist des Freien Freund.« Damit zitiert sie Ernst Reden, dessen Tod an der Front sie so erschüttert hat.

Elisabeth Scholl weiß nicht, dass in dieser Nacht ihr Bruder, Graf und Schmorell tatsächlich mit Farbe durch die Stadt ziehen und dazu noch Hunderte Flugblätter verteilen. Sophie Scholl hingegen ist eingeweiht. Sie wollte die Gruppe begleiten, aber ihr älterer Bruder lehnte das rigoros ab. Für eine Frau, zumal für seine kleine Schwester, scheint ihm das zu gefährlich zu sein. Wer »Nieder mit Hitler« an Wände malt, kann keine Gnade des Regimes erwarten.

Sophie und Elisabeth Scholl warten nach ihrem Spaziergang in der Wohnung auf ihren Bruder. Sie haben ein Paket von zu Hause bekommen, Äpfel, Butter, Marmelade, Kranzbrot und Plätzchen sind darin. Echte Schätze in Zeiten, in denen alles rationiert ist. Die Schwestern decken den Tisch, setzen Teewasser auf und bereiten alles für ein luxuriöses Abendessen vor. Aber Hans Scholl kommt nicht. Sophie Scholl macht sich große Sorgen. Dann meldet sich endlich ihr Bruder per Telefon. Er bittet sie, Wein zu besorgen. In ihrem Haus wohnt ein Schwarzmarkthändler, bei dem man eine gute Flasche für 25 Reichsmark erhält.

Als Hans Scholl nach Hause kommt, bringt er die beiden Freunde mit. »Wir haben eine großartige Überraschung für dich«, sagt er leise zur Mitstreiterin. Die Malaktion war erfolgreich. Der Wein steht auf dem Tisch. Das Festmahl kann beginnen.

Am anderen Morgen spazieren Sophie, Elisabeth und Hans Scholl durch die Ludwigstraße. Sie sind extra früh zur Universität aufgebrochen, weil die jüngste Schwester das Werk des nächtlichen Malerkommandos ansehen will. Elisabeth Scholl weiß immer noch von nichts. An der Fassade prangt ein Wort in riesigen Lettern: »Freiheit«. Zwei Frauen versuchen mit Bürsten und Sand, die Farbe abzuschmirgeln. Die Scholls halten sie für Zwangsarbeiterinnen aus dem Osten, die gegen ihren Willen in Deutschland sind und nun die Parolen des Widerstandes entfernen müssen. Sophie Scholl flüstert Elisabeth zu, dass sie lange schrubben können, das sei Teerfarbe.

Auch Willi Graf geht am 4. Februar die Ludwigstraße entlang. Er stößt seinen Freund Walter Kastner an, der ihn begleitet, und zeigt auf eine Hauswand gegenüber. Dort steht, in großen schwarzen Lettern: »Nieder mit Hitler«. Kastner ahnt, dass Graf etwas mit der Sache zu tun hat, und hat plötzlich wahnsinnige Angst um ihn.

Immer wieder bleiben Passanten am Straßenrand stehen und diskutieren über die Aufschriften. »Haben Sie das gesehen?«, tuscheln sie. »Wie ist so etwas nur möglich?« Eine aufgeregte Stimmung macht sich breit. Es ist, als ob die ganze Stadt unter Spannung stünde.

Professor Huber beginnt seine Vorlesung an diesem Donnerstag mit einem mutigen Appell: »Wir gedenken heute der Opfer von Stalingrad, die Zeit der Phrasen ist vorbei.« Jeden Dienstag, Donnerstag und Freitag gibt er eine »Systematische Einführung in die Philosophie«, immer von zehn bis elf Uhr. Wegen seiner offenen Worte und kaum versteckter Kritik am Nationalsozialismus kommen viele Studenten in seine Vorlesung, die das Regime ablehnen.

Noch am selben Tag beginnt die Gestapo in München eine Großfahndung nach den Urhebern der Flugblattaktion. Kriminal-, Schutz- und Bahnhofspolizei sind im Einsatz. Die Beamten um Robert Mohr schicken abermals einen Bericht an das Reichssicherheitshauptamt, in dem sie detailliert den mutmaßlichen Ablauf der Streuaktion schildern, bei der in der Nacht vom 28. auf den 29. Januar Unbekannte Hunderte Flugblätter ausgelegt haben. Die Ermittler vermuten, dass die Täter in verschiedenen Städten aktiv sind und weitere Aktionen geplant haben. Am Tag darauf lässt die Gestapo in München und in mehreren Orten Oberbayerns ein Inserat in Zeitungen veröffentlichen. Darin bittet die Behörde die Bevölkerung um Hilfe bei der Fahndung.

Bei der Stapoleitstelle Stuttgart geht ein offizielles Schreiben von den Kollegen aus München ein, beigelegt ein Schriftstück der »Widerstandsbewegung in Deutschland«. In diesem »Aufruf an alle Deutsche!«, der in der letzten Januarwoche bei der Post in Augsburg, Salzburg, Linz, Stuttgart und Wien aufgegeben wurde, heißt es: »Mit mathematischer Sicherheit führt Hitler das deutsche Volk in den Abgrund. Hitler kann den Krieg nicht gewinnen, nur noch verlängern!«

Doch die Beamten wissen ebenso wenig wie die Kollegen in München, wo sie die Verfasser des Flugblattes finden können. Sie ahnen auch nicht, dass es sich dabei um dieselben Personen handelt, die auch die vier Schriften mit dem Titel »Flugblätter der Weißen Rose« erstellt haben, die im Sommer 1942 in der bayerischen Landeshauptstadt und deren Umgebung aufgetaucht sind. Diese Appelle der Widerstandsgruppe beunruhigen die Spitze von Staat und Partei. Denn darin wird nicht nur der »Führer« angegriffen, sondern auch dazu aufgerufen, kein weiteres Blut mehr für die Diktatur zu verschwenden. Der Druck auf die Ermittler wächst, endlich die Urheber dieser Protestaktion aufzuspüren. Unterschiedliche Straftaten lasten die Beamten den Verantwortlichen an: »Feindbegünstigung«, »Vorbereitung zum Hochverrat« und »Wehrkraftzersetzung«.

Am 4. Februar liest Theodor Haecker im Atelier Eickemeyer zwei Stunden lang aus seinen Werken, dem ersten Teil von ›Schöpfer und Schöpfung‹ und seinen ›Tag- und Nachtbüchern‹. Der Schriftsteller zählt zu den Mentoren der »Weißen Rose« und ist bei den Studenten hoch angesehen. Da er wie viele seiner Kollegen einem Publikationsverbot unterliegt, verstößt er mit seiner Lesung gegen die Auflagen, aber aus seinem regimekritischen Publikum wird ihn bestimmt niemand verraten.

Sophie Scholl ist von seinem Vortrag begeistert. Seine Worte fielen langsam wie Tropfen, die man sich ansammeln sieht, so beschreibt sie Haeckers Stil ihrem Freund im fernen Lazarett. Sie denkt viel an ihn an seinem heutigen Geburtstag und spürt eine ungeheure Vorfreude auf ein Wiedersehen. Ob sie die lange Bahnreise nach Lemberg antreten soll?

Auch Willi Graf ist von der Lesung beeindruckt. Von Haecker habe er »manches Besondere verstanden und gehört«, vertraut er seinem Tagebuch an. Während er seine Gedanken aufschreibt, herrscht draußen in München schlechtes Wetter. Regen und Schnee wechseln sich ab.

Tags darauf berichtet der Oberstaatsanwalt beim Landgericht München I dem Reichsinnenministerium und dem Reichsjustizministerium in Berlin von »staatsfeindlichen Umtrieben«, von den Wandanschriften und den durchgestrichenen Hakenkreuzen. Und weiter teilt er mit: »In den letzten Tagen wurden etwa 1300 Flugblätter antinational-sozialistischen Inhalts mit demokratisch-föderalistischer Tendenz auf den Straßen der Stadt gefunden. Die Täter sind unbekannt.«

In den ersten Februartagen fährt Inge Scholl vom Zentrum Münchens nach Solln. Neben ihr, im Abteil des Vorortzuges, sitzen zwei Männer, die Parteiabzeichen der NSDAP tragen. Sie unterhalten sich flüsternd über Vorfälle in der Landeshauptstadt. »Freiheit« habe jemand an die Universität geschmiert, »Nieder mit Hitler« auf Häuserwände geschrieben und es seien Flugblätter verteilt worden, die zum Widerstand aufriefen. Inge Scholl belauscht das Gespräch. Ihre Mitreisenden stecken die Köpfe zusammen. Einer der Männer fragt, was er tun solle, wenn der Krieg verloren ginge. »Es wird nichts übrigbleiben, als sich zu erschießen«, sagt der andere und schaut rasch zu Inge Scholl hinüber, ob sie womöglich etwas gehört hat. Die Ulmerin hat alles verstanden, aber das zeigt sie ihnen nicht. Die Ereignisse in München, von denen sie erfahren hat, verbindet sie nicht mit ihren Geschwistern.

Am 8. Februar kommt Falk Harnack in die Wohnung in der Franz-Joseph-Straße 13, um die Scholls und ihre Mitstreiter zu treffen. Die berichten dem Gast von ihren bisherigen Aktionen und geben dem Besucher ihr Flugblatt der »Widerstandsbewegung in Deutschland. Aufruf an alle Deutsche!« zu lesen. Es unterscheidet sich stark von den ersten vier Schriften der »Weißen Rose«. Während sie in den Blättern aus dem Sommer 1942 die Amoralität des Nationalsozialismus und die Verbrechen der Deutschen anprangerten, den Massenmord an Polen und Juden thematisierten und an die politische Verantwortung der »deutschen Intelligenz« appellierten, die atheistische Kriegsmaschinerie nicht länger zu unterstützen, richten sie sich nun an eine breitere Leserschaft.

Falk Harnack trauert um seinen älteren Bruder, dem er nah stand. Der vom Reichskriegsgericht zum Tode verurteilte Arvid Harnack wurde am 22. Dezember um 19:10 Uhr in der Haftanstalt Berlin-Plötzensee hingerichtet. Der Gast der Scholls weiß genau, wie gefährlich es ist, Widerstand zu leisten. Dennoch stimmt er zu, den Kreis am nächsten Tag erneut zu treffen. Dann soll auch Professor Huber dabei sein.

In der Nacht vom 8. auf den 9. Februar bringt Hans Scholl weitere Wandparolen an verschiedenen Gebäuden in der Innenstadt an. Graf geht währenddessen auf und ab und behält die Umgebung im Auge, um seinen Freund rechtzeitig warnen zu können. Sie haben vereinbart, sofort wegzulaufen, wenn sie eine Gefahr ausmachen. Nach zwei Stunden beenden die beiden ihre riskante Aktion. »Freiheit« und »Nieder mit Hitler« steht nun abermals an zentralen Punkten der Stadt.

Bei ihrem Treffen am 9. Februar vertreten Harnack und Huber unterschiedliche Positionen. Während der Professor die Demokratie und eine freie Wirtschaft für den künftigen deutschen Staat nach dem Ende des Nationalsozialismus fordert, hegt Harnack eher sozialistische Gedanken. Sie gehen auseinander, ohne sich geeinigt zu haben. Nur eine Sache scheint sie zu verbinden: die Ablehnung des NS-Regimes.

In der zweiten Februarwoche hilft Sophie Scholl ihrer Familie in Ulm. Ihre Mutter Magdalena und die Schwester Inge sind krank, leiden an Brechdurchfall. Also erledigt Sophie die im Haushalt anfallende Arbeit und bereitet die Tauffeier für das Neugeborene einer Bekannten vor, die gerade in der Wohnung ihrer Familie am Münsterplatz lebt. Sophie hofft, dass Hartnagel bald aus dem »Bergsanatorium« nach Westen verlegt wird, in ihre Nähe. Denn zu ihm fahren kann sie gerade nicht, jetzt wird sie von ihrer Familie gebraucht.

Hartnagel konnte keinerlei persönlichen Besitz mit an Bord

des Flugzeugs nehmen, das ihn gerettet hat. Am meisten schmerzt ihn, dass er viele Briefe von Sophie und auch die Bücher, die sie ihm geschenkt hat, zurücklassen musste. Aber eine Krankenschwester versorgt ihn zumindest mit ein wenig Papier und Umschlägen. So kann er Kontakt zu seiner Freundin halten.

Im Deutschen Reich werden ab dem 11. Februar 1943 bereits fünfzehnjährige Jungen zwangsweise als Luftwaffenhelfer rekrutiert. Dazu hat sich das Regime nicht ohne Grund entschieden: Die Luftangriffe der Alliierten auf Ziele in Deutschland nehmen weiter zu. Nachdem im Dezember 1941 die Vereinigten Staaten in den Krieg eingetreten sind, verlegt die US-Air-Force moderne B-17 nach England, Flugzeuge, die schnell sind und sowohl über eine große Reichweite als auch über eine große Ladekapazität für Bomben verfügen. Das erhöht die Schlagkraft der Alliierten erheblich. Im Februar 1943 übernimmt Arthur Harris das für die Luftangriffe auf Deutschland zuständige britische Bomber Command. Der neue Chef ändert die bisherige Strategie. Haben die britischen Bomber bislang vor allem militärische Ziele attackiert, plant er nun Flächenbombardements von Städten. In einer Anweisung vom 14. Februar legt er fest, dass sich die Operationen »gegen die Moral der feindlichen Zivilbevölkerung und insbesondere der Industriearbeiter richten« sollen.

In München verfassen die Ermittler in Sachen Flugblätter und Schmierereien einen weiteren Bericht. Adressaten sind das Reichssicherheitshauptamt in Berlin, sämtliche süddeutsche Staatspolizeileitstellen und der SD in der bayerischen Landeshauptstadt. »Betreff: Hochverräterische Umtriebe in München«. Der Inhalt ist für die zuständigen Beamten wenig schmeichelhaft: »Die im Stadtgebiet München am 4.2.1943 unter Beteiligung aller verfügbaren Stapo- und Kriminalbeamten und unter

Einschaltung der Ordnungspolizei, Bahnpolizei usw. durchgeführte Großfahndung nach dem im hiesigen Fernschreiben vom 5.2.1943 näher bezeichneten Flugzettelverteiler ist ergebnislos verlaufen.« Auch die Bevölkerung, die mit Zeitungsinseraten zur Mithilfe bei den Ermittlungen aufgerufen wurde, lieferte trotz der Belohnung von 1 000 Reichsmark »zur Mitfahndung nach einem ›Gewaltverbrecher‹« keine zielführenden Hinweise. Sieben Meldungen gingen bei der Gestapo ein, von denen sechs sofort als »unbrauchbar« eingestuft wurden. Die siebte Denunziation führte zur Festnahme eines Tschechen, der aber bald wieder freigelassen werden musste.

Die Ermittler stehen also ohne Erfolge da. Aber immerhin hat die Kriminaltechnische Untersuchungsstelle herausgefunden, dass die sichergestellten Flugblätter der »Widerstandsbewegung« alle auf ein und derselben Schreibmaschine getippt wurden, das Druckpapier aus der bayerischen Landeshauptstadt stammt und im Postamt 23 in der Ludwigstraße zudem eine Person eine ungewöhnlich große Menge 8-Pfennig-Briefmarken gekauft hat. »Mit dieser Feststellung wird die Ansicht gefestigt, daß der oder die Täter in München oder Umgebung zu suchen sein dürften«, heißt es in dem Fernschreiben.

Wegen eines Flugblattes, das bei BMW aufgetaucht ist, sucht die Gestapo die Täter im Umfeld des Autobauers. Von allen dort vorhandenen 1 100 Schreibmaschinen sollen Schriftproben gefertigt werden, um sie mit dem Flugblatt vergleichen zu können. Auch alle Vervielfältigungsgeräte des Unternehmens müssen die Experten der Geheimen Staatspolizei überprüfen. Auf die Kriminaltechniker kommt viel Arbeit zu.

Was die Wandmalereien betrifft, so haben die Beamten herausgefunden, dass die Täter bei der Aktion in der Nacht vom 8. auf den 9. Februar 1943 am Universitätsgebäude die gleiche Ölfarbe, »diesmal in Grün«, verwendet haben wie bei den vorherigen »Schmierereien«. Es müssen also »der oder die gleichen

Täter am Werk« gewesen sein, halten die Polizisten fest. Noch läuft die chemische Untersuchung der Farbe. Das Universitätsgebäude wird unter Überwachung gestellt.

Hans Scholl und Alexander Schmorell feilen am 12. Februar am Text des VI. Flugblattes, der diesmal von Kurt Huber stammt. Hauptthema ist die Niederlage an der Ostfront: »Erschüttert steht unser Volk vor dem Untergang der Männer von Stalingrad.« Daraus leiten sich für Huber, Scholl und Schmorell zwei Fragen ab: »Wollen wir weiter einem Dilettanten das Schicksal unserer Armee anvertrauen? Wollen wir den niedrigsten Machtinstinkten einer Parteiclique den Rest unserer deutschen Jugend opfern?« Auch an beißender Ironie fehlt es nicht: »Dreihundertdreißigtausend deutsche Männer hat die geniale Strategie des Weltkriegsgefreiten sinn- und verantwortungslos in Tod und Verderben gehetzt. Führer, wir danken dir!«

Solche Passagen treffen das NS-Regime besonders, bedeutet doch die Katastrophe von Stalingrad eine tiefe Krise für das »Dritte Reich«. Die Nationalsozialisten an der Staatsspitze wollen jegliche Kritik am Obersten Befehlshaber, an Adolf Hitler, sofort unterbinden.

Mit seinem VI. Flugblatt wendet sich der Widerstandskreis speziell an die Studierenden Münchens. Huber, Scholl und Schmorell verweisen in ihrem Text auf den Vorfall am 13. Januar, als Studentinnen in der Rede von Gauleiter Paul Giesler anlässlich der 470-Jahrfeier der Universität beleidigt wurden, jedoch »auf die Besudelung ihrer Ehre eine würdige Antwort gegeben« und die Kommilitonen sich »für ihre Kameradinnen eingesetzt« haben. Noch an diesem Freitag stellen Scholl und Schmorell das Flugblatt fertig und beginnen mit der Produktion. Anschließend bringt Hans Scholl den Vervielfältigungsapparat und die Schreibmaschine wieder in das Atelier Eickemeyer zurück. Sollte seine Wohnung durchsucht werden, würde die Gestapo die verräterischen Geräte nicht finden.

Sophie Scholl läuft in Ulm wie jeden Morgen zum Briefkasten. So sehr hofft sie auf eine Nachricht von ihrem Fritz, doch immer wieder wird ihre Hoffnung enttäuscht. Also schickt sie am 13. Februar einige Zeilen nach Lemberg ins Lazarett. »Ich freue mich so, bis ich endlich wieder mit Dir sprechen kann.« Und weiter: »Denn was ich schreiben kann, ist doch bloß ein Tropfen aus dem großen Reservoir, das sich allmählich angesammelt hat. Soll ich zu Dir fahren? Du brauchst bloß zu schreiben.«

Hartnagel teilt sich zunächst mit einem anderen Hauptmann das Zimmer, doch weil sich die beiden Offiziere nicht besonders gut verstehen, kommt der Ulmer in einen anderen Raum – ausgerechnet zu einem Untersturmführer der SS. Aber der Mann ist besser, als seine Uniform erwarten lässt, findet er.

Ins Reich soll er nicht verlegt werden, das hat Hartnagel bereits erfahren. Die Verwundeten aus Stalingrad müssen im Osten bleiben. Wie der Offizier vermutet, fürchten die Machthaber wohl, dass die versehrten, ausgemergelten und entstellten Männer die Bevölkerung in Aufregung versetzen könnten, vor allem wenn sie erzählen, was sie in Stalingrad erlebt und erlitten haben. Es wird wohl noch einige Wochen dauern, bis er Sophie Scholl wiedersehen kann. Die Erfrierungen an seinen Füßen zwingen ihn, weiterhin im Bett zu liegen. Hartnagel genießt die Wärme und vor allem die Mahlzeiten. Endlich kann er sich wieder satt essen. Was für ein Luxus.

Zehn Tage war Sophie Scholl bei ihrer Familie in Ulm, nun geht es der Mutter und Inge besser. Mitte Februar bereitet sie die Abreise vor. In München wird sie bereits vom Bruder und den Freunden erwartet, die Produktion des VI. Flugblattes läuft auf Hochtouren. »In einem Staat rücksichtsloser Knebelung jeder freien Meinungsäußerung sind wir aufgewachsen. HJ, SA, SS haben uns in den fruchtbarsten Bildungsjahren unseres Lebens zu uniformieren, zu revolutionieren, zu narkotisieren versucht«, heißt es darin. Und weiter: »Es gilt den Kampf jedes einzelnen von uns um unsere Zukunft, unsere Freiheit und Ehre in einem seiner sittlichen Verantwortung bewußten Staatswesen.« In nächtelanger, harter Arbeit haben Scholl und Schmorell fast 3 000 Exemplare hergestellt.

Am Montag, 15. Februar, arbeiten die beiden in ihrer Wohnung daran, Hunderte Flugblätter versandfertig zu machen, 800 bis 1 000 Studenten sollen die Schrift über den Postweg erhalten. Deren Adressen haben die Mitglieder der Widerstandsgruppe in einem Verzeichnis der Universität gefunden. Willi Graf, der nach einem Skiwochenende zurück in München ist, kommt dazu und unterstützt die Geschwister. Er klebt die Umschläge zu und versieht sie mit Briefmarken. Später wird ein Poststempel mit dem Schriftzug »München. Hauptstadt der Bewegung« darauf prangen.

Noch nie ist die Bereitschaft der »Weißen Rose« zu entschlossenen und auch zu riskanten Aktionen so groß gewesen wie im Februar 1943, nach der Niederlage von Stalingrad. Erneut legen Hans Scholl, Alexander Schmorell und Willi Graf im Schutz der Nacht mit dem Pinsel in der Hand los und malen an Mauern, Schaufenster und an Gebäudewände im Universitätsviertel mit Teerfarbe ihre Parolen »Nieder mit Hitler«, »Massenmörder Hitler« und »Freiheit«. Wie schon zuvor hält Graf Augen und Ohren offen, während die anderen beiden mit den Farbtöpfen hantieren. Am nächsten Morgen sollen die Botschaften von möglichst vielen Menschen gelesen werden. Tatsächlich ist die Aktion schnell wieder Gesprächsthema in der Stadt, sogar einzelne Häftlinge im Konzentrationslager Dachau vor den Toren Münchens erfahren davon. Sie können es gar nicht glauben, dass Deutsche trotz der verschärften Verfolgung durch die Geheimpolizei den Mut zu einer solchen Tat aufgebracht haben.

In Ulm erhält Hans Hirzel eine Vorladung zur Gestapo, am 17. Februar soll er sich um 13:30 Uhr zu einem Gespräch einfinden. Der Termin passt ihm eigentlich gar nicht, denn gerade laufen die Abiturprüfungen und Hirzel ist an diesem Tag in Mathematik dran.

Endlich kann Sophie Scholl wieder an einer Vorlesung teilnehmen. Bevor sie zur Universität eilt, verfasst sie rasch noch einen Brief an Fritz Hartnagel, in dem sie von »Liebe und Dankbarkeit« schreibt, die sie ihm gegenüber empfinde. Sophie Scholl berichtet ihm von einem mit zarten lila Blüten besetzten Blumenstock, den sie gekauft hat und der nun vor ihr am Schreibtisch vor dem hellen Fenster steht: »Er ist in meinen Augen und meinem Herzen eine rechte Freude, und ich wünschte mir nur, daß Du kommst, bevor er verblüht ist.« Ein paar der Blüten legt sie in den Umschlag. Und fragt am Schluss eindringlich: »Wann wirst Du nur kommen?« Sie ist beunruhigt, denn seit vierzehn Tagen hat sie nichts von ihrem Freund gehört.

Am 17. Februar 1943 liegen weitere Abzüge des VI. Flugblatts fertig verpackt im Zimmer von Sophie Scholl. Nun hat sie endlich Zeit, zu den Klängen von Schuberts Forellenquintett einen Brief an eine Freundin zu schreiben. »O ich freue mich wieder so sehr auf den Frühling«, frohlockt sie. »Man spürt und riecht in diesem Ding von Schubert förmlich die Lüfte und Düfte und vernimmt den ganzen Jubel der Vögel und der ganzen Kreatur. Die Wiederholung des Themas durch das Klavier – wie klares perlendes Wasser, oh, es kann einen entzücken.«

Auch ihr Bruder verfasst in seinem Zimmer nebenan einen Brief an seine vertraute Freundin Rose Nägele. Er schreibt, dass sein Leben zu einer ständigen Gefahr geworden sei, und schließt mit einem Satz von Paul Claudel: »La vie, c'est une grande aventure vers la lumière« – das Leben ist ein großes Abenteuer dem Licht entgegen.« In seinem Raum riecht es meist nach Zigarettenqualm und nach Jasmin. Scholl stellt gern frische Blumen in eine Vase. Es hängen Drucke französischer Maler an den Wänden.

Gut 1 200 Kilometer entfernt greift auch Fritz Hartnagel wieder zu Stift und Papier. Seit mehr als drei Monaten hat er keine Post von Sophie Scholl erhalten, er sorgt sich, dass ihr in der langen Zeit etwas Schlimmes zugestoßen sein könnte. Sein Tag besteht aus Schlafen, Essen und Lesen, außerdem muss er seine Hand täglich zwei Mal in einer Lösung aus übermangansaurem Kali baden. Beide Amputationswunden sind bereits zur Hälfte zugewachsen, doch scheint sich in der Handfläche eine Entzündung zu bilden. Sie tut nicht weh, aber die beiden Finger, die nicht mehr da sind, plagen ihn. Fritz Hartnagel erträgt auch diesen Phantomschmerz mit stoischer Ruhe. Wer Stalingrad überlebt hat, kennt Schlimmeres.

Nachdem die Freunde das VI. Flugblatt mit der Post verschickt und in der Stadt an unterschiedlichen Stellen deponiert haben, sind noch mehr als 1 500 Exemplare übrig. Hans Scholl und Alexander Schmorell diskutieren, was sie mit den Schriften machen wollen. Es ist gefährlich, sie in der Wohnung der Geschwister oder im Atelier Eickemeyer zu lassen, sie müssen rasch verteilt werden. Im Gespräch kommen sie auf die Idee, sie im Hauptgebäude der Universität auszulegen, während die Vorlesungen laufen, schließlich richtet sich der Text vor allem an Studenten. Schmorell hält die Aktion für gefährlich, er will noch einmal darüber nachdenken.

Währenddessen studiert der Altphilologe Richard Harder im Auftrag der Gestapo München die Flugblätter der »Weißen Rose«. Er soll herausfinden, wer die Schreiben verfasst hat, und ein Gutachten erstellen. Harder analysiert Sprachniveau, Intelligenz, Bildungsgrad, geistige Herkunft sowie religiösen und politischen Standpunkt des Urhebers. Dass ein ganzes Kollektiv hinter den Flugschriften steckt, darauf kommt der Gutachter nicht.

In Ulm hat Hans Hirzel an diesem 17. Februar einen anstrengenden und aufregenden Tag vor sich: Heute muss er zur Stapo-Leitstelle kommen. Zunächst aber steht die Mathe-Abitur-Klausur an. Er rechnet und schreibt, so schnell er kann, zwei Stunden vor der Abgabefrist übergibt er seine Arbeit an die Aufsicht.

Um 13.30 Uhr beginnt das Verhör. Kriminalsekretär Rechsteiner befragt den Schüler zu einer Anzeige vom 29. Januar, in der ihm vorgeworfen wird, er habe Flugblätter gegen die Regierung verteilen wollen. Es stellt sich heraus, dass zwei Freunde aus Stuttgart ihn belastet haben. Nun räumt Hirzel ein, mit den Jugendlichen über Aktionen gegen den Staat gesprochen zu haben. Und ja, es stimme, dass er beiden einen handgeschriebenen Brief von einer »gewissen Sophie Scholl« gezeigt habe, die in München studiere. Darin sei ein Geschenk erwähnt gewesen. Rechsteiner will wissen, was für ein Geschenk gemeint gewesen sei. »Das Buch ›Machtstaat und Utopie‹ von Gerhard Ritter«, antwortet der Schüler. Tatsächlich handelte es sich bei dem »Geschenk« um den Vervielfältigungsapparat, das erfährt der Beamte aber nicht. Rechsteiner lässt von seiner Befragung ein Protokoll anfertigen. Darin bezeichnet er den Schüler als »nervenkrank«. Er glaubt Hirzel anscheinend, hält ihn für harmlos und lässt ihn gehen.

Direkt nach seinem Verhör besucht Hans Hirzel die Familie Scholl in Ulm am Münsterplatz. Er bittet Inge, nach München zu fahren und ihrer Schwester und dem Bruder eine dringende Botschaft zu überbringen: Das Buch ›Machtstaat und Utopie‹ sei angekommen. Der Titel dient als Code, so hat es Hirzel mit

Sophie Scholl vereinbart. Bei drohender Gefahr wollen sie sich so warnen. Der Schüler muss morgen noch in Griechisch sein Abitur ablegen. Er kann nicht selbst nach München reisen.

Aber auch Inge Scholl bricht nicht in die Landeshauptstadt auf. Stattdessen greift sie zum Telefon. Da sie ihre Geschwister nicht erreicht, ruft sie Carl Muth an, bei dem ihr Freund Otl Aicher gerade zu Gast ist. Ihn bittet sie, zu Hans und Sophie Scholl zu gehen und ihnen Hirzels Botschaft auszurichten. Aicher meldet sich später telefonisch bei Hans Scholl und verabredet sich mit ihm für den nächsten Tag um halb zwölf in dessen Wohnung. Dort will er dann das Stichwort »Machtstaat und Utopie« übermitteln – am Telefon nennt er es nicht. Wie dringend diese Nachricht ist, ahnen weder Inge Scholl noch ihr Freund. Sie sind schließlich in die Widerstandsaktionen nicht eingeweiht. Ohne es zu wollen, setzen sie die Geschwister einem ungeheuren Risiko aus.

9. KAPITEL

Licht und Düsternis

18. Februar bis 22. Februar 1943

Am nächsten Morgen, am 18. Februar 1943, verlassen Sophie und Hans Scholl gegen halb elf Uhr ihre Wohnung. Es ist ein so strahlend heller Tag, dass man meinen könnte, der Winter sei bereits vorbei. Normalerweise sitzen beide um diese Zeit in der Vorlesung von Kurt Huber, doch heute haben sie etwas anderes vor. Die Geschwister brechen zur Universität auf. Sie tragen einen Koffer und eine Aktentasche, in denen mehr als 1 500 Flugblätter verborgen sind.

In den »Meldungen aus dem Reich« zitiert der SD am 18. Februar 1943 einige seiner Quellen, um zu zeigen, wie stark die Katastrophe an der Wolga die Bevölkerung immer noch aufwühlt: »Angehörige von Stalingrad-Kämpfern würden weiter Reisen zu Kameraden ihrer Männer unternehmen, um von diesen vielleicht etwas über das Schicksal ihrer Männer oder Söhne zu erfahren.« Und weiter: »Die eingetroffenen Abschiedsbriefe der Stalingrad-Kämpfer würden nicht nur für die Angehörigen, sondern darüber hinaus für weite Kreise der Bevölkerung eine große seelische Belastung darstellen, umso mehr, da der Inhalt dieser Briefe schnell verbreitet wird.« Tag und Nacht verfolge das Leiden der Männer im Kessel, von dem sie erst nach der Kapitulation erfahren haben, die Angehörigen.

Elisabeth Scholl hat heute ihren ersten Arbeitstag auf dem Bauernhof der Familie Scheringer in der Nähe von Ingolstadt. Die Landwirte haben sieben Kinder, um die sich die ausgebildete Erzieherin und Säuglingsschwester kümmern soll. Die Scholls schätzen Richard Scheringer, den Vater, für seine antifaschistische Haltung. Allerdings war er als junger Mann noch Nationalsozialist. 1930 stand er mit zwei Offizierskameraden vor Gericht. Vorgeworfen wurde den »Ulmer Leutnanten«, eine geheime Zelle der NSDAP in der Reichswehr gegründet zu haben. Für Aufsehen in ganz Deutschland sorgte der Prozess, weil Adolf Hitler als Entlastungszeuge aussagte. Er beteuerte unter Eid, dass seine Partei die Macht im Land über Wahlen gewinnen wolle. Dann aber würden die Nationalsozialisten den Staat so gestalten, wie sie ihn haben wollten. Und es würden Köpfe rollen. Scheringer wurde zu einer Haftstrafe verurteilt. Im Gefängnis schloss er sich den Kommunisten an und wandte sich öffentlich gegen die NSDAP. Nun hat er sich auf den Hof zurückgezogen und bemüht sich seit Jahren, nicht weiter aufzufallen.

Im Hauptgebäude der Universität gehen Sophie und Hans Scholl um Viertel vor elf Uhr mit dem Koffer durch eine Glastür. Sie treffen Traute Lafrenz und Willi Graf, die Hubers Vorlesung vorzeitig verlassen haben, um zu einer anderen Lehrveranstaltung in die Nervenklinik an der Nußbaumstraße zu fahren. Mit einem Blick auf den Koffer fragt Traute Lafrenz ihre Freundin scherzhaft, ob sie und ihr Bruder bereits in ein langes Wochenende aufbrechen wollen. Es war doch vereinbart, dass sie übermorgen, am Sonnabend, mit den Geschwistern nach Ulm fährt. Hat sich an dem Plan etwas geändert? Sophie Scholl verneint. Lafrenz muss los, Willi Graf wartet schon auf sie. Die Skistiefel stünden draußen vor der Wohnungstür, ruft Sophie Scholl ihr noch nach. Wenn sie heute am Nachmittag nicht zu Hause sei, solle Traute sie einfach holen. Das sind die letzten Worte, die die Freundinnen miteinander wechseln.

Während Huber wie an jedem Donnerstag seine »Systematische Einführung in die Philosophie« gibt, verteilen Hans und Sophie Scholl das VI. Flugblatt vor den Hörsaaltüren, in den Fluren und Aufgängen. Bereits wieder auf dem Weg nach draußen, entscheiden sie sich plötzlich anders. Sie drehen um, kehren gegen Viertel nach elf zum Lichthof zurück und machen sich daran, die restlichen Blätter auszulegen.

Zur selben Zeit ist der Hausschlosser der Universität, Jakob Schmid, auf seinem üblichen Rundgang. Er und andere Mitarbeiter sind, nachdem die Wände der Universität mit Parolen gegen den »Führer« beschmiert wurden, angehalten, besonders wachsam zu sein. Da sieht Schmid, dass aus dem zweiten Stock des Lichthofes größere Mengen Papier hinunterfallen. Er läuft zum Mittelstockwerk hinab und von dort aus eine andere Treppe wieder hinauf. Nicht einmal eine Minute braucht er, um den Gang im 2. Stock zu erreichen, hier entdeckt er Sophie und Hans Scholl. Er eilt zu den Studenten und erklärt ihnen, dass sie mit ihm kommen müssen. »Ich verhafte Sie!«, ruft er, als die Scholls nicht reagieren. »Lächerlich, so etwas«, erwidert Hans Scholl, »es ist eine Unverschämtheit, einen in der Universität herinnen festzunehmen.« Aber dann gehen sie doch, ohne Widerstand zu leisten, mit Schmid mit.

Im Erdgeschoss kommen sie an mehreren Personen vorbei, die mitbekommen haben, was passiert ist. Schmid bringt die Geschwister zum Hausverwalter Albert Scheithammer und schildert, was er gesehen hat. Dann führen die beiden Männer die Verdächtigen zum Syndikus, Karl Ernst Haeffner. Er ist der »Abwehrbeauftragte der Universität«, ihr Verbindungsmann zur Gestapo. Haeffner informiert den Rektor. Professor Walter Wüst leitet nicht nur die Hochschule, er lehrt zudem »Arische Kultur und Sprachwissenschaft«, ist »Kurator des Ahnenerbes«

der SS und außerdem Standartenführer der Schutzstaffel. Er lässt die Universität abriegeln. Wüst befiehlt Scheithammer, alle Türen abzuschließen, damit kein Student mit einem der Flugblätter verschwinden kann. Schließlich alarmiert er die Gestapo.

Robert Mohr von der Geheimen Staatspolizei fährt gemeinsam mit einigen Kollegen sofort zur Universität. Auf einem kleinen Tisch im Rektoratsbüro liegt ein Stapel mit Flugblättern, Hans und Sophie Scholl werden ihm als die vermutlichen Verbreiter der Schriften präsentiert. Die beiden Beschuldigten wirken sehr ruhig auf den Gestapobeamten. Sie zeigen ihre Studentenausweise vor.

Währenddessen sitzen Traute Lafrenz und Willi Graf unruhig in ihrer Vorlesung. Warum nur hatten die Scholls einen Koffer dabei? Graf treibt das um. Er weiß, dass eine Verteilaktion an der Universität geplant ist. Ahnt er, was seine Freunde vorhaben? Nervös rutscht der angehende Mediziner auf seinem Stuhl hin und her, er will so schnell wie möglich herausfinden, ob Sophie und Hans Scholl im Universitätsgebäude etwas unternommen haben.

Professor Harder stellt ein zweites Gutachten für die Gestapo fertig. Diesmal vergleicht er die ersten vier Schriften der »Weißen Rose« mit dem V. und VI. Flugblatt. Die letzten »beiden Machwerke« weisen, analysiert er, ein »außerordentlich hohes Niveau« auf. »Es spricht ein Mensch, der die deutsche Sprache vollendet meistert.« Die ersten vier Werke hingegen zeigten einen anderen, unreiferen Stil. »Der Verfasser beginnt ziemlich primitiv, er ist noch ausgesprochen romantisch«, urteilt Harder. »Nach längerer Pause beginnt er dann im Januar dieses Jahres von neuem. Das politische Gesicht ist verändert. Er ist behutsamer geworden, unromantischer, bewusster.« Der Professor vermutet, dass ein äußerer Einfluss dafür verantwortlich ist, vielleicht sogar eine Stelle im Ausland. Seine Bewunderung für den Verfasser der beiden Flugblätter verbirgt Harder nicht. Dieser sei ein begabter Intellektueller, der seine Propaganda auf akademische Kreise, insbesondere auf Studenten, abstelle.

In einer Innentasche seiner Jacke hat Hans Scholl ein Papier, das Christoph Probst zum Verhängnis werden kann: den Entwurf für das nächste Flugblatt, in dem Hitler und Paulus als Massenmörder von Stalingrad dargestellt werden. Scholl zerreißt den Text in einem Moment, als er sich unbeobachtet fühlt, und versucht die Papierstreifen unauffällig in einen Mülleimer zu entsorgen. Aber auch das beobachtet Schmid und meldet es den Gestapobeamten. Zunächst behauptet Scholl, das Blatt habe ihm jemand zugesteckt, er wisse nicht, wer das war. Aber die Ermittler glauben ihm nicht. Sie wollen die Handschrift mit Proben vergleichen, die sie beim Verdächtigen Scholl zu Hause zu finden hoffen.

Schließlich führen Gestapomänner die Scholls ab. Im Gebäude müssen sie an zahlreichen Kommilitonen vorbei. Hans Scholl erkennt seine Freundin Gisela Schertling, die ebenfalls bei Kurt Huber in der Vorlesung war. Er ruft ihr zu: »Geh nach Hause und sag Alex, wenn er da ist, er soll nicht auf mich warten.« Er werde diesen Abend nicht mehr kommen. Scholl gefährdet Schertling mit seiner lauten Bitte, vermutlich ist er verzweifelt und hofft, dass die Freunde noch Beweise aus der Wohnung holen können. Immerhin bleibt seinen Bewachern verborgen, wen er angesprochen hat. Schertling kann die Universität verlassen.

Kurt Huber hat mitbekommen, dass die Scholls festgenommen worden sind, und fürchtet nun, dass der ganze Kreis auffliegt. Aufgebracht spricht er mit seiner Doktorandin Katharina Schüddekopf, die ebenfalls mit den Scholls befreundet ist. »Die bringen uns alle ins Grab«, schimpft Huber. Der Professor ist in Gedanken bestimmt bei seiner Frau und den beiden Kindern.

Beamte bringen die Geschwister ins Wittelsbacher Palais, zur Zentrale der Gestapo. Seit Oktober 1933 residiert die Staatspolizei in dem burgähnlichen Gebäude in der Briennerstraße 50. Wie erbarmungslos dort mit Häftlingen umgegangen wird, ist kein Geheimnis. Sophie Scholl wird von einer Gefangenen durchsucht. Sie heißt Else Gebel, sitzt in Untersuchungshaft, weil sie ihren Bruder Willi bei kommunistischen Widerstandsaktionen unterstützt hat. Eigentlich wurde sie von der Gestapo zur Arbeit in der Registratur der Gefängnisverwaltung der Leitstelle München verpflichtet, doch da es zu wenige Frauen bei der Geheimen Staatspolizei gibt, hilft sie manchmal auch bei Leibesvisitationen. Nun flüstert sie Sophie Scholl zu, sie könne belastendes Material verschwinden lassen. Natürlich glaubt die Studentin der fremden Frau nicht. Dennoch gibt ihr Gebel einen guten Rat mit auf den schweren Weg, der vor ihr liegt: Sie solle nichts gestehen, für das die Ermittler keine Beweise hätten.

Im Wittelsbacher Palais beginnt ein Verhörmarathon, stundenlang müssen Sophie und Hans Scholl, getrennt voneinander, zahlreiche Fragen beantworten. Wie ihre Vernehmungen durch die Geheimpolizisten genau ablaufen, ist nicht bekannt. Ob die Scholls zu essen und zu trinken bekommen, ob ihnen genügend Schlaf zugestanden wird und ob sie misshandelt werden – dazu vermerkt die Gestapo in den Mitschriften nichts. Oft gehen die Beamten äußerst brutal vor. »Verschärfte Vernehmung« nennen sie ihre Methode, mit der sie »Geständnisse« erpressen.

Gegen elf Uhr klingelt Aicher an der Wohnungstür der Scholls. Niemand macht auf. Aicher spaziert zur Leopoldstraße, setzt sich dort auf eine Bank, die zwischen hohen, schmalen Pappeln steht. Nach einer halben Stunde klingelt er erneut. Diesmal schwingt die Tür auf. Aber nicht Hans oder Sophie Scholl stehen auf der Schwelle, sondern ein Beamter der Gestapo. Der Geheimpolizist nimmt den jungen Mann fest und bringt ihn ins Wittelsbacher Palais, zusammen mit beschlagnahmten Sachen aus der Wohnung. Sofort beginnt ein Verhör. In einer Pause sieht er Hans Scholl, der von einem Beamten vorbeigeführt wird, Aicher selbst wird in den Gefängnistrakt im Keller gebracht. Er muss seine persönlichen Gegenstände abgeben, Schlüssel, Messer, Gürtel und Uhr landen in einer Holzbox. Ähnlich dürfte es Sophie und Hans Scholl ergangen sein.

Die »Kriminaltechnische Untersuchungsstelle« nimmt die Wohnung der Scholls in Schwabing auseinander. Die Polizisten finden unter anderem eine Armeepistole 08 und dazu passende 199 Patronen. Vermutlich stammt die Waffe von Heinz Bollinger aus Saarbrücken, der sie einem verwundeten Soldaten im Lazarett abgenommen hat. Im Verhör mit der Gestapo streitet Hans Scholl ab, mit der Pistole illegale Aktionen abgesichert zu haben.

Tilly Hahn spaziert mit einem Begleiter auf die Wohnung der Scholls zu. Sie haben einen neuen Vervielfältigungsapparat dabei, den sie dem Widerstandskreis übergeben wollen. Als die beiden fast vor der Tür sind, warnt sie ein unbekannter junger Mann, dass die Gestapo in der Wohnung sei. Hahn und ihr Freund gehen weiter, kehren nach Stuttgart zurück und beseitigen den Apparat.

In Ulm wird die Gestapo ebenfalls aktiv. Am Münsterplatz stehen abermals Beamte vor der Tür der Familie Scholl, fragen nach den Briefen von Sophie und Hans und nehmen einige Dokumente mit. Dass die Kinder verhaftet sind, erfahren die Eltern nicht. Sie wissen nun lediglich, dass in München etwas nicht stimmt.

Als Traute Lafrenz von der Festnahme der Scholls erfährt, warnt sie alle Freunde, die noch nicht in Haft sind. Josef Furtmeier etwa beschwört sie, er solle bloß alles wegräumen, was verdächtig sei. Dann packt sie. Morgen will sie mit dem Zug nach Ulm aufbrechen. Sie möchte die Familie ihrer Freunde persönlich darüber informieren, was in München vorgefallen ist.

Alexander Schmorell erfährt in der Straßenbahn auf dem Weg zur Universität, dass gerade zwei Studenten von der Gestapo festgenommen worden seien. Sie hätten staatsfeindliche Flugblätter verteilt. Auch wenn keine Namen genannt werden, befürchtet er gleich, dass Hans Scholl erwischt worden sein muss. Er beschließt zu fliehen, heute noch, aber zunächst will er noch wissen, wie es den Freunden geht. Am Nachmittag meldet er sich telefonisch bei Graf. Er sagt nur, sie müssten sich dringend sehen, als Treffpunkt schlägt er die Ursulakirche in Schwabing vor. Dort berichtet Schmorell dem Freund, was er weiß. Er hält es für das Beste, sich erst mal versteckt zu halten, doch Graf warnt ihn davor. Als Wehrmachtsangehöriger sei das unerlaubtes Entfernen von der Truppe, also Fahnenflucht. Darauf steht die Todesstrafe.

Die Gestapo nimmt Gisela Schertling vor der Wohnung der Scholls fest. Hans Scholl hat seine Freundin als Grund genannt, warum er an diesem Morgen zur Universität gegangen sei. Nun haben die Ermittler auch Fragen an die junge Frau. Vom Widerstand weiß sie nichts, aber sie kennt den Kreis um Scholl und Schmorell. Im Verhör erzählt sie den Beamten von Willi, einem anderen Freund. Daraufhin gerät auch Graf unter Verdacht.

Ludwig Schmid, der Hausschlosser der Universität, macht eine weitere Aussage bei der Gestapo, diesmal wird alles in der Zentrale ordentlich protokolliert. Er gibt gegenüber den Beamten an, er habe nicht gesehen, dass Hans und Sophie Scholl Flugblätter ausgelegt haben, aber dass vom 2. Stock aus eine größere Menge Papier herabgeworfen wurde.

Am selben Tag tritt um 17 Uhr in Berlin ein Mann an das Mikrofon, der für alles steht, was Sophie und Hans Scholl verachten. Joseph Goebbels, Gauleiter in Berlin und Reichsminister für Volksaufklärung und Propaganda, hält im Sportpalast eine Ansprache vor gut 14 000 Zuhörern. Vorn im Publikum sitzen Verwundete von der Ostfront, Rot-Kreuz-Schwestern, Arbeiter aus den Berliner Panzerwerken, altgediente Parteimitglieder. An der Stirnseite des Saals prangt ein gigantisches rot-weißes Banner: »Totaler Krieg – kürzester Krieg« steht darauf. Nach der Niederlage von Stalingrad will Goebbels die Deutschen darauf einschwören, gemeinsam weiterzukämpfen, mit allen Mitteln, um jeden Preis. »Das große Heldenopfer, das unsere Soldaten in Stalingrad brachten, ist für die ganze Ostfront von einer ausschlaggebenden geschichtlichen Bedeutung gewesen«, verkündet der Chefpropagandist. »Die Stunde drängt! Sie lässt keine Zeit mehr offen für fruchtlose Debatten. Wir müssen handeln, und zwar unverzüglich, schnell und gründlich, so wie es seit jeher nationalsozialistische Art gewesen ist.« Das sorgsam ausgewählte Publikum jubelt. Goebbels ruft: »Wollt ihr den totalen Krieg? Wollt ihr ihn totaler und radikaler, als wir ihn uns heute überhaupt vorstellen können?« »Ja!«, grölt die Menge.

Wie die Journalisten über die Rede Goebbels' berichten sollen, wissen sie schon. Auf der Pressekonferenz im Reichspropagandaministerium wurden die Anwesenden angewiesen, die »Sportpalastrede« als »Volksabstimmung« darzustellen. Wichtige Stichwörter, die in den Artikeln unbedingt erwähnt werden müssen, sind »Kampf gegen den Bolschewismus« und »totaler Krieg«. Auf den abgedruckten Fotos sollen vor allem die begeisterten Zuschauer zu sehen sein.

»Nun Volk, steh' auf, und Sturm brich los«, ruft Goebbels in seiner Rede. Ohne dass er es weiß, ähnelt diese Passage einer Stelle im VI. Flugblatt des Münchner Widerstandskreises. Das darin enthaltene »Frisch auf, mein Volk, die Flammenzeichen rauchen« bezieht sich ebenso auf den Dichter Theodor Körner, der 1813 die Deutschen im Kampf gegen Napoleon einigen wollte, wie das Goebbels-Zitat.

Während Goebbels ins Mikrofon schreit, spricht Sophie Scholl leise in einem Verhörraum in der Gestapozentrale in München. Dort befragen Beamte sie bereits seit sechs Stunden. Sechs Stunden lang bleibt sie standhaft, sagt, sie wisse nicht, woher die Flugblätter kamen, die durch den Lichthof der Universität flogen. Übermütig habe sie einem Stapel einen Stoß gegeben, dabei seien die Blätter gefallen. Das sei eine Dummheit gewesen, das könne sie aber nicht mehr ändern. Mehr gibt die Studentin nicht zu. Niemand hat sie auf einen solchen Moment vorbereitet. Dennoch hält sie durch.

Alexander Schmorell bereitet seine Flucht vor. Ein bulgarischer Freund, Nikolay Hamazaspian, leiht ihm seinen Pass und Kleidungsstücke aus der Heimat. Zunächst taucht Schmorell bei Lilo Berndl in München unter, verbrennt in ihrem Heizungskeller seine Uniform. Dann fragt er die Freundin, ob sie ihm helfen würde, einen Pass zu fälschen. In dem bulgarischen Dokument muss das Foto ausgetauscht werden, das Porträt Hamazaspians gegen ein Bild von Schmorell. Gemeinsam mit einer Nachbarin, die Kunstdruck beherrscht, macht sich die begabte Zeichnerin Berndl ans Werk. Irgendwann habe sich in seinem Leben mal etwas entscheiden müssen, sagt Schmorell zu ihr. Vor dem Sterben habe er keine Angst, es könne nur besser werden, denn es gebe ein Leben nach dem Tod. Berndl versorgt ihn noch mit Geld und Essen. Dann bricht er in Richtung der Schweizer Grenze auf.

Noch an diesem Tag fahnden Polizisten auch nach Willi Graf. Seine Schwester Anneliese hat bereits gehört, dass ein Student und eine Studentin festgenommen wurden. Unwillkürlich hat sie gleich an Sophie und Hans Scholl gedacht und sorgt sich nun, dass auch ihr Bruder zu den Verdächtigen gehören könnte. Stundenlang traut sie sich nicht in das Haus zurück, in dem sie und Willi Graf leben – bei Frau Lösch-Berrsche in der Mandlstraße 1.

Bis abends um zehn Uhr bleibt sie bei einer Freundin, dann geht sie schließlich mit schweren Schritten durch das nächtliche München heim. Zwei Beamte warten schon auf sie. Wann kommt nur endlich ihr Bruder? Als kurz nach Mitternacht ein Schlüssel im Schloss zu hören ist, springt Anneliese Graf auf, eilt zur Tür und flüstert ihrem Bruder »Gestapo« zu. »Was fällt Ihnen ein?«, schnauzt ein Beamter sie an.

Die beiden Geheimpolizisten bringen die Geschwister mit einem Auto in das Gestapogefängnis. Bruder und Schwester sitzen im Fond des Wagens, können aber kein Wort mehr miteinander sprechen. Sie halten sich an den Händen. In einem Zimmer der Gestapozentrale sehen sie Hans Scholl im gleißenden Licht einer Lampe auf einem Stuhl sitzen. Er wirkt bleich. Aber seine Augen funkeln. Hans Scholl sieht die Freunde auf dem Flur. »Was wollen Sie denn mit denen da?«, fragt er den Beamten, der ihm gegenübersitzt. Anneliese versteht das Signal: Ihre Namen hat Hans in den stundenlangen Verhören, die er bereits ertragen musste, nicht genannt. Und auch in ihren Zimmern in der Mandlstraße haben die Ermittler erst mal nichts Belastendes entdeckt: »Irgendwelche Schriftstücke staatsfeindlichen Inhalts konnten nicht vorgefunden werden.«

Verhört werden die mutmaßlichen Hochverräter von Anton Mahler, Franz Marmon, Robert Mohr und Ludwig Schmaus. Willi Graf räumt gleich ein, Hans Scholl gut zu kennen. Sie seien befreundet und gemeinsam an der Ostfront gewesen. Auch mit dessen Schwester Sophie sei er gut bekannt. Man spreche zu dritt über Fragen der Kunst. Gegenüber den Gestapobeamten erklärt Willi Graf: »Soweit ich Hans Scholl kenne, zählt er zu jenen Männern, die sich für den deutschen Sieg einsetzen. Ich bin übrigens erstaunt, daß eine solche Frage jetzt im Krieg noch gestellt werden kann.«

Tief in der Nacht kommt Sophie Scholl in ihre Zelle. Sie teilt sich den vergitterten Raum mit Else Gebel, die sie am Vormittag nach der Ankunft im Wittelsbacher Palais durchsucht hat. Die beiden finden sich sympathisch.

Für Hans Scholl gehen die Vernehmungen weiter. Nach stundenlangem Verhör legt er am 19. Februar um vier Uhr morgens ein umfangreiches Geständnis ab. Was er sagt, dokumentiert die Gestapo nicht im Wortlaut, die Beamten fassen die Antworten zusammen. Mit der Aussage, der Vervielfältigungsapparat stehe im Atelier seines Freundes Manfred Eickemeyer, bringt er den Architekten und auch den Maler Wilhelm Geyer, der gerade dort wohnt, in Gefahr. Da sich beide nicht aktiv am Widerstand beteiligt haben, hofft er wohl, dass ihnen nichts geschehen wird. Einen Freund allerdings belastet er schwer. Unter Druck gesetzt bestätigt er, dass der Flugblattentwurf, den er bei sich trug, von Christoph Probst verfasst worden sei. Zwar versucht Scholl den dreifachen Vater zu schützen, indem er erklärt, Probst stehe unter seinem Einfluss und habe nicht gewusst, dass sein Text als Flugblattentwurf dienen soll. Aber damit kann er ihn nicht vor einer Fahndung bewahren.

Nach diesem Geständnis holen die Verhörspezialisten erneut Sophie Scholl aus ihrer Zelle. Ein Geheimpolizist bedrängt die Verdächtige. Er sagt, ihr Bruder habe gestanden und alle Schuld auf sich genommen.

Die Studentin befürchtet vielleicht, dass sie hereingelegt werden soll, dass alles nur eine Finte der Gestapo ist, um sie zu einem Geständnis zu bringen. Sie weiß wohl aber auch, dass sie sich auf Dauer nicht herauswinden kann. Nun schaut sie dem Vernehmer direkt ins Gesicht. Ja, sie habe Flugblätter verteilt. Und ja, ihre Aktionen liefen auf die Beseitigung des nationalsozialistischen Staates hinaus. »Wenn die Frage an mich gerichtet wird, ob ich auch jetzt noch der Meinung sei, richtig gehandelt zu haben, so muß ich hierauf mit ja antworten.«

21 Jahre ist Sophie Scholl alt. Vor einem Monat hat sie Fritz Hartnagel noch ermahnt: »Du weißt, wie schwer ein Menschenleben wiegt, und man muss wissen, wofür man es in die Waagschale wirft.« Sie weiß genau, für was sie ihr Leben in die Waagschale geworfen hat. Sie hadert nicht. Sie bleibt von ihren Idealen, von ihrem Weg überzeugt.

Am Morgen des 19. Februar kommt Otl Aicher frei. Ein weiteres Verhör sei nicht nötig, sagt man ihm. Er erhält seine Sachen zurück. Aicher bedauert, dass er seine Warnung nicht rechtzeitig überbringen konnte.

Für Willi Graf hingegen gehen die Vernehmungen weiter. Er begreift bei den weiteren Fragen der Beamten rasch, dass Hans Scholl anscheinend zu einer Aussage gezwungen wurde. Die Gestapomänner kennen bereits belastende Details. Graf räumt ein, Briefkuverts und Papier für Scholl besorgt zu haben. Sei das etwa illegal? »Hätten Sie dem Scholl auch dann Briefpapier und Umschläge besorgt, wenn Sie den Verwendungszweck gekannt hätten?«, will einer der Beamten wissen. »Wenn ich davon eine Ahnung gehabt hätte, würde ich zunächst versucht haben, den Scholl zu warnen oder ihm das überhaupt auszureden«, antwortet Graf. Von strafbaren Handlungen habe er nichts gewusst, er sei ein Opfer von Hans Scholl geworden. Mutig fordert er sogar, dass der ihm gegenübergestellt werde, »weil ich gewiß bin, dass ich von ihm nicht belastet werden kann«.

Alexander Schmorell gelingt es an diesem 19. Februar 1943, bis nach Innsbruck zu fliehen. Wo soll er nur hin? Könnte er es über die Alpen in die rettende Schweiz schaffen? Wer würde ihm dabei helfen? So einfach will er nicht aufgeben. In Innsbruck dient Christoph Probst, der enge Freund, doch zu ihm nimmt Schmorell keinen Kontakt auf. Er ist Pate eines seiner

Söhne und will sicherlich die Familie nicht gefährden. Was er nicht weiß: Sein Freund steht bereits auf der Fahndungsliste. Die Gestapo verhaftet ihn noch an diesem Tag in seiner Kaserne und bringt ihn nach München. Schmorells nächstes Ziel heißt Schloss Elmau bei Mittenwald, dort hat er Bekannte. Vielleicht ist der Ort abgelegen genug, um unterzutauchen.

In Ulm gibt es für die Familie Scholl eine freudige Überraschung. Ganz unerwartet taucht der jüngste Sohn Werner am Münsterplatz auf, er hat endlich seinen Fronturlaub bekommen. Der Soldat freut sich auf einige erholsame Tage mit seinen Eltern und den Geschwistern.

Der ›Völkische Beobachter‹ berichtet über die gestrige Rede Goebbels' im Berliner Sportpalast. »Volksentscheid für den totalen Krieg«, titelt das Blatt. »Ja, Ja, Ja.« Und weiter heißt es in der Propagandasprache der Nationalsozialisten: »Eine elementare Kundgebung des Willens zur Tat. 10 Fragen an das deutsche Volk. 10 Manifeste des Siegeswillens.«

An diesem 19. Februar versucht Adolf Hitler in Saporoshje, im Hauptquartier der Heeresgruppe Süd, seinen Soldaten nach dem Debakel von Stalingrad mit einer Proklamation neuen Mut zu machen: »Unbekannte, einzigartig dastehende Waffen befinden sich auf dem Weg zu euren Fronten.« Das entspricht nicht der Wahrheit, denn »Wunderwaffen« gibt es nicht. Die Deutschen entwickeln ihre Raketentechnik weiter für Langstreckenangriffe auf England. Den Infanteristen, der Panzergruppe und den Fliegern in den Gefechten an der Ostfront bringt das wenig. Sie wären im Kampf gegen die Rote Armee vermutlich schon froh über funktionierende Maschinen, genügend Treibstoff und ausreichend Munition.

Hitlers Plan, die Soldaten im Osten mit seiner Ankündigung bei der Stange zu halten, geht nicht auf. In Deutschland fürchtet die Bevölkerung sogar, Hitler habe mit seiner Ankündigung

Giftgas gemeint. Schließlich hat Winston Churchill im vergangenen Sommer den Deutschen gedroht: Sollte die Wehrmacht chemische Waffen einsetzen, dann würden die Alliierten bei ihren Bombardements deutscher Städte ebenfalls Massenvernichtungsmittel verwenden.

Am Morgen kommt Jürgen Wittenstein in die Praxis von Schmorells Vater, um ihn darüber zu informieren, dass sein Sohn auf der Flucht, aber noch nicht gefasst sei. Im Wartezimmer sitzt ein Mann, der nach Gestapo aussieht und Wittenstein misstrauisch betrachtet, doch im Behandlungsraum kann der Student alles übermitteln, was er weiß. Mit einer Schlinge um den Arm verlässt er schließlich die Praxis, die Tarnung reicht aus, er wird nicht aufgehalten.

Im Keller des Ateliers des Architekten Eickemeyer beschlagnahmen Gestapobeamte einige Tatwerkzeuge des Scholl-Schmorell-Kreises. Darunter sind die Remington Portable und ein Vervielfältigungsapparat. Die Geräte sollen als Beweismittel in dem geplanten Prozess gegen die Geschwister Scholl und Christoph Probst dienen.

Von München aus wendet sich der geschäftsführende Gauleiter Paul Giesler an einen der einflussreichsten Funktionäre im Land. Er schreibt an den Leiter der Reichskanzlei der NSDAP, Martin Bormann, der jederzeit bei Hitler vorsprechen darf. Giesler bittet darum, dass die Prozesse gegen die Täter, die verantwortlich für »Flugzettelverteilung und Strassenverschmierungen« sind, in München vor dem Volksgerichtshof stattfinden. Da mehrere der Verdächtigen aktive Soldaten sind, darunter die bereits geständigen Hans Scholl und Christoph Probst, ist das offiziell nicht möglich. Militärangehörige unterstehen der Justiz der Wehrmacht und werden vor dem Reichskriegsgericht angeklagt. Aber Giesler weist darauf hin, dass eine »schnelle Aburteilung« unerlässlich sei, »da die Straftaten zu einer starken Beunruhigung der Zivilbevölkerung Süddeutschlands geführt haben«. Und die »weibliche Zivilperson« müsse ohnehin vor dem Volksgerichtshof angeklagt werden. Giesler kündigt an, auf die »beschleunigte Durchführung des Verfahrens durch den Volksgerichtshof« hinwirken zu wollen, und bittet Bormann, für ihn eine »Weisung des Führers« zu ermöglichen. Im »Dritten Reich« kann der Wille Adolf Hitlers schließlich alles ändern, auch die Zuständigkeit von Gerichten. Bormann kümmert sich darum. Generalfeldmarschall Keitel, Chef des Oberkommandos der Wehrmacht, stimmt noch am selben Tag dem Wunsch Gieslers zu. Er schließt die am Widerstand beteiligten Soldaten aus der Armee aus. Nach dem Desaster von Stalingrad wollen die Machthaber ein Exempel statuieren und jeglichen Widerstand brechen.

Noch am selben Tag lässt sich Artur Helm, Generalstaatsanwalt am Landgericht München, per Telefon mit dem Reichsanwalt beim Volksgerichtshof, Albert Weyersberg, verbinden. Der Anrufer bittet den Kollegen in Berlin, möglichst sofort einen Beauftragten in die bayerische Landeshauptstadt zu entsenden, der die Abwicklung der Angelegenheit vor Ort sicherstellt. In der emotionslosen, kalten Sprache der Juristen bedeutet das, den Prozess wegen Hochverrats gegen die Geschwister Scholl und Probst voranzubringen. Weyersberg schickt daraufhin Oberreichsanwalt Ernst Lautz nach München. Er soll die Anklage vertreten.

Im Laufe dieses Freitags informiert Heinrich Himmler, der als Chef der deutschen Polizei für diesen Fall zuständig ist, Adolf Hitler persönlich über die Aktionen des Scholl-Schmorell-Kreises in München. Für Himmler ist das ein durchaus heikler Moment. Schließlich hat Hitler seine Privatwohnung in München, dort begann seine Karriere in der NSDAP und sein Aufstieg zum mächtigsten Mann Deutschlands. Ausgerechnet in der »Hauptstadt der Bewegung« organisierte die Studentengruppe die Flugblattaktion, ohne dass die Gestapo, die Himmler untersteht, das verhindern konnte.

Niemand hält fest, wie dieses Gespräch genau verläuft. Vermutlich verlangt Hitler die Hinrichtung der Beschuldigten. In anderen Verfahren gegen Angehörige von Widerstandsgruppen hat er eingegriffen und bereits verhängte Urteile, die er als zu mild empfand, von Richtern »überprüfen« lassen. Aus Haftstrafen wurden danach Todesurteile.

Von München aus fährt Traute Lafrenz nach Ulm. Sie legt einen kurzen Zwischenhalt in Kempten ein, trifft einen alten Bekannten, um mögliche Verfolger zu verwirren. Dann steht sie vor der Wohnung am Münsterplatz in Ulm.

Eigentlich wollte sie mit Hans und Sophie Scholl ein Wochenende in der Stadt an der Donau verbringen, doch nun tritt sie allein vor deren Eltern und berichtet, was in der Universität passiert ist. Robert und Magdalena Scholl, die erst jetzt, zwei Tage nach der Festnahme ihrer Kinder, erfahren, dass die beiden in Untersuchungshaft sind, dürfen nicht zu ihnen. Am Wochenende ist kein Besuch im Gestapogefängnis erlaubt. Erst jetzt weiß die Familie auch, wer die Flugblätter in München hergestellt und verteilt hat: die eigenen Kinder und Geschwister.

Erneut befragen Beamte Sophie Scholl zu ihren Aktivitäten gegen das Regime. Robert Mohr will von der Gefangenen wissen, was ihre Motivation war, Widerstand zu leisten. Sie antwortet klar und prägnant: »Es war unsere Überzeugung, daß der Krieg für Deutschland verloren ist und daß jedes Menschenleben, das für diesen verlorenen Krieg geopfert wird, umsonst ist. Besonders die Opfer, die Stalingrad forderte, bewogen uns, etwas gegen dieses unserer Ansicht nach sinnlose Blutvergießen zu unternehmen.«

Die Versuche Mohrs, Sophie Scholl dazu zu bringen, Reue zu zeigen oder ihrem Bruder die Schuld zuzuweisen, um vielleicht so der Todesstrafe zu entgehen, weist die Verdächtige zurück. »Ich bin nach wie vor der Meinung, das Beste getan zu haben, was ich gerade jetzt für mein Volk tun konnte«, sagt sie. »Ich bereue deshalb meine Handlungsweise nicht und will die Folgen, die mir aus meiner Handlungsweise erwachsen, auf mich nehmen.«

Auch ihr Bruder wird zu seinen Motiven befragt. »Nachdem ich geglaubt hatte, daß die militärische Lage nach der Niederlage an der Ostfront und dem ungeheuren Anwachsen der militärischen Macht Englands und Amerikas eine siegreiche Beendigung des Krieges unsererseits unmöglich sei, gelangte ich nach vielen qualvollen Überlegungen zu der Ansicht, daß es nur noch ein Mittel zur Erhaltung der europäischen Idee gebe, nämlich die Verkürzung des Krieges«, antwortet er. »Aus solchen Erwägungen heraus, wuchs in mir die Skepsis gegen diesen Staat und weil ich bestrebt sein wollte, als Staatsbürger dem Schicksal meines Volkes nicht gleichgültig gegenüberzustehen, entschloß ich mich, nicht nur in Gedanken, sondern auch in der Tat meine Gesinnung zu zeigen. So kam ich auf die Idee Flugblätter zu verfassen und zu verfertigen.«

Laut Protokoll der Gestapo sagt Hans Scholl außerdem, es sei ihm ein Gräuel, wie die Völker in den besetzten Gebieten behandelt würden. Er könne sich nicht vorstellen, dass mit diesen Methoden der Herrschaft eine friedliche Aufbauarbeit in Europa möglich sei.

Am 20. Februar untersuchen Kriminaltechniker die sichergestellte Remington Portable. Die Beamten fertigen Schriftproben an und vergleichen sie mit den beschlagnahmten Flugblättern. Sie erstellen ein Gutachten, in dem steht, dass von der Remington Portable folgende Schriftproben stammen: »a) die Wachsmatrizen zu den Flugblättern der ›Weiße Rose‹, der ›Widerstandsbewegung in Deutschland‹, die mit der Überschrift ›Kommilitoninnen, Kommilitonen‹ und die mit der Überschrift

›Deutsche Studentin, Deutscher Student‹, b) ein Teil der Anschriften an Adressaten in München und drei Anschriften an solche in Wien.«

Außerdem stellen die Experten der kriminaltechnischen Untersuchungsstelle fest, dass die Adressen auf den Briefbögen größtenteils auf der zweiten gefundenen Schreibmaschine vom Typ »Erika« getippt wurden. Diese Maschine ist das in Deutschland meistverkaufte Modell.

Die Beweislage gegen die Geschwister Scholl und Probst ist aus Sicht der Ermittler erdrückend. Die nationalsozialistische Justiz will nun schnell und entschieden reagieren. Voller Sorgen sieht die NS-Führung, welche Wirkung die Niederlage von Stalingrad auf die Menschen hat. Deren Vertrauen in den Staat und in Adolf Hitler sinkt rapide. Kritiker werden nun noch härter verfolgt, jede Form von Widerspruch wird brutal unterdrückt.

In Ulm schickt der Kriminalsekretär Rechsteiner sein Protokoll des Verhörs von Hans Hirzel am 20. Februar 1943 zu seinen Vorgesetzten nach Stuttgart. Zu den Flugblattaktionen in München hat er keine Verbindung hergestellt. Er schreibt in den Vermerk, dass »den Angaben des Beschuldigten« durchaus »Glauben geschenkt werden« könne. Dieser sei »sowohl in seiner geistigen wie auch körperlichen Verfassung nicht fähig, die von ihm geäußerte Absicht in die Tat umzusetzen«. Das sehen nicht alle so. Ein Beamter, der Hirzel ein weiteres Mal befragt, zeigt wenig Verständnis für den 17-Jährigen. Er droht ihm mit Gewalt – und mit Aktionen gegen seine Angehörigen. Diesmal gelingt es Hirzel nicht, den Ermittler über seine Rolle zu täuschen. Direkt nach dem Verhör kommt er in Haft.

Jürgen Wittenstein erfährt von einem Rechtsanwalt, wann der Volksgerichtshof in München tagen will. Telefonisch informiert er Robert und Magdalena Scholl über den Beginn der Verhandlung. Seinen Namen nennt er dabei nicht, da er davon ausgeht, dass die Gestapo das Telefon am Münsterplatz abhört.

Wittenstein verspricht aber, die Eltern vom Münchner Hauptbahnhof abzuholen.

Abermals befragen Beamte der Gestapo am 21. Februar 1943 den »led. Student cand. med. Hans Fritz Scholl«. Sie wollen wirklich alles wissen, sogar seine Mitgliedschaft im Deutschen Alpenverein weckt ihre Neugierde. Und natürlich sind sie an allen Kontakten interessiert, die er zu Bekannten und Freunden unterhält, sowie an den Briefen, die er von ihnen erhalten hat. Doch wie auch schon in anderen Verhören bleibt Scholl seiner Strategie treu. Er belastet sich selbst und versucht wenn irgend möglich, andere zu schützen. So erklärt er etwa, dass Muth, der sich in einem seiner Schreiben über einen Fliegerangriff auf München geäußert hat, ihn in keiner Weise beeinflusst oder gar zu seiner Aktivität gegen das Regime ermutigt habe.

Auch Christoph Probst wird abermals aus seiner Zelle geholt. Er soll den Gestapobeamten dabei helfen, seinen von Hans Scholl zerrissenen Flugblattentwurf zu rekonstruieren. Der Text, der am Ende vorliegt, erfüllt gleich mehrere Straftatbestände des nationalsozialistischen Staates. So heißt es darin: »Mit tödlicher Sicherheit kommt die vernichtende, erdrückende Übermacht von allen Seiten herein. Viel weniger als Paulus kapitulierte, wird Hitler kapitulieren. Gäbe es doch für ihn dann kein Entkommen mehr. Und wollt Ihr Euch genau so belügen lassen wie die 200 000 Mann, die Stalingrad auf verlorenem Posten verteidigten?« Und weiter: »Heute ist ganz Deutschland eingekesselt wie es Stalingrad war. Sollen dem Sendboten des Hasses und des Vernichtungswillens alle Deutschen geopfert werden? Ihm, der die Juden zu Tode marterte, die Hälfte der Polen ausrottete, Rußland vernichten wollte, ihm, der Euch Freiheit, Frieden, Familienglück, Hoffnung und Frohsinn nahm und dafür Inflationsgeld gab. Das soll, das darf nicht sein! Hitler und sein Regime muß fallen, damit Deutschland weiterlebt.«

Schließlich unterschreibt Probst ein Protokoll, in dem er bestätigt, den ursprünglichen Text so gut wie möglich wiederhergestellt zu haben. Eine weitere Erklärung wolle er nicht hinzufügen.

Die Fragen finden kein Ende. Die Abteilung »II A Sondk.« der Staatspolizeileitstelle München konfrontiert Hans Scholl mit Beweisen dafür, dass Alexander Schmorell ihm bei der Produktion der Flugblätter geholfen hat. »Bei meiner letzten Vernehmung habe ich erklärt, daß ich diese Schriften allein hergestellt und verbreitet habe. Dies ist nicht richtig, denn auch dabei war mir Schmorell behilflich. Ich will nun die Sache zusammenhängend schildern«, wird Scholl im Protokoll der Vernehmung zitiert. Wie die Fragen ablaufen, ob ihm Gewalt angetan oder in welcher Form er psychisch unter Druck gesetzt wird, ist unbekannt. Fest steht: Nun belastet er nicht mehr nur sich selbst, sondern auch seinen Freund, von dessen Schuld die Ermittler allerdings bereits überzeugt sind. So erklärt er: »Das erste Blatt habe ich entworfen. Das zweite Blatt stammt zur Hälfte von mir, den zweiten Teil von ›Nicht über die Judenfrage …‹ an, hat Schmorell verfasst. Wir haben zu unseren Ausführungen keine Quellen gebraucht.« So schützt er zumindest alle, die ihn mit Informationen und Ideen versorgt haben: die Patres in der Klosterbibliothek, den Buchhändler Josef Söhngen, die Gelehrten Theodor Haecker und Carl Muth.

An den Widerstandsaktionen beteiligte Studenten exmatrikuliert die Ludwig-Maximilians-Universität. Sophie und Hans Scholl werden am 21. Februar 1943 »vom Studium an allen deutschen Hochschulen ausgeschlossen«.

Die Staatsanwälte haben es eilig. Sie schließen ihre Anklageschrift ab, obwohl die Verhöre mit den Beschuldigten gerade erst zu Ende gegangen sind. In Hans Scholl sehen sie den Anführer der Gruppe. Über ihn heißt es, er habe sich »zur Herstellung und Verbreitung von Flugblättern, die seine Gedanken unter die breiten Massen tragen sollten« entschlossen. »Er kaufte sich einen Vervielfältigungsapparat und verschaffte sich mithilfe seines Freundes Alexander Schmorell, mit dem er sich oft über seine politischen Gedanken unterhalten hatte, eine Schreibmaschine.« An diesem Sonntag noch lässt der zuständige Reichsanwalt drei Kopien der Anklageschrift an das Hausgefängnis der Geheimen Staatspolizei in der Brienner Straße überstellen. Sie sollen den drei Angeschuldigten ausgehändigt werden. Bis zum nächsten Morgen um 8 Uhr, so heißt es, können die Scholls und Probst noch Einwände gegen die Anordnung der Hauptverhandlung erheben und Beweisanträge stellen. Die NS-Justiz simuliert so ein rechtsstaatliches Verfahren. Dabei steht das Resultat des so eilig für den nächsten Tag angesetzten Prozesses bereits fest.

Einen Anwalt selber auswählen dürfen die Beschuldigten nicht, sie bekommen einen Pflichtverteidiger gestellt. Hilfe ist von diesen Juristen nicht zu erwarten. Sophie Scholl möchte ohnehin keine Sonderbehandlung erhalten: »Wenn mein Bruder zum Tode verurteilt wird, so darf ich keine mildere Strafe bekommen, denn ich bin genauso schuldig wie er.« Ob Hans Scholl als Frontsoldat das Recht habe, erschossen zu werden, möchte sie noch wissen, und ob sie öffentlich aufgehängt oder unter das Fallbeil geraten werde.

Für das Verfahren gegen die drei Studenten kommt Roland Freisler mit dem Flugzeug aus Berlin nach München. Der promovierte Jurist, 49 Jahre alt, seit 1942 Präsident des Volksgerichtshofs, soll schnell und entschieden ein Urteil sprechen, die höchsten Kreise der NSDAP erwarten einen kurzen Prozess. Zusammen mit Freisler bilden der Berliner Landgerichtsdirektor Martin Stier, SS-Gruppenführer Franz Breithaupt, SA-Gruppenführer Hanns Bunge sowie der Staatssekretär im bayerischen Innenministerium und SA-Gruppenführer Max Köglmaier den ersten Senat des Volksgerichtshofs. Sie alle werden ihn bei der Urteilsfindung unterstützen.

Der 1934 eingerichtete Volksgerichtshof ist ein politisches Gericht, das für Staatsschutzdelikte wie Hoch- und Landesverrat zuständig ist. Seit Kriegsbeginn urteilt der VolksGH zudem über den Straftatbestand der Feindbegünstigung und ahndet seit dem 29. Januar 1943 die Wehrkraftzersetzung. In der »Kriegssonderstrafrechtsverordnung« heißt es in Paragraf 5: »Wegen Zersetzung der Wehrkraft wird mit dem Tode bestraft: 1. Wer öffentlich dazu auffordert oder anreizt, die Erfüllung der Dienstpflicht in der deutschen oder einer verbündeten Wehrmacht zu verweigern, oder sonst öffentlich den Willen des deutschen oder verbündeten Volkes zur wehrhaften Selbstbehauptung zu lähmen oder zu zersetzen sucht; ...« Dieses Delikt ist eines von 40, für das ein Angeklagter zum Tode verurteilt werden kann.

Vor allem aber ist der Volksgerichtshof ein Instrument des NS-Regimes zum Absichern der Macht. Seine Aufgabe ist nicht, Recht zu sprechen, sondern politische Gegner des »Dritten Reichs« zu vernichten – und mögliche Widerständler einzuschüchtern. Entsprechend sieht sich Freisler als einen »politischen Soldaten« Adolf Hitlers. Kurz nach seiner Ernennung schrieb er an den Reichskanzler: »Der Volksgerichtshof wird sich stets bemühen, so zu urteilen, wie er glaubt, daß Sie, mein Führer, den Fall selbst beurteilen würden.« Seit seiner Amtsübernahme ist die Zahl der erlassenen Todesurteile drastisch angestiegen.

Aber nicht nur die Juristen am Volksgerichtshof, alle haben im NS-Staat eine klare Aufgabe. In einer Denkschrift des Reichsjustizministeriums heißt es, die Justiz sei für die »Aussonderung hetzerisch und verbrecherisch eingestellter Elemente, die in kritischer Zeit einen Dolchstoß von hinten gegen die Front versuchen könnten« zuständig. Kritik am Kriegsverlauf, Kontakt zu ausländischen Gefangenen, das Abhören feindlicher Radiosender: Die Bandbreite der Taten, die einen das Leben kosten können, ist groß.

Am frühen Morgen des 22. Februar bekommt Sophie Scholl in ihrer Zelle die Anklageschrift überreicht. Sie blättert darin. »So ein herrlicher, sonniger Tag, und ich soll gehen«, sagt sie dann zu ihrer Mitgefangenen Else Gebel, »aber wie viele müssen heutzutage auf den Schlachtfeldern sterben.« Und kurz bevor die beiden Frauen Abschied voneinander nehmen: »Was liegt an meinem Tod, wenn durch unser Handeln Tausende von Menschen aufgerüttelt und geweckt werden.«

Hans Scholl schreibt am Morgen des Prozesstages mit Bleistift an die Wand seiner Zelle den Satz: »Allen Gewalten zum Trutz sich erhalten« – das Motto der Familie Scholl. Einst hat er diesen Vers in Schönschrift auf eine von ihm gebastelte Karte geschrieben, die er seinem Vater zu Weihnachten schenkte. Nun sind die sechs Worte seine Abschiedsbotschaft. Sollten seine Eltern und die Geschwister davon erfahren, wissen sie genau, was er damit gemeint hat.

Um neun Uhr werden die drei Angeklagten zum Justizpalast in der Prielmayerstraße gebracht, wo sich im Saal 253 ein linientreues Publikum versammelt hat. Kurz vor Prozessbeginn werden sie in den Schwurgerichtssaal geführt, um zehn Uhr beginnt die Verhandlung gegen Hans Scholl, Sophie Scholl und Christoph Probst. Sie machen Angaben zur Person. Dann verliest Oberreichsanwalt Weyersberg die Anklageschrift und trägt den Inhalt mehrerer Flugblätter vor, auch den Entwurf von Probst. Der Jurist hat den Hausmeister der Universität, Jakob Schmid, als ersten Zeugen benannt, ruft ihn aber nicht auf, da die Angeklagten geständig sind. Die Scholls und Probst äußern sich zur Sache, was sie sagen, wird nicht protokolliert. Dann ist die Beweisaufnahme bereits abgeschlossen. Der Reichsanwalt beantragt die Todesstrafe wegen Vorbereitung zum Hochverrat, Feindbegünstigung und Wehrkraftzersetzung.

Jürgen Wittenstein trifft die Eltern seiner Freunde Sophie und Hans am Bahnhof. Auch Traute Lafrenz, Inge und Werner

Scholl sind dabei. Der jüngste Sohn trägt Uniform. »Es ist höchste Zeit«, mahnt Wittenstein zur Eile. »Der Volksgerichtshof tagt, und die Verhandlung ist bereits in vollem Gang. Wir müssen uns auf das Schlimmste gefasst machen.« Sie eilen zum Justizpalast. Im Zuschauerbereich des Verhandlungssaals drängen sich Funktionäre der NSDAP, Mitarbeiter der Justiz und der Gestapo. Als Hans Scholl seine Eltern sieht, zuckt er zusammen. Vermutlich wollte er ihnen diesen Schauprozess ersparen. Vorn sitzen die Richter in ihren roten Roben, in ihrer Mitte Roland Freisler, der nicht wie ein Senatspräsident auftritt, sondern viel mehr wie ein Ankläger. Immer wieder unterbricht er die Angeklagten, das fällt dem Gerichtsreferendar Leo Samberger auf, der sich in den Saal geschlichen hat. Die Flugblätter hatten ihn beeindruckt. Nun entsetzt ihn, wie Freisler agiert. So stellt der Jurist teilweise unverschämte Fragen, versucht die Angeklagten vorzuführen.

Im Lazarett erreicht Fritz Hartnagel ein Brief aus München – von seiner Sophie. Als er den Umschlag öffnet, fallen ihm die lilafarbenen Blütenblätter entgegen. Dieses Schreiben war nur sechs Tage unterwegs, aber was ist in diesem Zeitraum doch alles passiert. Hartnagel ahnt nicht, was an diesem Tag auf seine Freundin zukommt, ihm bereitet der Brief eine ungetrübte Freude. Der Frühling scheint nah. Viele Stunden am Tag verbringt er damit, an Sophie Scholl zu denken, sich ihre gemeinsame Zukunft zu erträumen.

Im Justizpalast hat der Pflichtverteidiger der Scholls einen kurzen Auftritt. August Klein gibt sich nicht besonders viel Mühe. Er beantragt für Hans Scholl ein »gerechtes Urteil« und für Sophie Scholl eine »milde Strafe«. Sein Kollege, Rechtsanwalt Ferdinand Seidl, bittet für seinen Mandanten Probst ebenfalls um eine »milde Strafe«.

Die Eltern hören, was die Verteidiger, die ihrer Berufsbezeichnung keine Ehre machen, vorbringen. Sie reagieren entsetzt. Robert Scholl tritt nach den Plädoyers vor den Richtertisch, will für seine Kinder das Wort ergreifen. Aber sein Protest wird unterdrückt, Robert Scholl aus dem Saal gewiesen. Nun dürfen die Angeklagten noch kurze persönliche Erklärungen abgeben. Hans Scholl bittet in seinem Schlusswort um Gnade für den Familienvater Christoph Probst. Er tritt mit einer Ruhe auf, die allen zeigt, dass er davon überzeugt ist, das Richtige getan zu haben. Probst selbst bittet ebenfalls um ein mildes Urteil – für sich und seine Familie. Er ist gerade zum dritten Mal Vater geworden, hat seine im Januar geborene Tochter noch kaum gesehen, seine Frau Herta liegt noch in der Klinik. Sophie Scholl sagt nichts. Dann schließt Freisler die Verhandlung. Die fünf Richter ziehen sich zu einer kurzen Beratung zurück.

Vergeblich hoffen Magdalena und Robert Scholl, dass ihre Kinder und deren Freund von dem schlimmsten Urteilsspruch verschont werden. Doch für die jungen Angeklagten gibt es keine Gnade. Freisler verliest bereits drei Stunden nach Verhandlungsbeginn das Urteil gegen:

»1.) den Hans Fritz Scholl aus München, geboren in Ingersheim am 22. September 1918,

2.) die Sophia Magdalena Scholl aus München, geboren in Forchtenberg am 9. Mai 1921,

3.) den Christoph Hermann Probst aus Aldrans bei Innsbruck, geboren in Murnau am 6. November 1919«.

Wenige Augenblicke, nachdem Freisler zu lesen begonnen hat, wird den drei Freunden und den Zuschauern klar, was die NS-Richter beschlossen haben. »Die Angeklagten haben im Kriege in Flugblättern zur Sabotage der Rüstung und zum Sturz der nationalsozialistischen Lebensform unseres Volkes aufgerufen, defätistische Gedanken propagiert und den Führer aufs gemeinste beschimpft und dadurch den Feind des Reiches begünstigt und unsere Wehrkraft zersetzt«, erklärt Freisler. »Sie sagen der Partei den Kampf an, der Tag der Abrechnung sei gekommen, und scheuen sich nicht, ihren Aufruf zum Kampf gegen den Führer und die nationalsozialistische Lebensart unseres Volkes mit dem Freiheitskampf gegen Napoleon (1813) zu vergleichen und auf ihn das Soldatenlied ›frisch auf mein Volk, die Flammenzeichen rauchen‹ anzuwenden!!!« Das bedeutet: schuldig in allen Anklagepunkten. Der Jurist nennt die Verurteilten »verworfene Subjekte« und »charakteristische Einzelgänger«, Hans und Sophie Scholl sowie Christoph Probst verdienten »nichts anderes als den raschen und ehrlosen Tod«.

Sophie Scholl nimmt das Urteil ohne Protest hin. Auf die Rückseite ihrer Akte hat sie noch zwei Worte geschrieben: »Freiheit, Freiheit« und ein großes F gemalt. Ihre Mutter scheint nach der Verkündung des Todesurteils zusammenzubrechen, ihr Vater sagt laut: »Es gibt noch eine andere Gerechtigkeit.« Werner Scholl drängt sich nach vorn, drückt den drei Verurteilten die Hände. Tränen stehen in seinen Augen. Hans legt, wie vor einigen Monaten in Russland, seine Hand auf die Schulter des Bruders. »Bleib stark – keine Zugeständnisse«, sagt er. Auch im Angesicht des Todes zeigen die drei Freunde eine fast unglaubliche Entschlossenheit.

Der geschäftsführende Gauleiter Giesler fordert, dass die Verurteilten öffentlich hingerichtet werden, auf dem Marienplatz oder vor der Universität. Heinrich Himmler, der Reichsführer SS, aber widerspricht dem Funktionär aus München. Wie eine Enthauptung so junger Leute auf die Öffentlichkeit wirkt, da sind sich die führenden Vertreter des NS-Regimes unsicher. Und so werden Sophie und Hans Scholl sowie Christoph Probst zur herkömmlichen Münchner Hinrichtungsstätte gebracht, in das Gefängnis Stadelheim.

Ohne zu wissen, dass der Scharfrichter Johann Reichhart bereits den Auftrag zur unverzüglichen Hinrichtung erhalten hat, stellen Magdalena und Robert Scholl ein Gnadengesuch. Justizminister Thierack, auch das wissen sie nicht, lehnt es sofort ab. Zumindest haben sie erreicht, dass sie ihre Kinder in Stadelheim besuchen dürfen. Hans Scholl trägt Sträflingskleidung. Sein Gesicht wirkt so schmal und abgezehrt. Er neigt sich über die Schranke, die Häftling und Besucher trennt, und gibt jedem die Hand. Sein Vater aber zieht ihn heran und nimmt ihn in den Arm.

In Ulm gelingt es Rechsteiner von der Stapo-Außendienststelle bei einem weiteren Verhör, Hans Hirzel zu einem umfangreichen Geständnis zu bringen. Vielleicht hat der Name Sophie Scholl, den er von Hirzel gehört hat und der nun mit dem Widerstand in München verbunden ist, dazu geführt, den Verdächtigen erneut zu befragen. Der Schüler gibt zu, dass Hans Scholl ihn im Dezember 1942 aufgefordert hat, Flugblätter zu verbreiten. Dafür habe er 400 Briefumschläge erhalten. Sophie Scholl sei zu ihm in die Wohnung gekommen und habe ihm ein Paket mit 2 000 Flugblättern übergeben. Zwei Tage später habe er 450 Umschläge mit Adressen versehen. Einen Teil davon habe er seiner Schwester mitgegeben und sie gebeten, die Kuverts in Stuttgart in Briefkästen zu stecken.

Nach dieser Aussage verhaftet die Gestapo noch am selben Abend Susanne Hirzel, die gerade ihre Eltern in Ulm besucht. Kriminalsekretär Rechsteiner nimmt aus ihrer Befragung zu Protokoll, dass sie 200 Umschläge ohne Angaben zum Inhalt von ihrem Bruder entgegengenommen und sich bereit erklärt habe, diese in etwa zehn Briefkästen einzuwerfen. Mit dem Auto bringen Beamte die Geschwister nach Stuttgart und liefern die Gefangenen in der Gestapozentrale, dem sogenannten »Hotel Silber«, ab, einem großen Gebäude am Karlsplatz. Dort stecken sie Susanne Hirzel in einen Holzverschlag, in dem sich lediglich ein Stuhl befindet und der stockdunkel ist, sobald die Tür ins Schloss gefallen ist.

Gegen 15 Uhr eröffnet Julius Doerfler, Gaustudentenführer von München und Oberbayern, Angehöriger der SS und Mitglied der NSDAP, eine Versammlung in der Aula der Ludwig-Maximilians-Universität. 3 000 Anhänger des NS-Studentenbundes sind gekommen. Mit ihrer Anwesenheit wollen sie zeigen, dass die drei Verurteilten nicht zu ihnen gehören. Für sie sind Sophie und Hans Scholl sowie Christoph Probst »Verräter«. Die Teilnehmer verkünden: »Die Münchner Studentenschaft steht wie immer und in aller Zukunft geschlossen hinter dem Führer und seiner nationalsozialistischen Bewegung.«

Traute Lafrenz und Werner Scholl fahren mit der Bahn nach Bad Tölz, um Herta Probst, die dort in der Klinik ist, mitzuteilen, dass ihr »Christl« zum Tode verurteilt wurde. Sie liegt mit der kleinen Tochter im Bett, als sie die schreckliche Nachricht erhält. Mit dem von ihr unterzeichneten Gnadengesuch eilen die beiden nach München zurück, um das Dokument rechtzeitig abgeben zu können. Sie wissen nicht, dass noch am selben Tag das Urteil vollstreckt werden soll – keine vier Stunden nach der Verkündung. Gegen 16 Uhr eröffnet Oberreichsanwalt Weyersberg den drei Verurteilten, der Reichsminister der Justiz habe entschieden, »von seinem Gnadenrecht keinen Gebrauch zu machen, sondern der Gerechtigkeit freien Lauf zu lassen.« Die Hinrichtungen werden um 17 Uhr beginnen.

Kurz vor der Exekution darf Sophie Scholl noch einmal ihre Eltern sehen. Die jüngste Tochter versucht sie zu trösten. Das Urteil werde Wellen schlagen, prophezeit sie. Bis zuletzt ist sie davon überzeugt, dass ihr Schicksal viele Menschen aufrütteln, dass der Widerstand von anderen fortgesetzt werden wird. Zum Abschied sagt ihre Mutter zu ihr: »Nun wirst du also gar nie mehr zur Türe hereinkommen?« Und Sophie antwortet: »Ach, die paar Jährle, Mutter.« Die Eltern wissen immer noch nicht, dass die Hinrichtung heute vollstreckt werden soll. »Gelt, Sophie: Jesus«, ist Magdalena Scholls letzter Trost. »Ja«, erwidert die Tochter, die in diesem Moment keine Stunde mehr zu leben hat, »aber du auch.« Magdalena und Robert Scholl fahren in der Hoffnung nach Ulm zurück, dass ihr Gnadengesuch noch etwas bewirken wird.

In Stadelheim spricht Hans Scholl mit dem evangelischen Gefängnisgeistlichen Karl Alt. Am Telefon hat der Seelsorger von der bevorstehenden Hinrichtung erfahren und ist zum Gefängnis geeilt. Gefasst schüttelt Hans Scholl dem Besucher die Hand. Der zum Tode Verurteilte bittet den Pastor, ihm zwei Auszüge aus der Bibel vorzulesen: den 90. Psalm, in dem es heißt: »Herr, lehre uns bedenken, daß wir sterben müssen, auf daß wir klug werden. Herr, kehre dich doch wieder zu uns und sei deinen Knechten gnädig.« Außerdem möchte er noch das »Hohelied der Liebe« hören. Dann feiern sie das Abendmahl. Auf Alts Frage, ob er Hass oder Bitterkeit gegenüber den Anklägern und den Richtern verspüre, antwortet Scholl: »Nein, nicht soll Böses mit Bösem vergolten werden, und alle Bitterkeit ist ausgelöscht.«

Danach geht der Seelsorger zu Sophie Scholl. Sie hat ihrer Familie und Fritz Hartnagel gerade Abschiedsbriefe geschrieben. Auch sie betet mit Alt und feiert das Abendmahl, und ebenso wie ihr Bruder hat sich Sophie Scholl für den 90. Psalm entschieden. Der Seelsorger bleibt bei ihr in der Zelle, bis ein Wärter an die schwere Tür klopft. Die Beamten führen die junge Frau hinaus. Sie geht aufrecht, ihr Gesicht zeigt keinerlei Regung.

Christoph Probst bittet den Münchner Kaplan Heinrich Sperr darum, ihn zu taufen. In den wenigen Stunden, die ihm zwischen Urteil und Hinrichtung bleiben, bekennt er sich zum katholischen Glauben. Schon lange will er in die Kirche eintreten, auch seine drei Kinder sind bereits katholisch getauft. Nun vollzieht er den Schritt im Gefängnis, kurz vor seinem letzten Gang. Probst schreibt an seine Mutter: »Ich danke Dir, daß Du mir das Leben gegeben hast – es war ein einziger Weg zu Gott.«

Die Gefängnisaufseher lassen die drei zum Tode Verurteilten für einen letzten gemeinsamen Augenblick vor der Hinrichtung noch einmal zusammenkommen. »Ich wußte nicht, daß Sterben so leicht sein kann«, sagt Christoph Probst. »In wenigen Minuten sehen wir uns in der Ewigkeit wieder.« Dann werden sie einzeln abgeführt, zuerst Sophie Scholl. Sie geht mit den Beamten hinaus, ohne Angst zu zeigen. Die Aufseher staunen, wie unbewegt sie das alles erträgt.

Auch der Scharfrichter Johann Reichhart sagt später, so mutig habe er noch nie jemanden vor seine Fallschwertmaschine treten sehen. Reichhart arbeitet seit 1924 als Scharfrichter, das Amt hat er von seinem Onkel Franz Xaver Reichhart übernommen, er gilt als der meistbeschäftigte Henker im NS-Staat. Mit einer zerlegbaren Guillotine und seinen Gehilfen reist er nach Baden, Bayern, Böhmen, Hessen, Sachsen, Württemberg und Österreich und vollstreckt die Urteile der nationalsozialistischen Gerichte. Reichhart, 49 Jahre alt, hat bereits Hunderte Menschen getötet. Allein 1942 wurde er für 746 Enthauptungen entlohnt. Sein blutiges Handwerk macht ihn, den gelernten Metzger, zu einem wohlhabenden Mann. Bevor die Nationalsozialisten an die Macht gelangten, konnte Reichhart von seiner Arbeit kaum leben, so wenige Hinrichtungen gab es. Nun läuft das Geschäft ausgezeichnet. Der Henker zeigt sich den neuen Herren gegenüber dankbar und tritt in die NSDAP, in das Nationalsozialistische Kraftfahrerkorps, in die Deutsche Arbeitsfront und weitere Parteiorganisationen ein. Nun hat er so viel zu tun, dass er oft mehrere Urteile an einem Tag vollstreckt. Am 22. Februar 1943 verdient er am Tod von Sophie Scholl, Hans Scholl und Christoph Probst.

Seit 1937 gibt es auf dem Gefängnisgelände eine Holzbaracke, in der Reichhart zur Tat schreitet. Seine Gehilfen führen

Sophie Scholl zur Tötungsmaschine, der Staatsanwalt Walter Roemer erteilt den Vollstreckungsbefehl. Um 17 Uhr zieht Reichhart einen Sperrhebel, der das Fallschwert auslöst. »Das Urteil ist vollstreckt«, sagt er nur einen Augenblick später. Dann stellt der Mediziner den Tod fest. Reicharts Gehilfen streuen Sägespäne aus, um das Blut zu bedecken. Rumpf und Kopf legen sie in einen Sarg.

Um 17:02 Uhr führen die Wärter Hans Scholl in die Hütte. Ruhig und gefasst tritt er vor den Henker und ruft, ehe er unter das Fallbeil kommt: »Es lebe die Freiheit.« Im Hinrichtungsprotokoll vermerkt ein Beamter kühl: »Von der Übergabe an den Scharfrichter bis zum Fall des Beils vergingen 07 Sekunden.« Dann tötet der Scharfrichter auch Christoph Probst. Die Leichen werden an das Polizeipräsidium München übergeben.

Am nächsten Vormittag schreibt Magdalena Scholl an Fritz Hartnagel. Sie weiß noch nicht, dass ihre beiden Kinder bereits hingerichtet wurden, und berichtet von ihrem Besuch in Stadelheim. »Sofie und Hans waren so gefaßt und abgeschlossen mit dem Leben, daß man selbst ganz getröstet war. Sofie lehnte leicht und lächelnd an der Heizung und hatte einen Glanz in den Augen, den ich sonst nicht kannte.« Dann bittet sie Hartnagel um ein Gnadengesuch, als Stalingradkämpfer solle er an den Reichsanwalt beim Volksgerichtshof schreiben. Ihren Brief schickt sie ab, bevor die Frau eines Kunden von Robert Scholl in die Wohnung kommt. Sie hat eine Ausgabe der ›Neu Ulmer Zeitung‹ dabei. Darin zeigt sie die Meldung über die Hinrichtung von Sophie und Hans Scholl in München. So erfahren die Eltern, dass ihre Kinder getötet wurden.

Gerade hat Elisabeth Scholl, die in der Nähe von Ingolstadt auf einem Bauernhof als Kinderschwester arbeitet, beim Arbeitsamt ihre neue Stelle angemeldet, nun setzt sie sich, bis ihr Bus abfährt, in ein Café und greift zur Zeitung. Auf der Titelseite steht in Riesenlettern: »Wegen Hoch- und Landesverrat zum Tode verurteilt. Das Urteil ist bereits vollstreckt.« Dann liest Elisabeth Scholl die ihr so vertrauten Namen. »Die Verurteilten hatten sich als charakteristische Einzelgänger durch das Beschmieren von Häusern mit staatsfeindlichen Aufforderungen und durch die Vorbereitung hochverräterischer Flugschriften an der Wehrkraft und dem Widerstandsgeist des deutschen Volkes vergangen«, heißt es in dem dazugehörigen Artikel. Niemand hat Elisabeth Scholl auf diese Nachricht vorbereitet, sie ist ganz allein mit der schrecklichen Neuigkeit.

Am selben Tag endet die Flucht von Alexander Schmorell fast in einer Polizeikontrolle. Zwei Beamte wollen seinen Ausweis sehen. Sie halten seinen bulgarischen Pass, den er von Hamazaspian erhalten und den Lilo Berndl bearbeitet hat, zunächst für gefälscht, lassen Schmorell dann aber doch weiterziehen. Da der Flüchtige nicht weiß, wo er hinsoll, beschließt er, nach München zurückzukehren.

»Meine liebe Sofie!«, beginnt Fritz Hartnagel am selben Tag in Lemberg seinen Brief. »Ich weile bei Dir in München. Wie wirst Du den Tag verbringen?« Hartnagel will wissen, wie das Studium läuft, welche Vorlesung seine Freundin hört, er will Anteil an einem Leben nehmen, das gestern vom NS-Regime ausgelöscht wurde.

Tags darauf verfasst er das nächste Schreiben. »Ich warte mit Ungeduld bis wir wieder beisammen sind«, steht darin. »Ich glaube, wir werden uns schnell finden, obwohl es bis jetzt die längste Trennung war.«

10. KAPITEL

Liebe und Tod

Februar bis Mai 1943

An der Beerdigung von Sophie und Hans Scholl am späten Mittwochnachmittag des 24. Februar auf dem Friedhof am Perlacher Forst nehmen nur der Vater, die Mutter, die Geschwister Inge, Elisabeth und Werner sowie Traute Lafrenz teil. Die Eltern haben die Grabstätte neben Christoph Probst gekauft. Im Tod sollen die drei Freunde zusammenbleiben. Pfarrer Karl Alt, der Sophie und Hans Scholl kurz vor ihrer Hinrichtung betreut hat, bestattet die beiden. Dem Geistlichen fällt auf, wie schneeweiß die Berggipfel des Zugspitzmassivs in der Ferne leuchten. Glutrot geht die Sonne unter. Die Worte, die er an die Familie richtet, wählt er mit Bedacht, denn zur Beisetzung sind auch mehrere Gestapobeamte erschienen. Sie warten auf Anhänger der Widerstandsgruppe, die kommen, um sich zu verabschieden, doch sie warten vergeblich.

Nach der Beerdigung bricht Traute Lafrenz gemeinsam mit Werner zur Wohnung der getöteten Freunde in der Franz-Joseph-Straße 13 auf. Auf der Suche nach belastendem Material, das die Ermittler nicht gefunden haben, stoßen sie auf mehrere Adresslisten im Wäschekorb und vernichten die Beweise.

Mittlerweile sucht die Gestapo Alexander Schmorell per Steckbrief, den unter anderem die ›Münchner Neueste Nachrichten‹ abdrucken. »Fahndung nach einem Verbrecher«, lautet eine Überschrift, 1 000 Reichsmark werden als Belohnung »für die Mitwirkung zur Ergreifung« in Aussicht gestellt. »Gesucht wird der abgebildete ehemalige Student Alexander Schmorell, geboren 16. September 1917 in Orenburg, zuletzt wohnhaft in München.« 1,82 bis 1,85 Meter groß sei der Flüchtende, schlank, er habe dunkelblonde Haare und blaugraue Augen.

Von der öffentlichen Jagd auf ihn weiß Schmorell vermutlich nichts, als er gegen 22 Uhr in München-Thalkirchen ankommt und von dort mit der Straßenbahn zum Kurfürstenplatz fährt. In der Nähe wohnt eine Bekannte, die er um einen Schlafplatz bitten will. Doch ein Luftschutzkeller, den er auf dem Weg zu ihr wegen eines Fliegeralarms aufsucht, wird ihm zum Verhängnis. In einem Aktenvermerk heißt es dazu nüchtern: »Alexander Schmorell wurde am 24. Februar 1943 gegen 23.30 Uhr« wegen »der öffentlichen Ausschreibung erkannt, seine Festnahme veranlasst und über das zuständige Pol.Revier zur Stapoleitstelle München verbracht.«

Am selben Tag richtet Willi Graf ein Gesuch an den für ihn zuständigen Sachbearbeiter bei der Gestapo. Selbstbewusst bittet er um baldige Entlassung, damit er den »militärischen Pflichten in der Studentenkompanie und meinen Studienarbeiten« nachgehen könne. Graf versucht weiterhin, durch schneidiges Auftreten die Beamten zu beeindrucken.

Magdalena Scholl verfasst nach der Beerdigung von Sophie und Hans einen weiteren Brief an Fritz Hartnagel. Es fällt ihr sicherlich nicht leicht, ihm die Ereignisse der vergangenen Tage mitzuteilen. »Es ist nun doch alles gekommen, wie es kommen mußte«, beginnt sie ihr Schreiben. »Gestern vor Sonnenuntergang haben wir unsere zwei Kinder zur Ruhe gebracht. Sie ruhen in einem Grab im Perlacher-Forst oben ganz in der Nähe des Waldes.«

Obwohl sie gerade eine Tochter und einen Sohn verloren hat, denkt Magdalena Scholl an den Schmerz, den ihre Nachricht bei Fritz Hartnagel verursachen wird. Sie fürchtet, dass der Offizier sich etwas antun könnte. »Nun haben Sie sich gefreut nach dieser langen und schweren Trennungszeit, wo Sie wie ein Wunder aus dem Feuer gerettet wurden. Und jetzt ist so undurchdringliche Nacht um Sie.« Scholl versucht dem Freund ihrer getöteten Tochter Mut zu machen: Eine lichte Gestalt, die nun bei Gott ist, stehe immer auch bei ihm.

Willi Graf wird in diesen Tagen ständig von der Gestapo verhört. Am 26. Februar 1943 konfrontieren ihn die Beamten mit Geständnissen seiner Freunde. »Wollen Sie, nachdem ich Ihnen die Angaben besonders des Schmorell vorgehalten und ich Sie diesem gegenübergestellt habe, nicht auch die Wahrheit sagen, zumal Sie durch ein längeres Leugnen Ihre Lage […] keineswegs verbessern?«, protokolliert eine Schreibkraft die Frage. Ob Graf freiwillig über die Widerstandsaktionen berichtet oder unter Folter gesteht, hält sie nicht fest. Laut den Aufzeichnungen der Geheimen Staatspolizei beschreibt der Verdächtige nun aber, wie die Verteilaktionen von Flugblättern abgelaufen sind. Er stellt sich selbst als Mitläufer dar und Hans Scholl als Organisator und Kopf der Gruppe. Dieser sei ihm »geistig in jeder Hinsicht überlegen« gewesen. Graf versucht, die Lebenden zu schützen, vor allem die von ihm angeworbenen Brüder Bollinger und auch Bauer. Ihnen fühlt er sich besonders verpflichtet. Schließlich nimmt er Schuld auf sich, um die Freunde in Bonn, Freiburg und Saarbrücken zu retten.

Am 27. Februar sitzen die Scholls in ihrer Wohnung in Ulm am Frühstückstisch. Elisabeth Scholl hat an diesem Tag Geburtstag, sie wird 23 Jahre alt, aber feiern will niemand, die Familie ist traumatisiert. Dann schrillt die Türglocke. Mehrere Gestapobeamte stehen vor der Wohnung, einer von ihnen ist Anton Rechsteiner, der schon einmal Robert Scholl verhaftet und auch gegen Hans Hirzel ermittelt hat. Fünf Tage liegt die Hinrichtung der Geschwister Sophie und Hans erst zurück, nun geht das NS-Regime gegen ihre Angehörigen vor.

Magdalena, Robert, Inge und Elisabeth Scholl werden in das Gefängnis am Frauengraben 4 gebracht, das nur fünf Minuten von der Wohnung am Ulmer Münster entfernt ist. Einen Grund für die Verhaftung nennen die Beamten ihnen nicht, als »Sippenhäftlinge« müssen sie erst einmal eine unbestimmte Zeit hinter Gittern bleiben. Werner Scholl, der Uniform trägt und der Justiz der Wehrmacht untersteht, bleibt allein in der Wohnung zurück. Ihn wird Traute Lafrenz unterstützen, bis er wieder zurück an die Ostfront muss.

Und auch Kurt Huber bekommt am frühen Morgen Besuch von mehreren Gestapomännern. Seine Tochter Birgit, die auf ihr Klingeln öffnet, sagt, ihr Vater schlafe noch, aber die Polizisten drängen ins Haus hinein und nehmen ihn mit.

In Lemberg erfährt Fritz Hartnagel aus einem Brief von Magdalena Scholl Ende Februar oder Anfang März von dem Todesurteil gegen seine Sophie und lässt sofort ein Telegramm an den Volksgerichtshof aufsetzen. Vom »Bergsanatorium« schreibt er: »Bitte um Aufschiebung der Urteilsvollstreckung an meiner Braut Sophie Scholl und ihrem Bruder Hans Scholl bis zum Eintreffen meines Gnadengesuches.« Noch ahnt er nicht, dass der Schuldspruch bereits vollstreckt wurde.

Hartnagel will gleich nach Berlin aufbrechen, um dort persönlich beim Reichsanwalt am Volksgerichtshof um Gnade zu bitten. Er geht damit ein hohes Risiko ein, denn genesen ist er nicht, und die Operation, bei der Chirurgen zwei seiner Finger amputiert haben, liegt erst wenige Tage zurück. Gegen den ausdrücklichen Rat seiner Ärzte erreicht er jedoch, dass er aus dem »Bergsanatorium« entlassen wird. Da er wegen der Erfrierungen an den Füßen keine normalen Stiefel anziehen kann, leiht er sich von einem Patienten weite Filzstiefel.

Von Berlin aus ruft er abends die Scholls in Ulm an. Nun erfährt er von Werner, dass seine Schwester bereits hingerichtet wurde und der Rest der Familie in Sippenhaft ist. Die Nachricht wirkt wie ein Schock auf Hartnagel. Er sagt nur noch, dass er mit dem nächsten Zug nach Ulm komme, dann legt er auf. Für ihn bricht eine schlimme Zeit an. Er hat Stalingrad überlebt, um kurz darauf den Menschen zu verlieren, den er am meisten liebt.

An verschiedenen Orten gehen die Ermittlungen gegen Anhänger des Scholl-Schmorell-Kreises im Februar und März weiter. Josef Furtmeier kommt in Untersuchungshaft, das Haus von Carl Muth wird durchsucht, er muss aber nicht hinter Gitter. Auch gegen Heinz Bollinger geht die Gestapo vor, doch kann der noch über einen gemeinsamen Freund seinen Bruder in Saarbrücken warnen. Willi Bollinger versenkt daraufhin den Vervielfältigungsapparat, Flugblätter, Waffen und anderes belastendes Material in der Saar. Die festgenommene Traute Lafrenz gibt in den Verhören nur zu, eines der Flugblätter gelesen zu haben. Beharrlich bleibt sie dabei, keine Details zu kennen, nicht in die Widerstandsaktionen eingeweiht gewesen zu sein. Bei den Ermittlern gilt sie dennoch als Mitwisserin und soll daher angeklagt werden.

Die inhaftierten NS-Gegner aus dem Umfeld der »Weißen Rose« versuchen in ihren zahllosen Verhören allesamt, niemanden zu belasten, der von der Gestapo noch nicht als ihr Mitstreiter identifiziert wurde. Aber das gelingt nicht immer. Am 1. März 1943 befragen Beamte abermals Alexander Schmorell. Diesmal bringt er die Polizisten auf die Spur von Eugen Grimminger in Stuttgart, der Hans Scholl mit Geld versorgt hat.

Bereits am nächsten Tag nehmen Beamte den Buchprüfer fest, durchsuchen seine Wohnung und die Geschäftsräume, allerdings ohne etwas zu finden. Mit dem Zug bringen zwei Gestapobeamte den Gefangenen, dem es unterwegs noch gelingt, einen Zettel mit Namen und Adressen von Helfern zu vernichten, nach München. Bei den Verhören bestreitet er, die

Aktivitäten von Hans Scholl unterstützt zu haben. Zwar habe er dem Studenten 500 Mark ausgehändigt, aber ohne zu wissen, was er damit vorhabe. Grimminger befindet sich in einer fatalen Lage. Seine Frau Jenny ist Jüdin, sie ist besonders gefährdet. Weil er sich stets geweigert hat, sich von ihr zu trennen, hat er seinen Posten in einem Genossenschaftsverband verloren, als Kritiker des NS-Staates gilt er sowieso. Nun ist seine Jenny durch ihn ins Blickfeld der Gestapo geraten. Helfen kann Grimminger ihr in dieser heiklen Situation nicht. Er bleibt in Haft.

Nur zwei Wochen, nachdem Goebbels im Sportpalast zum totalen Krieg aufgerufen hat, feiert in Berlin die Filmindustrie am 5. März 1943 im Ufa-Palast eine Premiere – mit dem Farbfilm ›Münchhausen‹ und mit Hans Albers in der Hauptrolle. Der vom Reichspropagandaminister Goebbels zum 25-jährigen Bestehen der Ufa bestellte »Spitzenfilm« soll die Großproduktionen aus Hollywood übertrumpfen, also demonstrieren, wie leistungsstark die deutschen Studios sind. Gleichzeitig, so hofft es der Chefpropagandist, wird er aber auch die Deutschen vom schlechten Verlauf der Kämpfe im Osten und in Nordafrika ablenken. Auf der Leinwand kann man nun miterleben, wie man flunkert und sich aus brenzligen Situationen hinausmogelt.

Sirenen reißen in der Nacht vom 9. auf den 10. März die Münchner abermals aus den Betten. Gegen Mitternacht eilen sie in die Bunker und Keller – zumindest diejenigen, die Zugang zu Schutzräumen haben. Juden, Zwangsarbeiter und Kriegsgefangene dürfen die Schutzräume nicht aufsuchen. Zwei Stunden lang feuern die Geschütze der Briten und zerstören die Stadt schwer. Der Dom gilt danach als einsturzgefährdet, mehr als 200 Einwohner überleben den Großangriff nicht.

In der bayerischen Landeshauptstadt fassen zwei Studierende der Chemie einen mutigen Entschluss. Hans Leipelt und Marie-

Luise Jahn haben das VI. Flugblatt per Post zugeschickt bekommen und sind davon so begeistert, dass sie es weiterverbreiten wollen. Trotz der Todesurteile gegen die Scholls und Probst.

Leipelt nennen die Nationalsozialisten einen »Halbjuden«, er war wegen seiner jüdischen Mutter aus der Wehrmacht entlassen worden. Gemeinsam mit Jahn tippt er das Flugblatt auf einer Schreibmaschine ab und fügt den Satz hinzu: »Und ihr Geist lebt trotzdem weiter.« Dann verteilten sie den Text an Gleichgesinnte und bringen das Flugblatt auch nach Hamburg. Leipelt und Jahn studieren am Institut des Nobelpreisträgers Heinrich Otto Wieland. Der aufrechte Regimegegner nimmt Studenten und Wissenschaftler, die aus rassistischen Gründen verfolgt werden, als »Gasthörer« in seinen Arbeitskreis auf und fördert sie. Wieland betreibt »kriegswichtige Forschung« und ist international renommiert. Beides schützt sein Institut vor der völligen Gleichschaltung.

Aufregende Gerüchte dringen zu Ruth Andreas-Friedrich in Berlin. Etwas Illegales, Rebellisches soll in der bayerischen Landeshauptstadt geschehen sein, Studenten hätten sich erhoben, Tausende Flugblätter verteilt. »Geht der Sturm weiter? Hat man ihn schon erstickt?«, schreibt die Journalistin in ihr Tagebuch. »Es wird davon gesprochen, daß Freisler, der Präsident des Volksgerichtshofes, vor kurzem in ›Sondermission‹ nach München gefahren sei. Die Wahrheit! Die Wahrheit wollen wir wissen!« Auch wenn Andreas-Friedrich erst mal nicht mehr erfährt, machen ihr die Gerüchte Mut. Und tatsächlich gelangt ein Flugblatt aus München zu ihr: »Kommilitoninnen! Kommilitonen!« Sie liest es gemeinsam mit Mitstreitern aus ihrer Widerstandsgruppe »Onkel Emil«, wohlwissend, wie gefährlich allein der Besitz ist. Nach der Lektüre beginnt der Freundeskreis, auf der Schreibmaschine Kopien herzustellen. Sie tippen die ganze Nacht, am nächsten Morgen liegen 50 Exemplare fertig zum Verteilen auf dem Tisch.

In den Berichten des Sicherheitsdienstes der SS vom 15. März 1943 tauchen auch die von Sophie und Hans Scholl sowie Christoph Probst verteilten Flugblätter auf. Die Schriften und die Gerüchte über die Urheber hätten »beträchtliche Unruhe« unter der Bevölkerung ausgelöst. In München habe es größere Demonstrationen unter Studenten gegeben, »ferner erzählt man sich von Schmierereien und Flugzettelpropaganda marxistischen Inhalts an öffentlichen Gebäuden«. Auch wenn sich Sophie Scholls Hoffnung, dass sich ihrem Widerstand viele anschließen werden, nicht erfüllt, stellt der SD doch beunruhigt eine gewisse Wirkung fest: Die Bevölkerung setze »solchen Erscheinungen offenbar nicht mehr soviel eigene Aktivität entgegen« wie früher. So sorgt sie »teilweise nicht mehr so prompt für die Entfernung hetzerischer Schriften« oder gebe Flugblätter nicht mehr sofort ab, sondern lese diese und gebe sie teilweise weiter. Auch die Medien im Ausland erfahren rasch von den Vorgängen in München. In England berichtet die BBC über die »Munich Student Revolts«, die Widerstandsaktionen und ihr blutiges Ende. Später greifen auch Illustrierte und Magazine wie ›TIME‹ die Vorgänge auf.

Hugo und Elisabeth Schmorell, Alexanders Stiefmutter, sorgen sich um ihren Sohn. Nun schreiben die Eltern an Heinrich Himmler, den Reichsführer-SS und Chef der deutschen Polizei: »Was er getan hat, wußten wir nicht und wissen es bis heute noch nicht. Es wurde uns nur gesagt, daß auf seine Tat die Todesstrafe folgen würde.« Die Familie bittet ihn sowie gleichzeitig den »Führer und Reichskanzler, im Gnadenweg von einem Vollzug eines etwaigen Todesurteils abzusehen«. Sollte dies nicht möglich sein, bitte sie darum, Alexander Schmorell die »Gelegenheit zu geben, in einer von Ihnen zu bestimmenden Form freiwillig sein Leben für Deutschland zu opfern, falls seine Tat todeswürdig sein sollte«. Sie denken wohl an ein Strafbataillon der Wehrmacht, in denen Verurteilte zusammengefasst werden, die zu Himmelfahrtskommandos geschickt werden.

Rudolf, Nikolaus und Arnold Hofmann, die Stiefbrüder Alexander Schmorells, die NSDAP-Mitglieder und Träger des goldenen Ehrenabzeichens der Partei sind, haben bereits vor einigen Tagen um ein Aussetzen der Todesstrafe gebeten.

Fritz Hartnagel erhält das »Verwundeten Abzeichen in Schwarz«, ein weiterer Orden neben dem Eisernen Kreuz Erster und Zweiter Klasse, der ihn schmückt. Auch wenn er auf solche Auszeichnungen keinen Wert mehr legt, so können sie doch nützlich sein. Immer wenn er etwas für die inhaftierten Scholls erreichen will, legt er Uniform und Orden an. Auf diese Weise und weil er einige Monate die Miete für die Wohnung am Münsterplatz im Voraus bezahlt, gelingt es ihm zum Beispiel, eine rasche Kündigung der Familie zu verhindern. Bis Ende April hat Hartnagel Genesungsurlaub bekommen. Er bleibt in Ulm und besucht Magdalena und Robert Scholl fast jeden Tag im Gefängnis. Die Wächter versorgt er mit Tabak und Zigaretten. Die Aufseher sind ihm gegenüber stets hilfsbereit.

Obwohl ihr Mann noch gar nicht verurteilt ist, nehmen Beamte am 10. April Jenny Grimminger in Stuttgart fest. Vergeblich hat sie ihren Mann bedrängt, sich nicht am Widerstand der Münchner Studenten zu beteiligen. Zu Recht fürchtete sie, dass er damit sich selbst und auch sie in große Gefahr bringen würde. Nun lässt die Stapoleitstelle Stuttgart die 47-jährige Jenny Grimminger in das KZ Ravensbrück einweisen. Ihre Schwester Senta und deren vier Kinder wurden bereits von den Mitgliedern einer deutschen Einsatzgruppe bei Riga erschossen. Nun gerät auch sie in den Vernichtungsapparat der SS.

Am 19. April 1943 beginnt im Sitzungssaal 216 des Justizpalastes in München um neun Uhr der zweite Prozess gegen Mitglieder der »Weißen Rose«. Diesmal stehen 14 zum Scholl-Schmorell-Kreis gehörende Angeklagte vor dem Volksgerichtshof. Abermals führt Roland Freisler den Vorsitz. Die vierzehnstündige Verhandlung ist öffentlich, aber nur Gestapobeamte, Offiziere und Parteifunktionäre dürfen daran teilnehmen. Die Staatsanwaltschaft wirft den Angeklagten vor, »das hochverräterische Unternehmen, mit Gewalt die Verfassung des Reichs zu ändern, vorbereitet zu haben«. Dazu kommen noch Wehrkraftzersetzung, Feindbegünstigung, Beeinflussung der Massen durch Herstellung und Verbreitung von Schriften.

Kurt Huber verteidigt den Widerstand eindringlich. Er habe eine »Weckung der studentischen Kreise nicht durch eine Organisation, sondern das schlichte Wort« bezweckt. Ein Staat, der »jegliche freie Meinungsäußerung unterbinde und unter die furchtbarsten Strafen stelle«, breche ein ungeschriebenes Recht. Seine jüngeren Mitstreiter hätten aus einer »uneigennützigsten und idealsten« Gesinnung heraus gehandelt. Sein Schlusswort richtet seine Mitangeklagten auf: »Ich habe gehandelt, wie ich aus einer inneren Stimme heraus handeln mußte. Ich nehme die Folgen auf mich nach dem schönen Wort Johann Gottlieb Fichtes: Und handeln sollst Du so, als hinge / Von dir und deinem Tun allein / Das Schicksal ab der deutschen Dinge / Und die Verantwortung wär Dein.« Sogar Freisler, der sonst oft so rabiate und aggressive Richter, der ständig Angeklagten ins Wort fällt, unterbricht Huber nicht.

Am späten Abend, gegen halb zwölf Uhr, verkündet Freisler dennoch drei weitere Todesurteile. Sie gelten Kurt Huber, Alexander Schmorell und Willi Graf. Zehn andere Angeklagte erhalten Freiheitsstrafen, weil sie Flugblätter weiterverbreitet oder »von dem hochverräterischen Unternehmen« gewusst und es nicht bei den Behörden angezeigt haben. Falk Harnack wird freigesprochen. Freisler und die anderen Richter bewerten seine Rolle wohl nicht als besonders maßgeblich, offiziell erfolgt der milde Spruch im Fall Harnack aus Mangel an Beweisen. Dass gerade erst sein Bruder hingerichtet worden war, das führte der Beschuldigte auch zu seiner Verteidigung an, weshalb er Scholl und Schmorell nicht bei den Behörden gemeldet habe, könnte ebenfalls eine Rolle gespielt haben.

Eugen Grimminger, für den der Oberreichsanwalt die Todesstrafe beantragt hat, muss für zehn Jahre ins Zuchthaus. Heinz Bollinger und Helmut Bauer bekommen Haftstrafen von sieben Jahren. Lafrenz erhält eine geringe Freiheitsstrafe von nur einem Jahr, weil Freisler sie für »ein dummes Mädchen« hält, das verführt wurde. Durch sie sei »die Sicherheit des Reiches nicht ernstlich gefährdet« gewesen. Auch Gisela Schertling und Katharina Schüddekopf kommen glimpflich davon. »Als Mädchen bekommen sie ein Jahr Gefängnis.« Heinrich Guter, dem dieselbe Tat vorgeworfen wird, erhält 18 Monate Haft. Hans Hirzel und Franz Müller, die »als unreife Burschen von Staatsfeinden verführt« die Flugblattproduktion unterstützten, sollen für fünf Jahre ihre Freiheit verlieren. Und Susanne Hirzel kommt für das Verteilen der Schriften, von deren Inhalt sie nichts gewusst habe, für sechs Monate ins Gefängnis.

Noch am Tag der Urteilsverkündung, um 23 Uhr 30, werden Kurt Huber und Alexander Schmorell in das Strafgefängnis Stadelheim gebracht. Schmorell erhält die Gefangenenbuchnummer H 200/43, Huber die Nummer H 201/43. Mit einem Stempel in blauer Farbe wird in der »Mitteilung der Aufnahme«, einer rosafarbenen Karte, der Hinweis »Todesstrafe« vermerkt. In einem weiteren Brief bittet Schmorells Vater um die Freigabe der Leiche zur Erdbestattung, sollte das Urteil vollstreckt werden.

Am selben Tag, an dem der Volksgerichtshof urteilt, beginnt im Warschauer Ghetto ein Aufstand. Juden wehren sich dort gegen ihre Deportation durch die SS. Den Ort hatten Hans

Scholl, Alexander Schmorell und Willi Graf bei ihrem Aufenthalt in der polnischen Hauptstadt besucht. Brutal gehen die Deutschen gegen die Aufständischen vor. Mehr als 13 000 Menschen sterben durch Schüsse der Deutschen oder durch Flammen und Rauch in angezündeten Gebäuden, 7 000 Überlebende verschleppt die SS in das Konzentrationslager Treblinka.

Die Staatspolizeistelle München teilt dem Oberreichsanwalt beim Volksgerichtshof am 24. April 1943 mit, dass »keine Tatsachen bekannt sind, die einen Gnadenerweis für die zum Tode verurteilten Schmorell, Huber und Graf rechtfertigen«. Sie sehe keinen Grund, die Urteile nicht zu vollstrecken: »Eine Begnadigung wird daher von hier nicht befürwortet.« Auch die Gauleitung München-Oberbayern und das Amt für Gnadensachen bei der »Kanzlei des Führers der NSDAP« lehnen eine Begnadigung ab. »Die drei Verurteilten haben sich in besonders schwerer Weise staatsfeindlich betätigt«, stellt die Kanzlei in einem Schreiben an den Oberreichsanwalt fest. »Ihre Straftat muß besonders deshalb mit der erkannten Strafe geahndet werden, weil Huber, Schmorell und Graf als Professor bzw. als Studenten in erhöhtem Maße verpflichtet waren, im jetzigen Kriege nicht nur jede staatsfeindliche Betätigung zu unterlassen, sondern ihre ganze Kraft für die Erreichung des Sieges einzusetzen.«

Fritz Hartnagel unterstützt die Scholls weiterhin. Er hatte sich dazu entschlossen, seine Vorgesetzten um eine Degradierung zu bitten. Da er sich als Offizier zu sehr in die Machenschaften des NS-Regimes verstrickt fühlt, das schließlich das Leben seiner Freundin auf dem Gewissen hat, will er als einfacher Gefreiter weiter dienen. Aber Robert Scholl hat ihn gebeten, diesen Schritt nicht zu gehen. Der Buchprüfer fürchtet, dass es Konsequenzen für alle geben könnte, wenn der Freund seiner

Tochter in Konflikt mit der Armee geraten sollte. Also bleibt Hartnagel ein Hauptmann der Wehrmacht. Da jeder Soldat einen Eid auf Adolf Hitler leisten muss, hätte ihm die Degradierung moralisch gesehen ohnehin wenig geholfen.

Den Kontakt zur Familie seiner toten Freundin hält er, obwohl ein Vorgesetzter ihm das verboten hat. Am 1. Mai 1943 schreibt er den Scholls: »Meine Lieben! Meine Gedanken sind bei Euch, so als ob sie dort zu Hause wären, und als ob sie dort zur Ruhe und Wärme finden könnten. Es ist mir unmöglich, diesem militärischen Getriebe anders mich einzufügen, als mit Sträuben und Widerwillen und mit dem ständigen Drängen, dem allem zu entfliehen.« Seine Nähe zu den Scholls fällt negativ auf. Am 19. Mai schreibt ihm der Kommandeur des Stab-Luftgau-Nachr-Rgt. (mot) 3 nach Ulm: »Die hiesige Abwehrstelle hat meine Aufmerksamkeit auf die Tatsache gelenkt, daß Sie noch immer Beziehungen zu der Familie Scholl unterhalten.« Der Oberst verlangt, dass sich Hartnagel nach seiner Rückkehr beim Kommandeur zu einer Rücksprache meldet. »Ich ersuche Sie weiter in Ihrem eigenen Interesse, bis dahin von einem Verkehr mit der Familie Scholl Abstand zu nehmen.« Fritz Hartnagel ignoriert diesen Wunsch, der im Befehlston übermittelt wird. Auch, dass der Militärgeheimdienst ihn im Blick hat, hält ihn nicht davon ab, die Verbindung zu den Scholls aufrechtzuerhalten.

Am 25. Juni 1943 lehnt Adolf Hitler die Begnadigungsgesuche für Alexander Schmorell und Kurt Huber ab. Wenige Wochen später erfahren sie den Exekutionstermin. In seinem Abschiedsbrief an seinen Vater und die Stiefmutter schreibt »Shurik« tröstend: »Für Euch ist dieser Schlag leider schwerer als für mich, denn ich gehe hinüber in dem Bewußtsein, meiner tiefen Überzeugung und Wahrheit gedient zu haben. Dies läßt mich mit ruhigem Gewissen der nahen Todesstunde entgegensehen.« Bei

Gott werde er für seine Eltern um innere Ruhe bitten, schreibt er. »Denkt an die Millionen von jungen Menschen, die draußen im Felde ihr Leben lassen – ihr Los ist auch das Meinige.«

Auch Kurt Huber geht, ohne seinen Widerstand zu bereuen. In seinem Abschiedsbrief wünscht er sich von seiner Frau Clara und den Kindern, dass sie stolz seien auf ihren Anteil »am Kampf um ein neues Deutschland«. Als P.S. fügt er hinzu: »Einen letzten tapferen Schluck des edlen Portweins trinke ich auf Euer Wohl und auf das unseres geliebten Vaterlandes!« Sein Sohn Wolfgang ist vier, seine Tochter Birgit dreizehn Jahre alt.

Der Scharfrichter Reichhart enthauptet den Medizinstudenten und den Professor am 13. Juli 1943. »Angelegenheit heute ohne Zwischenfall erledigt«, teilt die Oberstaatsanwaltschaft München I nach der Hinrichtung in einem Telegramm dem Oberreichsanwalt mit. Zwei Tage später erfolgt eine ausführlichere Meldung: »Der Hinrichtungsvorgang dauerte vom Verlassen der Zelle an gerechnet 46 bzw. 44 Sekunden, von der Übergabe an den Scharfrichter bis zum Fall des Beiles 8 bzw. 9 Sekunden. Zwischenfälle oder sonstige Vorkommnisse von Bedeutung sind nicht zu berichten.« Der katholische Gefängnispfarrer Ferdinand Brinkmann, der Kurt Huber während seiner letzten Tage begleitet hat, nennt die Hinrichtung des Professors ein »geistiges« Stalingrad.

Am Tag der Hinrichtung beginnt am Sondergericht 2 beim Landgericht München I ein weiterer Prozess gegen Angehörige des Widerstandes. Der Buchhändler Josef Söhngen, der Architekt Manfred Eickemeyer, der Kunstmaler Wilhelm Geyer und Harald Dohrn, der Schwiegervater Probsts, müssen sich wegen ihrer Unterstützung des Scholl-Schmorell-Kreises verantworten. Söhngen, der von Hans Scholl in einige Aktionen eingeweiht wurde, erhält eine Freiheitsstrafe von sechs Monaten. Die anderen Angeklagten werden freigesprochen.

Thomas Mann nennt am 27. Juni 1943 in einer Rundfunkansprache in der BBC die Hinrichtung der Mitglieder der »Weißen Rose« einen »Märtyrertod unterm Beil«. In ihren Flugblättern hätten Worte gestanden, »die vieles gut machen, was in gewissen unseligen Jahren an Universitäten gegen den Geist deutscher Freiheit gesündigt worden« sei. Und am Ende seiner Rede prophezeit der Literaturnobelpreisträger: »Ihr sollt nicht umsonst gestorben sein, sollt nicht vergessen sein. Die Nazis haben schmutzigen Rowdys, gemeinen Killern in Deutschland Denkmäler gesetzt – die deutsche Revolution, die wirkliche, wird sie niederreißen und an ihrer Stelle eure Namen verewigen, die ihr, als noch Nacht über Deutschland und Europa lag, wußtet und verkündetet: ›Es dämmert ein neuer Glaube an Freiheit und Ehre.‹«

Im darauffolgenden Monat veröffentlicht die Zeitschrift ›Internationale Literatur‹ einen Text Johannes R. Bechers. In seiner Versdichtung ›Die Drei‹ heißt es: »Es waren drei. Drei sind vorangegangen, um in der Zukunft uns voranzugehn. In dreien hat das Neue angefangen. Drei blieben als ein Denkmal in uns steh'n.« Und Oskar Kokoschka schreibt: »Also im III. Reich revoltiert noch eine Jugend dagegen, daß nicht dieser Zweite Weltkrieg auch wieder als ein kolossaler Selbstbetrug der Menschheit ende.«

Die Bitte der Familie Graf, den Sohn und Bruder zu verschonen, weist das Gaustabsamt, Hauptstelle »Gnadengesuche«, zurück. »Hochverrat ist das größte und gemeinste Verbrechen, das ein Deutscher überhaupt begehen kann«, heißt es in der Antwort. »Ich lehne deshalb auf Anordnung des Gauleiters jeden Gnadenerweis ab, Heil Hitler!«

Dennoch bleibt Willi Graf auf Wunsch der Gestapo länger am Leben als die anderen zum Tode Verurteilten. Die Ermittler erhoffen sich, von ihm noch Namen weiterer Mitverschwörer zu erhalten. Insgesamt zehn Mal wird er verhört, aber er bleibt willensstark und nennt keine Mittäter.

Schließlich wird der Termin für seine Hinrichtung für den 12. Oktober 1943 angesetzt. In seinem Abschiedsbrief an seine Schwester Anneliese bittet er darum, den Kampf fortzusetzen. Seine letzte Botschaft lautet: »Du weißt, daß ich nicht leichtsinnig gehandelt habe, sondern daß ich aus tiefster Sorge und dem Bewußtsein der ernsten Lage gehandelt habe. Sag auch allen anderen Freunden meinen letzten Gruß. Sie sollen weiter tragen, was wir begonnen haben.« Und weiter: »Ich danke Dir für alles, was Du mir gegeben hast und wir bleiben in Liebe vereint.« Dann wird er im Gefängnis Stadelheim mit der Guillotine hingerichtet.

Seine Schwester Anneliese ist sicher, dass ihr Bruder seinen Widerstand bis zum Schluss nicht bereut hat. Natürlich habe er nicht sterben wollen. Aber in den langen Monaten zwischen Festnahme und Hinrichtung habe ihn sicher nicht die Frage gequält: Warum habe ich das getan?

Mehr als 60 Personen werden bis April 1945 von der NS-Justiz verfolgt, in den Tod getrieben oder zu Haftstrafen verurteilt, weil sie die Flugblätter der »Weißen Rose« verteilt, hergestellt, kopiert, weitergegeben oder vom Widerstand der Münchner Studenten gewusst haben.

Die Flugblätter, die Sophie und Hans Scholl, Christoph Probst, Alexander Schmorell, Kurt Huber, Willi Graf und schließlich auch Hans Leipelt das Leben und so viele Mitstreiter und Sympathisanten die Freiheit kosteten, gelangen ins Ausland, das VI. Flugblatt etwa über Norwegen und Schweden nach Großbritannien. Helmuth James Graf von Moltke vom Kreisauer Kreis, der für den Militärgeheimdienst, die Abwehr, arbeitet, übersetzt den Text und übergibt ihn zusammen mit weiteren Informationen an den Bischof von Oslo und wohl auch an einen Journalisten. Nun wird das Flugblatt nachgedruckt und von britischen Flugzeugen über Deutschland abgeworfen. Hunderttausendfach verteilt die Royal Air Force die letzte Schrift der »Weißen Rose«. Auch die Exilpresse und die BBC berichten darüber. Deren Schlussappell lautet: »Nur in großzügiger Zusammenarbeit der europäischen Völker kann der Boden geschaffen werden, auf welchem ein neuer Aufbau möglich sein wird. [...] Jedes Volk, jeder Einzelne hat ein Recht auf die Güter der Welt! Freiheit der Rede, Freiheit des Bekenntnisses, Schutz des einzelnen Bürgers vor der Willkür verbrecherischer Gewaltstaaten, das sind die Grundlagen des neuen Europa.«

Die »Weiße Rose« war ihrer Zeit voraus. Bis heute ist sie unvergessen.

Weitere Entwicklung

Die Scholls bleiben in »Sippenhaft«. Magdalena, Inge und Elisabeth Scholl kommen gemeinsam in Zelle 1, einen recht großen Raum im ersten Stock des Ulmer Gefängnisses, Robert Scholl wird im Männertrakt in eine enge Einzelzelle gesteckt. Inge und ihre Mutter müssen fünf Monate lang dort ausharren, Elisabeth wird bereits nach zwei Monaten entlassen, weil sie an einer chronischen Blasenentzündung und Nierenproblemen leidet. Auf Robert Scholl warten zusätzlich zu den festgesetzten neuneinhalb Monaten wegen eines »Rundfunkverbrechens« weitere 18 Monate Haft. Er wird am 21. Dezember 1943 in das Zuchthaus Kislau bei Bruchsal verlegt. Nach dem Zweiten Weltkrieg wird er zum Oberbürgermeister von Ulm ernannt.

Inge Scholl gibt später an, der Ulmer Gestapobeamte Anton Rechsteiner habe verhindert, dass die Familie in Konzentrationslager eingewiesen wurde. Nach dem Krieg heiratet sie Otl Aicher. Ihre Erinnerungsarbeit ist unter Historikern nicht unumstritten, da sie sich sehr auf ihre Geschwister konzentrierte und die Geschichtsschreibung kontrollieren wollte. Ihr großes Archiv über die »Weiße Rose« wird heute vom Institut für Zeitgeschichte München betreut und der Öffentlichkeit zugänglich gemacht.

Werner Scholl muss, nachdem er im Fronturlaub von seinem Bruder Hans und seiner Schwester Sophie für immer Abschied genommen hat, zurück an die Ostfront. Er gilt seit

Anfang Juni 1944 als vermisst. Sein weiteres Schicksal ist unbekannt. Später wird er für tot erklärt.

Fritz Hartnagel überlebt den Krieg. Kurz bevor die Amerikaner Halle an der Saale erreichen, wo er Kommandeur einer Luftwaffenschule ist, fordert er seine Männer auf, die Waffen niederzulegen. Daraufhin versuchen ein Offizier und ein Feldwebel ihn festzunehmen. Sein Adjutant, der ihn befreien will, erleidet einen Bauchschuss, an dem er später stirbt. Hartnagel aber kann entkommen und geht mit seinen Soldaten in amerikanische Kriegsgefangenschaft. Später heiratet er Sophies ältere Schwester Elisabeth Scholl.

Fritz Hartnagel studiert Jura, wird Richter in Ulm und dann in Stuttgart. Im Gericht hat er es oft mit Kollegen und Anwälten zu tun, die in NS-Verbrechen verstrickt waren und dafür nie belangt wurden. Hartnagel tritt in die SPD ein, stellt sich als Pazifist gegen die Wiederbewaffnung der Bundesrepublik und später gegen die nukleare Aufrüstung. Über seine Liebe zu Sophie Scholl und über seine Zeit in Stalingrad spricht er so gut wie nie öffentlich. Fritz Hartnagel stirbt am 29. April 2001. Einer seiner vier Söhne, Thomas Hartnagel, gibt 2005 den Briefwechsel zwischen seinem Vater und seiner Tante Sophie Scholl heraus, ein bewegendes Zeitdokument.

Clara Huber, die Frau des ermordeten Professors, kommt in Sippenhaft, ebenso wie Hubers Schwester. Anneliese Graf und Angelika Probst bleiben monatelang wegen des Verdachts auf »Mitwisserschaft« in Untersuchungshaft. Sie teilen sich für einige Wochen eine Zelle und geben sich gegenseitig Kraft. Gestapobeamte drohen ihnen, sie in ein Konzentrationslager zu überstellen, doch die Frauen können die Ermittler schließlich davon überzeugen, vom Widerstand ihrer Brüder nichts gewusst zu haben. Sie dürfen ihre Zelle verlassen.

Traute Lafrenz kommt Ende März 1944 frei – und wird nur kurz darauf erneut verhaftet. Ein ehemaliger Hamburger Mitschüler hat gegenüber der Gestapo angegeben, ein Flugblatt der »Weißen Rose« von ihr erhalten zu haben. Nach Aufenthalten in unterschiedlichen Gefängnissen wird sie im April 1945 in Bayreuth von amerikanischen Soldaten aus der Haft befreit. Sie wandert 1947 in die Vereinigten Staaten aus, heiratet und bekommt vier Kinder, die lange nicht wissen, dass ihre Mutter zum Widerstand gehörte. Traute Lafrenz sieht sich selbst nicht als Heldin und will sich auch nicht von anderen verklären lassen.

Auch Jürgen Wittenstein emigriert in die Vereinigten Staaten. Er arbeitet dort als Facharzt und lässt sich im kalifornischen Santa Barbara nieder. Seine Fotos der Freunde am Münchner Ostbahnhof, bevor sie an die Ostfront aufbrechen, sowie aus der Famulatur in Russland werden weltberühmt. Sehr spät spricht Wittenstein als Zeitzeuge über seine Erlebnisse mit den Scholls, mit Graf, Furtwängler und Schmorell. Nicht alle seine Erinnerungen werden von den anderen Weggefährten, die überlebt haben, geteilt.

Eugen Grimminger bleibt fast bis zum Ende des Krieges in Haft, seine Frau Jenny überlebt nicht. Sie wird aus dem KZ Ravensbrück in das Vernichtungslager Auschwitz gebracht, wo sie am 2. Dezember 1943 stirbt. Als ihr Mann davon erfährt, unternimmt er einen Suizidversuch. Im April 1945 wird Grimminger aus dem Zuchthaus Ludwigsburg entlassen. Später heiratet er seine frühere Sekretärin Tilly Hahn, die ihn mit einer Aussage bei der Gestapo wohl vor einem härteren Urteil bewahrt und selber den Kreis um Scholl und Schmorell mit Kurierdiensten unterstützt hat.

Josef Furtmeier kommt im März 1943 wieder frei. Vier Wochen lang wird er unzureichend versorgt, leidet Hunger und wird immer wieder verhört. Er überlebt den Krieg. Am 26. Mai 1945 schreibt er in einem Brief: »Es hat so lang gedauert und es war so schwer! Das Jahr 1943 weißt Du! Hans Scholl, seine Schwester, ›Christl‹ Probst, Prof. Huber und die Anderen, liebe Freunde – alle tot, alle fort – gemordet! Als wären sie nie gewesen!«

Heinz Bollinger und Helmut Bauer bleiben ebenfalls fast bis Kriegsende in Haft. Im Zuchthaus Ludwigsburg arbeitet Bollinger als Bibliothekar. Nach der deutschen Kapitulation kann er bald weiterstudieren. Er wird später Professor für Psychologie. Bauer übersteht seine Haft im NS-Staat ebenfalls. Er stirbt wenige Jahre nach dem Ende des Weltkrieges.

Willi Bollinger wird im April 1944 in Saarbrücken der Prozess gemacht. Er wird zu drei Monaten Haft verurteilt, da er die »Anzeige unterließ, um einen Jugendkameraden u. nicht etwa einen beliebigen Dritten zu schonen«.

Hans Hirzel kommt in die Justizvollzugsanstalt Heilbronn. Er schließt sich nach dem Zweiten Weltkrieg erst der CDU und dann den rechtsextremen Republikanern an. Bei den Rechtsradikalen wird Hirzel stellvertretender Bundesvorsitzender.

Hans Leipelt, der Student der Chemie, der gemeinsam mit seiner Freundin Marie-Luise Jahn das VI. Flugblatt vervielfältigt hat, fliegt im Herbst 1943 auf. Er wird ebenso wie seine Freundin festgenommen, nachdem ihn ein Bekannter bei der Gestapo denunziert hat. Vorgeworfen werden ihnen gemeinschaftlich begangenes Rundfunkverbrechen, der Besitz staatsgefährdender Schriften und Flugblätter sowie die Spendensammlung für die Witwe von Kurt Huber.

Im Oktober 1944 wird Leipelt vor dem 2. Senat des Volksgerichtshofes trotz einer Entlastungsaussage seines Professors Heinrich Wieland zum Tode verurteilt. Am 29. Januar 1945, drei Monate, bevor die Amerikaner in München einmarschieren, wird das Urteil vom Henker Johann Reichhart vollstreckt.

Johann Reichhart wird nach dem Krieg von der amerikanischen Besatzungsmacht für kurze Zeit inhaftiert, dann aber als Scharfrichter weiterbeschäftigt. Nun vollstreckt er im Kriegsverbrechergefängnis Landsberg das Todesurteil an Nationalsozialisten. Nach seiner erneuten Festnahme im April 1947 kommt er in das Internierungs- und Arbeitslager Moorburg, später lebt er in der Nähe von München. In seiner langen Laufbahn soll er 3 165 Menschen exekutiert haben.

Gauleiter Giesler bleibt fanatischer Nationalsozialist bis zum Schluss. Noch einen Tag vor dem Einmarsch der Amerikaner lässt er in Penzberg 16 Arbeiter erschießen, die verhindern wollten, dass ihr Bergwerk gesprengt wird. Nachdem die US-Truppen in Bayern eingerückt sind, stirbt Giesler vermutlich an den Folgen eines Selbstmordversuchs.

Walter Roemer, der Staatsanwalt, der Todesurteile für die Scholls und Probst forderte, bleibt nach dem Krieg unbehelligt. Er wird im Nürnberger Juristenprozess nicht angeklagt, sondern als Zeuge vernommen. Zwischen 1945 und 1950 arbeitet er für das Bayerische Staatsministerium für Justiz, dann wechselt er ins Bundesjustizministerium. Als Ministerialdirektor leitet er bis zu seiner Pensionierung 1968 die Abteilung für öffentliches Recht und ist damit auch für Grund- und Menschenrechte zuständig.

Der ehemalige Gestapobeamte Anton Rechsteiner erhält am 14. Dezember 1953 vom Justizministerium Baden-Württemberg die Bescheinigung, »nicht mehr betroffen« im Sinne der Gesetze zur politischen Säuberung zu sein.

Rechsteiners Kollege Robert Mohr von der Geheimen Staatspolizei in München wird nach den Ermittlungen gegen die Widerstandsgruppe befördert und Chef der Gestapo im elsässischen Mulhouse. Zwei Jahre nach dem Krieg nehmen ihn französische Ermittler fest. Mohr kommt nur kurz in Haft. Ab 1948 arbeitet er bei der Kurverwaltung in Bad Dürkheim.

Roland Freisler verurteilt weitere Widerstandskämpfer zum Tode, darunter Verschwörer, die am Attentat vom 20. Juli 1944 auf Hitler beteiligt waren. Er führt gegen die Angeklagten Schauprozesse, in denen er sich abermals als Blutrichter des NS-Systems erweist. Freisler stirbt am 3. Februar 1945 bei einem Bombenangriff der Alliierten in Berlin.

Der Universitätsschlosser Jakob Schmid bekommt 1943 eine Belohnung von 3 000 Mark, weil er die Scholls gestellt hat. Er wird vom Arbeiter zum Angestellten befördert. Nach der deutschen Niederlage gehen Ermittler der Alliierten 1946 gegen ihn vor. In einem Spruchkammerverfahren wird er als Hauptbelasteter eingestuft und zu fünf Jahren Arbeitslager verurteilt. Er verliert seinen Anspruch auf öffentliche Bezüge und das Recht, ein öffentliches Amt auszuüben. Schmid gibt an, dass er lediglich seine Pflicht getan habe, legt aber vergeblich Berufung ein.

Friedrich Paulus, der Generalfeldmarschall, überlebt den Krieg als Gefangener der UdSSR. Er sagt im Februar 1946 als Zeuge vor dem Internationalen Kriegsverbrechertribunal in Nürnberg aus, lebt später in der DDR und stirbt dort 1957.

Von mehr als 91 000 in Stalingrad gefangen genommenen deutschen Soldaten kehren lediglich 6 000 in die Heimat zurück. Insgesamt sterben in Russland etwa drei Millionen deutsche Soldaten. Die Zahl der russischen Opfer ist ungleich höher: Mehr als 25 Millionen Sowjetbürger kommen im Zweiten Weltkrieg ums Leben, darunter deutlich mehr Zivilisten als Militärangehörige. Deutschland hat insgesamt sieben Millionen Todesopfer zu beklagen.

Am 4. November 1945 erinnert München mit einer im Radio übertragenen Gedenkfeier im Schauspielhaus an die Ermordeten der »Weißen Rose«. Zu den Rednern gehört auch Josef Furtmeier. »Dies sind die Tage, an denen die Menschen an die Gräber treten und die Toten mit den Zeichen jener Liebe bedenken, die sie den Lebenden so gern verweigern«, sagt der Freund und Mentor von Hans und Sophie Scholl. »So haben auch wir Sie heute hierher gebeten, um einiger Menschen zu gedenken, deren Schicksal unser Herz erschütterte und deren Glaube an das Gute in unserem Volke auch unseren zagenden Glauben beleben soll.«

Dank

Bei meinen Recherchen unterstützten mich Dr. Inge Wenge und Josef Naßl vom Dokumentationszentrum Oberer Kuhberg in Ulm mit wertvollen Informationen über die Familie Scholl und gewährten Zugang zum Archiv. Bei einer sehr interessanten Führung durch das Fort, das von 1933 bis 1935 als Konzentrationslager diente, habe ich mein Wissen über die Verfolgung in Ulm während der NS-Zeit vertiefen können.

Martin Walter vom Kreisarchiv Rastatt hat mich mit Informationen über Anneliese Knoop-Graf versorgt, die Schwester von Willi Graf, die später in Bühl gelebt und über deren Wirken in der Erinnerungsarbeit er einen Aufsatz geschrieben hat.

Mehrere Mitarbeiter des Bundesarchivs haben mir an den Standorten Berlin und Freiburg bei Recherchen geholfen. Trotz Corona-Pandemie und sich ständig ändernden Arbeitsbedingungen waren sie stets freundlich und hilfsbereit. Ebenso hilfsbereit war das Personal des Instituts für Zeitgeschichte in München.

Bei Gesprächen mit Thomas Hartnagel, einem Sohn von Elisabeth Scholl und Fritz Hartnagel, und Klaus Beer, einem Freund des früheren Hauptmanns und späteren Richter, habe ich viel über Fritz Hartnagel erfahren.

Die Hamburger Historikerin Angela Bottin hat mich auf einige Fehler in der Geschichtsschreibung über Hans Leipelt hingewiesen und mich mit ihren fachkundigen Aufsätzen zum Widerstand versorgt.

DANK

Thomas Hölzl hat als Literaturagent auch dieses Buchprojekt gewohnt kompetent begleitet und ermöglicht.

Dank gebührt auch Rüdiger Barth, der mir viele gute Ratschläge gegeben hat, Nils Wieruch, der nach Unstimmigkeiten im Text gefahndet hat, Hannah Schuh und Arne Mayntz, die zu den ersten Lesern und Feedbackgebern gehörten, Monika und Tim Cruse sowie Vanessa Fleige für viele gute Formulierungshilfen, Martina und Jonathan Friederichs sowie Wolfgang Cruse für viel Geduld und Unterstützung jedweder Art.

Abkürzungen

B-17 schwerer US-Bomber, produziert von Boeing
BARCH Bundesarchiv
BBC British Broadcasting Corporation
BDM Bund Deutscher Mädel
BMW Bayerische Motoren Werke
BTL. Bataillon
BZW. beziehungsweise
CAND. Candidatus
CL Close (Funkersprache für geschlossene Sendestation)
D. H. das heißt
DJ. 1.11 Deutsche Jungenschaft vom 1. November 1929
DR. Doktor
FLAK Flugabwehrkanone
Gestapo Geheime Staatspolizei
HE Heinkel
HJ Hitlerjugend
I. S. D. im Sinne des
JU Junkers
KM Kilometer
KL Konzentrationslager
KZ Konzentrationslager
LED. ledig
LKW Lastkraftwagen
LT. Leutnant
MED. Medizin
MOT. motorisiert
NACHR. Nachrichten
NKWD russisch für: Volkskommissariat für Innere Angelegenheiten
NR. Nummer
NS nationalsozialistisch
NSDAP Nationalsozialistische Deutsche Arbeiterpartei
NSKK Nationalsozialistisches Kraftfahrerkorps
OKH Oberkommando des Heeres
OKW Oberkommando der Wehrmacht
OP Operationssaal
PKW Personenkraftwagen
POL.REVIER Polizeirevier
PROF. Professor
PS Postscriptum
RAD Reichsarbeitsdienst
RAF Royal Air Force
RGT. Regiment
RMVP Reichsministerium für

Volksaufklärung und Propaganda
SA Sturmabteilung der NSDAP
SD Sicherheitsdienst der SS
SONDK. Sonderkommission
SS Schutzstaffel der NSDAP
STAPO Staatspolizei
StGB Strafgesetzbuch
UdSSR Union der Sozialistischen Sowjetrepubliken
USA Vereinigte Staaten von Amerika
U. und
VolksGH Volksgerichtshof
ZIFF. Ziffer

Literatur und Quellen (Auswahl)

Autobiografien und Briefsammlungen

Aicher, Otl: Innenseiten des Krieges, S. Fischer, Frankfurt am Main 1985.

Aicher-Scholl, Inge (Hrsg.): Sippenhaft. Nachrichten und Botschaften der Familie in der Gestapo-Haft nach der Hinrichtung von Hans und Sophie Scholl, S. Fischer, Frankfurt am Main 1993.

Aicher-Scholl, Inge: Widerstand als Grunderfahrung, in: Noack, Paul (Hrsg.): Freiheit muss erkämpft werden. Hildegard Hamm-Brücher – Profil einer Politikerin, Piper Verlag, München/Zürich 1919, S. 15–27.

Alt, Karl: Todeskandidaten. Erlebnisse eines Seelsorgers im Gefängnis München-Stadelheim mit zahlreichen im Hitlerreich zum Tode verurteilten Männern und Frauen, Neubau-Verl. Gross, München 1946.

Andreas-Friedrich, Ruth: Der Schattenmann. Tagebuchaufzeichnungen 1938–1945, Suhrkamp, Berlin 1986.

Bassler, Sibylle: Die Weiße Rose. Zeitzeugen erinnern sich, Rowohlt, Reinbek 2006.

Brautmeier, Jürgen: »Frontbewährung« in Stalingrad. Feldpostbriefe des Gefreiten Hans Rappe aus Delbrück/Westfalen, in: Geschichte im Westen, Jahrgang 1993, Heft 2, S. 166–192.

Ebert, Jens (Hrsg.): Junge deutsche und sowjetische Soldaten in Stalingrad. Briefe, Dokumente und Darstellungen, Sonderausgabe für die Bundeszentrale für politische Bildung, Bonn 2018.

Furtmeier, Josef: Ein Weggefährte der Geschwister Scholl. Die Briefe des Josef Furtmeier 1938–1947, hrsg. von: Zankel, Sönke/Hikel, Christine, Deutscher Taschenbuch Verlag, München 2005.

Gieles, Josef: Studentenbriefe 1939–1942. Widerständiges Denken im Umfeld der Weißen Rose, hrsg. von: Kanz, Heinrich, Peter Lang, 2. Aufl., Frankfurt am Main 2013.

Graf, Willi: Briefe und Aufzeichnungen, hrsg. von: Knoop-Graf, Anneliese/Jens, Inge, Fischer Taschenbuch Verlag, Frankfurt am Main 1994.

Haberstroh, Georg: Erinnerungen an Krieg und Gefangenschaft. August 1939 bis Januar 1950, hrsg. von: Haberstroh, Armin, Pro Business, Berlin 2017.

Haffner, Sebastian: Schreiben für die Freiheit. 1942–1949: Als Journalist im Sturm der Ereignisse, Fischer Taschenbuch Verlag, Frankfurt am Main 2003.

Hassel, Ulrich von: Die Hassell-Tagebücher, 1938–1944, hrsg. von: Friedrich Freiherr Hiller von Gaetringen, Siedler, Berlin 1988.

Hellbeck, Jochen: Die Stalingrad Protokolle. Sowjetische Augenzeugen berichten aus der Schlacht, Fischer Taschenbuch Verlag, Frankfurt am Main 2014.

Hirzel, Hans: Flugblätter der Weißen Rose in Ulm und Stuttgart, in: Lill, Rudolf (Hrsg.): Hochverrat? Die »Weiße Rose« und ihr Umfeld, Universitätsverlag Konstanz, Konstanz 1993, S. 89–119.

Hirzel, Susanne: Vom Ja zum Nein. Eine schwäbische Jugend 1933 bis 1945, Silberburg-Verlag, Tübingen 2000.

Jens, Inge (Hrsg.): Hans Scholl. Sophie Scholl. Briefe und Aufzeichnungen, S. Fischer, Frankfurt am Main 1984.

Kanz, Heinrich (Hrsg.): Der studentische Freundeskreis der Weißen Rose. Ausgewählte Brief- und Tagebuchauszüge, Peter Lang, Frankfurt am Main 2011.

Keller, Rolf: »Die kamen in Scharen hier an, die Gefangenen«. Sowjetische Kriegsgefangene, Wehrmachtsoldaten und deutsche Bevölkerung in Norddeutschland 1941/42, in: KZ-Gedenkstätte Neuengamme (Hrsg.): Rassismus in Deutschland, Edition Temmen, Bremen 1994, S. 35–53.

Kellmann, Klaus: Dimension der Mittäterschaft. Die europäische Kollaboration mit dem Dritten Reich, Lizenzausgabe, Bundeszentrale für politische Bildung, Bonn 2019.

Klee, Ernst: Das Personenlexikon zum Dritten Reich. Wer war was vor und nach 1945, Fischer Taschenbuch Verlag, 5. Aufl., Frankfurt am Main 2013.

Knoop-Graf, Anneliese: Hochverräter? Willi Graf und die Ausweitung des Widerstands, in: Lill, Rudolf (Hrsg.): Hochverrat? Die »Weiße Rose« und ihr Umfeld, Universitätsverlag Konstanz, Konstanz 1993, S. 43–88.

König, Wolfhilde von: Kriegstagebuch einer jungen Nationalsozialistin. Die Aufzeichnungen Wolfhilde von Königs 1939–1946, hrsg. von: Keller, Sven, De Gruyter Oldenbourg, Berlin/Boston 2015.

Kühne, Thomas: Der Judenretter und seine Kameraden. Gemeinschaftsmoral und Gemeinschaftsterror in der Wehrmacht, in: Wette, Wolfram (Hrsg.): Retter in Uniform. Handlungsspielräume im Vernichtungskrieg der Wehrmacht, S. Fischer, 2. Aufl., Frankfurt am Main 2002, S. 32–43.

Kumpfmüller, Michael: Die Schlacht von Stalingrad. Metamorphosen eines deutschen Mythos, Wilhelm Fink Verlag, München 1995.

Misch, Rochus: Der letzte Zeuge. »Ich war Hitlers Telefonist, Kurier und Leibwächter«, Pendo, Zürich/München 2008.

Moltke, Helmuth James Graf von: Letzte Briefe. Bericht aus Deutschland im Jahre 1943. Letzte Briefe aus dem Gefängnis Tegel 1945, Diogenes, Zürich 1997.

Probst, Christoph/Schmorell, Alexander: Gesammelte Briefe, hrsg. von: Moll, Christiane, Lukas Verlag, Berlin 2011.

Rocholl, Horst: Ein Arzt in Stalingrad. Feldpostbriefe und Gefangenenpost des Regimentsarztes Horst Rocholl 1942–1953, hrsg. von: Ebert, Jens, Wallstein Verlag, Göttingen 2009.

Scholl, Inge: Die Weiße Rose, Fischer Taschenbuch Verlag, Frankfurt am Main 1992.

Scholl, Sophie/Hartnagel, Fritz: Damit wir uns nicht verlieren. Briefwechsel 1937–1943, hrsg. von: Hartnagel, Thomas, Fischer Taschenbuch Verlag, Frankfurt am Main 2005.

Schröder, Johannes: Waches Gewissen – Aufruf zum Widerstand. Reden und Predigten eines Wehrmachtspfarrers aus sowjetischer Gefangenschaft 1943–1945, hrsg. von: Godt, Christiane et al., Wallstein Verlag, Göttingen 2021.

Seydlitz, Walther von: Nach Stalingrad. Walther von Seydlitz' Feldpostbriefe und Kriegsgefangenenpost, hrsg. von: Diedrich, Torsten/Ebert, Jens, Wallstein Verlag, Göttingen 2018.

Speer, Albert: Erinnerungen, Ullstein, 2. Aufl., München 2005.

Stolten, Inge: Das alltägliche Exil. Leben zwischen Hakenkreuz und Währungsreform, Verlag J. H. W. Dietz Nachf., Bonn 1982.

Wette, Wolfram/Ueberschär, Gerd R. (Hrsg.): Stalingrad. Mythos und Wirklichkeit einer Schlacht, Fischer Taschenbuch Verlag, Frankfurt am Main 1992.

Zank, Horst: Stalingrad. Kessel und Gefangenschaft, Mittler Verlag, Herford/Berlin/Bonn 1993.

Verwendete Fachliteratur

Altgeld, Wolfgang: Über Hans und Sophie Scholl, in: Lill, Rudolf (Hrsg.): Hochverrat? Die »Weiße Rose« und ihr Umfeld, Universitätsverlag Konstanz, Konstanz 1993, S. 13–41.

Altrichter, Helmut: Kleine Geschichte der Sowjetunion 1917–1991, C.H.Beck, München 1993.

Altrichter, Helmut: Stalin. Der Herr des Terrors. Eine Biografie, C.H.Beck, München 2018.

Aretz, Bernd: Mit gefesselten Händen. Kurzporträts und Briefe von Verfolgten des NS-Regimes, Verlag Neue Stadt, München 2017.

Baigent, Michael/Leigh, Richard: Geheimes Deutschland. Stauffenberg und die Hintergründe des Attentats vom 20. Juli 1944, Knaur, München 1994.

Bald, Detlef: Die »Weiße Rose«. Von der Front in den Widerstand, Aufbau-Verlag, Berlin 2003.

Bald, Detlef: »Wider die Kriegsmaschinerie«. Kriegserfahrung und

Motive des Widerstandes der »Weißen Rose«, Klartext, Essen 2005.

Beevor, Antony: Stalingrad, Pantheon, München 2010.

Benz, Wolfgang: Im Widerstand. Größe und Scheitern der Opposition gegen Hitler, C.H.Beck, München 2018.

Berghahn, Volker: Der Erste Weltkrieg, C.H.Beck, 3. Aufl., München 2006.

Beuys, Barbara: Sophie Scholl. Biografie, Insel Taschenbuch, 3. Aufl., Berlin 2011.

Blaha, Tatjana: Willi Graf und die Weiße Rose. Eine Rezeptionsgeschichte, K. G. Saur, München 2003.

Blazek, Matthias: Scharfrichter in Preußen und im Deutschen Reich 1866–1945, ibidem Verlag, Stuttgart 2010.

Bogen, Ralf: Denunziation und Verhaftungen: Die Mitstreiter der Weißen Rose in Württemberg, in: Bauz, Ingrid/Brüggemann, Sigrid/Maier, Roland (Hrsg.): Die Geheime Staatspolizei in Württemberg und Hohenzollern, Schmetterling Verlag, Stuttgart 2013, S. 214–219.

Bogen, Ralf: »Vorkämpfer im Kampfe um die Ausrottung der Homosexualität«, in: Bauz, Ingrid/Brüggemann, Sigrid/Maier, Roland (Hrsg.): Die Geheime Staatspolizei in Württemberg und Hohenzollern, Schmetterling Verlag, Stuttgart 2013, S. 305–320.

Bontrup, Heinz-J./Zdrowomyslaw, Norbert: Die deutsche Rüstungsindustrie. Vom Kaiserreich bis zur Bundesrepublik, Distel Verlag, Heilbronn 1988.

Bottin, Angela: Enge Zeit. Spuren Vertriebener und Verfolgter der Hamburger Universität im Auditorium Maximum, Universität Hamburg, Hamburg 1991.

Bottin, Angela: »Ich zähle mehr als meine Jahre …« Hans K. Leipelt – * 18. Juli 1921–† 29. Januar 1945, Lebensorte: Wien – Hamburg – Donauwörth – München, Vortrag an der Hans-Leipelt-Schule Donauwörth, 29. Januar 2020.

Breinersdorfer, Fred (Hrsg.): Sophie Scholl. Die letzten Tage, Fischer Taschenbuch Verlag, Frankfurt am Main 2005.

Brenner, Heinz A.: Dagegen. Widerstand Ulmer Schüler gegen die deutsche Nazi-Diktatur, Rud. Roth & Cie KG, Leutkirch im Allgäu o. J.

Bromberger, Barbara / Mausbach, Hans: Ärzte im Widerstand, in: Dies. / Thomann, Klaus-Dieter (Hrsg.): Medizin, Faschismus und Widerstand. Drei Beiträge, Pahl-Rugenstein, Köln 1985, S. 263–340.

Brüggemann, Sigrid: Die Verfolgung katholischer und evangelischer Geistlicher, in: Dies. / Bauz, Ingrid / Maier, Roland (Hrsg.): Die Geheime Staatspolizei in Württemberg und Hohenzollern, Schmetterling Verlag, Stuttgart 2013, S. 220–248.

Chaussy, Ulrich / Ueberschär, Gerd R.: »Es lebe die Freiheit«. Die Geschichte der Weißen Rose und ihrer Mitglieder in Dokumenten und Berichten, Fischer Taschenbuch Verlag, 3. Aufl., Frankfurt am Main 2019.

Chlewnjuk, Oleg: Stalin. Eine Biographie, Siedler, München 2015.

Chor'kov, Anatolij G.: Die Anfangsphase des Krieges – das Jahr 1941, in: Foerster, Roland G. (Hrsg.): »Unternehmen Barbarossa«. Zum historischen Ort der deutsch-sowjetischen Beziehungen von 1933 bis Herbst 1941 [Beiträge zur Militärgeschichte; 40], R. Oldenbourg Verlag, München 1993, S. 137–150.

Cornish, Nik: Images of War. Stalingrad. Victory on the Volga, Pen & Sword Military, Barnsley 2009.

Deist, Wilhelm: Die militärische Planung des »Unternehmens Barbarossa«, in: Foerster, Roland G. (Hrsg.): »Unternehmen Barbarossa«. Zum historischen Ort der deutsch-sowjetischen Beziehungen von 1933 bis Herbst 1941 [Beiträge zur Militärgeschichte; 40], R. Oldenbourg Verlag, München 1993, S. 109–122.

Diedrich, Torsten: Paulus. Das Trauma von Stalingrad. Eine Biographie, Ferdinand Schöningh, Paderborn 2008.

Diedrich, Torsten: Stalingrad 1942/43 [Kriege der Moderne], Reclam, Ditzingen 2018.

Ebbinghaus, Angelika: Neue Initiative: Der Kreisauer Kreis, Dies. / Roth, Karl-Heinz (Hrsg.): Rote Kapellen – Kreisauer Kreise – Schwarze Kapellen. Neue Sichtweisen auf den Widerstand gegen die NS-Diktatur 1938–1945, VSA-Verlag, Hamburg 2004, S. 69–90.

Echternkamp, Jörg: Das Dritte Reich. Diktatur, Volksgemeinschaft, Krieg [Oldenbourg Grundriss der Geschichte; 45], De Gruyter/Oldenbourg, Berlin/Boston 2018.

Epkenhans, Michael/Zimmermann, John: Die Wehrmacht – Krieg und Verbrechen [Krieg und Verbrechen], Reclam, Ditzingen 2019.

Ernst, Christian: Die Weiße Rose – eine deutsche Geschichte? Die öffentliche Erinnerung an den Widerstand in beziehungsgeschichtlicher Perspektive, Universitätsverlag Osnabrück/V&R unipress, Göttingen 2018.

Ernst, Roland: Der Vollstrecker. Johann Reichhart. Bayerns letzter Henker, Allitera Verlag, München 2019.

Fischer, Fritz: Hitler war kein Betriebsunfall, C.H.Beck, 4. Aufl., Hamburg 1998.

Frankenberg, Günter/Müller, Franz J.: Juristische Vergangenheitsbewältigung – Der Volksgerichtshof vorm BGH, in: Kritische Justiz, Jg. 16, Nr. 2, 1983, S. 145–163.

Freise, Gerda: Der Nobelpreisträger Professor Dr. Heinrich Wieland: Zivilcourage in der Zeit des Nationalsozialismus, in: Lill, Rudolf (Hrsg.): Hochverrat? Die »Weiße Rose« und ihr Umfeld, Universitätsverlag Konstanz, Konstanz 1993, S. 135–157.

Fröhlich, Elke: Der Zweite Weltkrieg, Lizenzausgabe für die Bundeszentrale für politische Bildung, Bonn 2014.

Gebhardt, Miriam: Die Weiße Rose. Wie aus ganz normalen Deutschen Widerstandskämpfer wurden, Pantheon, 2. Aufl., München 2018.

Görlitz, Walter (Hrsg.): Paulus. »Ich stehe hier auf Befehl!« Lebensweg des Generalfeldmarschalls Friedrich Paulus, Verlag für Wehrwesen Bernard & Graefe, Frankfurt am Main 1960.

Gottschalk, Maren: Schluss. Jetzt werde ich etwas tun. Die Lebensgeschichte der Sophie Scholl, Gulliver, Beltz & Gelberg, Weinheim/Basel 2016.

Gottschalk, Maren: Wie schwer ein Menschenleben wiegt. Sophie Scholl. Eine Biografie, C.H.Beck, München 2020.

Grabowski, Jan: Die polnische Gesellschaft unter deutscher Besatzung. Unterdrückung, Widerstand und selektive Solidarität, in:

Bingen, Dieter / Lengemann, Simon (Hrsg.): Deutsche Besatzungspolitik in Polen 1939–1945. Eine Leerstelle deutscher Erinnerung?, Lizenzausgabe, Bundeszentrale für politische Bildung, Bonn 2019, S. 35–49.

Hamann, Brigitte: Österreich. Ein historisches Portrait, C.H.Beck, München 2009.

Hardinghaus, Christian: Die verdammte Generation. Gespräche mit den letzten Soldaten des Zweiten Weltkriegs, Europa Verlag, 3. Aufl., Berlin / München / Zürich / Wien 2020.

Hartmann, Christian: Unternehmen Barbarossa. Der deutsche Krieg im Osten 1941–1945, C.H.Beck, München 2011.

Heer, Hannes: Tote Zonen. Die deutsche Wehrmacht an der Ostfront, Hamburger Edition, Hamburg 1999.

Herbert, Ulrich: Das Dritte Reich. Geschichte einer Diktatur, C.H.Beck, München 2016.

Herbert, Ulrich: Geschichte der Ausländerpolitik in Deutschland, Lizenzausgabe, Bundeszentrale für politische Bildung, Bonn 2003.

Hikel, Christine: Sophies Schwester. Inge Scholl und die Weiße Rose [Quellen und Darstellungen zur Zeitgeschichte; 94], Oldenbourg Verlag, München 2013.

Hildermeier, Manfred: Die Sowjetunion 1917–1991 [Oldenbourg Grundriss der Geschichte; 31], De Gruyter Oldenbourg, 3. Aufl., Berlin / Boston 2016.

Hoffschulte, Martina: »Deutsche Hörer!« Thomas Manns Rundfunkreden (1940 bis 1945) im Werkkontext, Telos Verlag, 2. Aufl., Münster 2004.

Huber, Wolfgang: Kurt Huber vor dem Volksgerichtshof. Zum zweiten Prozess gegen die Weiße Rose, Verlag Die blaue Eule, Essen 2009.

Irrgang, Astrid: Feldpost eines Frontsoldaten, in: APuZ, Nr. 14 / 15 2007, S. 41–46.

Jahnke, Karl-Heinz: Weiße Rose contra Hakenkreuz. Der Widerstand der Geschwister Scholl und ihrer Freunde, Röderberg-Verlag, Frankfurt / Main 1969.

Kadell, Franz: Katyn. Das zweifache Trauma der Polen, Herbig, München 2011.

Kappeler, Andreas: Kleine Geschichte der Ukraine, C.H.Beck, München 1994.

Käppner, Joachim: 1941. Der Angriff auf die ganze Welt, Rowohlt Berlin, Berlin 2016.

Kastner, Klaus: Die Völker klagen an. Der Nürnberger Prozess 1945–1946, Theiss Verlag, Darmstadt 2015.

Keegan, John: Der Zweite Weltkrieg, Rowohlt Berlin, Berlin 2004.

Keller, Gustav: Die Gewissensentwicklung der Geschwister Scholl. Eine moralpsychologische Betrachtung, Centaurus, Herbolzheim 2014.

Kershaw, Ian: Höllensturz. Europa 1914 bis 1949, Pantheon, München 2017.

Kielinger, Thomas: Winston Churchill. Der späte Held, C.H.Beck, München 2014.

Kissener, Michael: Eugen Grimminger und die Weiße Rose, in: Lill, Rudolf (Hrsg.): Hochverrat? Die »Weiße Rose« und ihr Umfeld, Universitätsverlag Konstanz, Konstanz 1993, S. 121–134.

Kleinhans, Bernd: »Der schärfste Ersatz für die Wirklichkeit«. Die Geschichte der Kinowochenschau, Röhrig Universitätsverlag, St. Ingbert 2013.

Klöckner, Michelle: Treue Volksgenossen? Die Saar zwischen Resistenz und Zustimmung, in: Hermann, Hans-Christian/Bauer, Rudolf (Hrsg.): Widerstand, Repression und Verfolgung. Beiträge zur Geschichte des Nationalsozialismus an der Saar, Röhring Universitätsverlag, St. Ingbert 2014, S. 149–183.

Knab, Jakob: Ich schweige nicht. Hans Scholl und die Weiße Rose, wbg Theiss, Darmstadt 2018.

Kosmala, Beate: Stille Helden, in: ApuZ, Nr. 14/15 2007, S. 29–34.

Kruse, Christiane: Macht, Ohnmacht, Widerstand. Frauen in der Zeit des Nationalsozialismus, Braus, Berlin 2019.

Kurowski, Franz: Luftbrücke Stalingrad. Die Tragödie der Luftwaffe und der 6. Armee, Kurt Vowinckel-Verlag, Berg am See 1983.

Lahme, Tilmann: Die Manns. Geschichte einer Familie, S. Fischer, 4. Aufl., Frankfurt am Main 2015.

Large, David Clay: Hitlers München. Aufstieg und Fall der Hauptstadt der Bewegung, C.H.Beck, München 1998.

Lassen, Hans-Christian: Der Kampf gegen Homosexualität, Abtreibung und »Rassenschande«. Sexualdelikte vor Gericht in Hamburg 1933 bis 1939, in: Justizbehörde Hamburg (Hrsg.): »Für Führer, Volk und Vaterland …«. Hamburger Justiz im Nationalsozialismus, Nachdruck der Erstauflage von 1992, Hamburg 2019, S. 216–289.

Leisner, Barbara: »Ich würde es genauso wieder machen«. Sophie Scholl, List, 11. Aufl., Berlin 2017.

Lieb, Peter: Krieg in Nordafrika 1940–1943, [Kriege der Moderne], Reclam, Ditzingen 2018.

Lill, Rudolf: Zur Einführung, in: Lill, Rudolf (Hrsg.): Hochverrat? Die »Weiße Rose« und ihr Umfeld, Universitätsverlag Konstanz, Konstanz 1993, S. 7–12.

Lindner, Heiner: »Erkämpft Eure Freiheit! Stürzt Hitler!« Die »Sozialistischen Mitteilungen« 1939–1948 [Reihe Gesprächskreis Geschichte; 52], Friedrich Ebert Stiftung, Bonn 2003.

Menzel, Wieland / Reschke, Robin / Weil, Francesca (Hrsg.): »Erbarmen kann es keines geben«. Ein Briefwechsel im Zweiten Weltkrieg, Mitteldeutscher Verlag, Halle an der Saale 2017.

Merl, Andreas: »… sich selbst auf dem Altare des Vaterlandes zu opfern« – Zum vorauseilenden Gehorsam der Saarländer 1933 bis 1935, in: Hermann, Hans-Christian / Bauer, Rudolf (Hrsg.): Widerstand, Repression und Verfolgung. Beiträge zur Geschichte des Nationalsozialismus an der Saar, Röhring Universitätsverlag, St. Ingbert 2014, S. 125–148.

Müller, Sven / Penonic, Oliver / Schröder, Joachim: Die Münchner Polizei und die Bekämpfung des Widerstandes, in: Schröder, Joachim (Hrsg.): Die Münchner Polizei und der Nationalsozialismus [Veröffentlichungen des Bayerischen Polizeimuseums; 1], Essen 2013, S. 85–91.

Neitzel, Sönke: Deutsche Krieger. Vom Kaiserreich bis zur Berliner Republik – eine Militärgeschichte, Propyläen, Berlin 2020.

Nerdinger, Winfried (Hrsg.): München und der Nationalsozialismus.

Katalog des NS-Dokumentationszentrums München, C.H.Beck, München 2015.

Opfermann, Immo / Schröder, Joachim: Die Machtübernahme der Nationalsozialisten und die Installierung des Terrorapparats, in: Schröder, Joachim (Hrsg.): Die Münchner Polizei und der Nationalsozialismus [Veröffentlichungen des Bayerischen Polizeimuseums; 1], Essen 2013, S. 57–65.

Ortag, Peter: Jüdische Kultur und Geschichte. Ein Überblick, Brandenburgische Landeszentrale für politische Bildung, 4. Aufl., Potsdam 2000.

Overy, Richard: Russlands Krieg 1941–1945, Rowohlt, Reinbek 2011.

Pöpping, Dagmar: Passion und Vernichtung. Kriegspfarrer an der Ostfront 1941–1945, Vandenhoeck & Ruprecht, Göttingen 2019.

Preis, Kurt: München unterm Hakenkreuz 1933–1945, Herbig, München 1989.

Pyta, Wolfram: Hitler. Der Künstler als Politiker und Feldherr. Eine Herrschaftsanalyse, Siedler, München 2015.

Recker, Marie-Luise: Die Außenpolitik des Dritten Reiches [Enzyklopädie Deutscher Geschichte; 8], 2. Aufl., Oldenbourg Verlag, München 2010.

Rilke, Rainer Maria: Die Weise von Liebe und Tod. Texte und Dokumente, Suhrkamp, Frankfurt am Main 1974.

Roberts, Andrew: Feuersturm. Eine Geschichte des Zweiten Weltkriegs, C.H.Beck, München 2019.

Rohkrämer, Thomas: Die fatale Attraktion des Nationalsozialismus. Zur Popularität eines Unrechtsregimes, Ferdinand Schöningh, Paderborn / München / Wien / Zürich 2013.

Rovan, Joseph: Der Aufbau der Hitlerjugend, in: Grosser, Alfred (Hrsg.): Wie war es möglich? Die Wirklichkeit des Nationalsozialismus. Neun Studien, Fischer Taschenbuch Verlag, Frankfurt am Main 1980, S. 87–113.

Schmitz, Gunther: Wider die »Miesmacher«, »Nörgler« und »Kritikaster«, in: Justizbehörde Hamburg (Hrsg.): »Für Führer, Volk und Vaterland …«. Hamburger Justiz im Nationalsozialismus, Nachdruck der Erstauflage von 1992, Hamburg 2019, S. 290–331.

Schneider, Michael C./Süß, Winfried: Keine Volksgenossen. Studentischer Widerstand der Weißen Rose, Ludwig-Maximilians-Universität München, München 1993.

Schoffit, Ralf: »Viele liebe Grüße an meine Kinderle, sollen recht brav bleiben«. Väter und die Wahrnehmung der Vaterrolle im Spiegel von Feldpostbriefen 1939–1945, Dissertation zur Erlangung des akademischen Grades Doktor der Sozialwissenschaften in der Fakultät für Sozial- und Verhaltenswissenschaften der Eberhard-Karls-Universität Tübingen, Tübingen 2009.

Schreiber, Gerhard: Der Zweite Weltkrieg, C.H.Beck, 4. Aufl., München 2007.

Schröder, Joachim: Die Münchner Polizeiorganisation im NS-Staat, in: Ders. (Hrsg.): Die Münchner Polizei und der Nationalsozialismus [Veröffentlichungen des Bayerischen Polizeimuseums; 1], Essen 2013, S. 67–73.

Shirer, William L.: Aufstieg und Fall des Dritten Reiches, Komet, Frechen 2000.

Simms, Brendan: Hitler. Eine globale Biographie, DVA, München 2019.

Snyder, Timothy: Bloodlands. Europa zwischen Hitler und Stalin, Lizenzausgabe für die Bundeszentrale für politische Bildung, Bonn 2011.

Stargardt, Nicolas: Der deutsche Krieg. Zwischen Angst, Zweifel und Durchhaltewillen – wie die Menschen den Zweiten Weltkrieg erlebten, Fischer Taschenbuch Verlag, Frankfurt am Main 2017.

Steffahn, Harald: Die Weiße Rose mit Selbstzeugnissen und Bilddokumenten, Rowohlt, Reinbek 1992.

Stephenson, Jill: Hitler's Homefront. Württemberg under the Nazis, Hambledon Continuum, New York 2006.

Strohm, Christoph: Die Kirchen im Dritten Reich, Lizenzausgabe, Bundeszentrale für politische Bildung, Bonn 2019.

Sturms, Frank: Die Weiße Rose. Die Geschwister Scholl und der Studentische Widerstand, Marixverlag, Wiesbaden 2013.

Tuckermann, Anja: Wir schweigen nicht. Der Weg der Weißen Rose in den Widerstand, Arena, Würzburg 2016.

Ullrich, Christina: »Ich fühl' mich nicht als Mörder.« Die Integration von NS-Tätern in die Nachkriegsgesellschaft [Veröffentlichungen der Forschungsstelle Ludwigsburg; 18], WBG, Darmstadt 2011.

Ullrich, Volker: Adolf Hitler. Die Jahre des Untergangs, S. Fischer, Frankfurt am Main 2018.

Ulrich, Bernd: Stalingrad, C.H.Beck, München 2005.

Vinke, Hermann: Fritz Hartnagel. Der Freund von Sophie Scholl, Arche, Frankfurt am Main 2005.

Volksbund Deutsche Kriegsgräberfürsorge (Hrsg.): Namen für Rossoschka. Schicksale aus Stalingrad, VDK, Kassel 2007.

Vollmer, Antje / Keil, Lars-Broder: Stauffenbergs Gefährten. Das Schicksal der unbekannten Verschwörer, Lizenzausgabe, Bundeszentrale für politische Bildung, Bonn 2013.

Waage, Peter Normann: Es lebe die Freiheit! Traute Lafrenz und die Weiße Rose, Verlag Urachhaus, Stuttgart 2012.

Wachsmann, Nikolaus: Die Geschichte der Nationalsozialistischen Konzentrationslager, Siedler, München 2016.

Weber, Claudia: Der Pakt. Stalin, Hitler und die Geschichte einer mörderischen Allianz 1939–1941, C.H.Beck, München 2019.

Wette, Wolfram: Der Krieg gegen die Sowjetunion – ein rassenideologisch begründeter Vernichtungskrieg, in: Kaiser, Wolf (Hrsg.): Täter im Vernichtungskrieg. Der Überfall auf die Sowjetunion und der Völkermord an den Juden, Propyläen, München 2002, S. 15–38.

Wildt, Michael: Geschichte des Nationalsozialismus, Vandenhoeck & Ruprecht, Göttingen 2008.

Wind, Renate: »Man hält die Sonne nicht auf«. Zur Erinnerung an die Weiße Rose – eine Ermutigung und Verpflichtung, https://www2.bayern.landtag.de/fileadmin/Internet_Dokumente/Sonstiges_P/Rede_zur_Erinnerung_an_die_Weisse_Rose.pdf

Winkler, Heinrich August: Geschichte des Westens. Die Zeit der Weltkriege 1914–1945, C.H.Beck, 2. Aufl., München 2011.

Wuermeling, Henric L.: Adam von Trott zu Solz. Schlüsselfigur im Widerstand gegen Hitler, Pantheon, München 2009.

Zankel, Sönke: Vom Helden zum Hauptschuldigen – Der Mann, der die Geschwister Scholl festnahm, in: Kraus, Elisabeth (Hrsg.): Die

Universität München im Dritten Reich, Aufsätze, Teil I, Herbert Utz Verlag, München 2006, S. 581–586.

Zankel, Sönke: Die Weiße Rose war nur der Anfang. Geschichte eines Widerstandskreises, Böhlau Verlag, Köln/Weimar/Wien 2006.

Ziegler, Armin: Eugen Grimminger. Widerständler und Genossenschaftspionier, Baier Verlag, Crailsheim 2000.

Zoske, Robert M.: Flamme sein! Hans Scholl und die Weiße Rose. Eine Biografie, C.H.Beck, München 2018.

Zoske, Robert M.: Sehnsucht nach dem Lichte. Zur religiösen Entwicklung von Hans Scholl. Unveröffentlichte Gedichte, Briefe, Texte, Herbert Utz Verlag, München 2014.

Zoske, Robert M.: Sophie Scholl. Es reut mich nichts. Porträt einer Widerständigen, Propyläen, Berlin 2020.

Quellen

Bundesarchiv (BArch):

N/2370 (Bd. 1–23)
R 3016/968
R 3016/972
R 3017/78
R 3017/147
R 3017/6641
R 3017/6698
R 3017/34635
R 3017/37005
R 3018/1704
R 3018/5053
R 3018/12966
R 3018/18401
R 3018/18406
R 3018/18407
R 3018/18408
R 3018/18411
R 3018/18418
R 3018/18419
R 9361/II
RH 12-23/3324
RH 15/392
RH 19 VI/12
RH 19-VI/13
RH 19-VI/38
RH 20-6/796
RH 20-6/965
RH 20-6/216
RL 8/271
RL 30/2
RL 30/4
RL 30/6
RW 4/140
RW 4/264

IFZ München:

Nachlass Inge Aicher-Scholl ED 474

Ludwig-Maximilians-Universität:
Universität München: Studenten-Verzeichnis, Sommer-Halbjahr 1942. Nach dem Stande vom 15. Juni 1942.

Veröffentlichte Quellen

Boelcke, Willi A. (Hrsg.): Deutschlands Rüstung im Zweiten Weltkrieg. Hitlers Konferenzen mit Albert Speer 1942–1945, Akademische Verlagsgesellschaft Athenaion, Frankfurt am Main 1969.

Boelcke, Willi A. (Hrsg.): Wollt Ihr den totalen Krieg? Die geheimen Goebbels-Konferenzen 1939–1943, dva, Stuttgart 1967.

Hitler, Adolf: Mein Kampf. Eine kritische Edition, Bd. I. (hrsg. von Hartmann, Christian / Vordermayer, Thomas / Plöckinger, Othmar / Töppel, Roman), Institut für Zeitgeschichte München – Berlin, 6. Aufl., München 2017.

Hitler, Adolf: Mein Kampf. Eine kritische Edition, Bd. II. (hrsg. von Hartmann, Christian / Vordermayer, Thomas / Plöckinger, Othmar / Töppel, Roman), Institut für Zeitgeschichte München – Berlin, 6. Aufl., München 2017.

Hubatsch, Walther (Hrsg.): Hitlers Weisungen für die Kriegsführung 1939–1945. Dokumente des Oberkommandos des Heeres, Bernhard & Graefe Verlag für Wehrwesen, Frankfurt am Main 1962.

o. A. (Hrsg.): Die Wehrmachtberichte 1939–1945, Bd. 2.: 1. Januar 1942 bis 31. Dezember 1943, dtv reprint, München 1985.

Ortsregister

Personenregister